本书系中国传媒大学校级科研项目"学科国际化的图谱位置与发展方向"
（项目编号：YL230301413）和
"国际传播学科建设对策研究"（项目编号：CUC22GZ019）的结项成果

技术创新、社会变迁与学科进路

新闻传播学前沿热点研究

龙小农 编著

中国传媒大学出版社
·北京·

前　言

新闻传播学研究国内外前沿：描绘一个融会贯通的大图景

研究前沿是表征本学科或跨学科领域最具有影响力的、最具有战略规划价值、代表未来研究方向的研究主题和关键思想。为了梳理新闻传播学研究热点及前瞻学科研究趋势，本书在探索全球研究前沿的同时，也强化了基础研究的深度，力求在引领性原创成果上实现一些突破。

在本书中，我们聚焦新闻传播学科，通过应用文献计量学分析、关键词加权词频分析、可视化分析等方法，在定性与定量、战略与政策、启示与建议结合的逻辑架构下，梳理研究热点，分析现状态势，总结理论成果，洞悉发展前景；同时，在对学科前沿有清晰认识和判断的基础上，我们通过对比研究，以他山之石针砭具象实际，优化新闻传播学的师资布局与研究进路，凝练实现引领学科建设与发展的可能发力点，分析新闻传播学发展的长远规划，包括日常管理和发展创新，以提供决策依据和方案支撑。

在明确研究目标的基础上，前沿研究需要扎实严谨、全面充分的数据源，同时还要辅以有针对性的研究方法和分析工具。根据新闻传播学的特点，本书基于文献的人工标记与分类，通过确立评判标准、多人参与并复核等方法，避免标记人员判断的主观性。

就新闻学、传播学的研究而言，时代不同，研究的重点也不同。本书试图描绘传播学研究的版图，探析学科发展的前沿研究趋势。定义一个被称作"研究前沿"的专业领域的方法，源自科学研究之间存在的某种特定的共性。这种共性可能来自实验资料和发生场景，也可能来自研究方法，或者概念和假设，论文引用和同行评价也是一个重要的反映。同时，作为研究前沿，需要具有重要基础文献集合、存在主要研究问题共识、在国际前沿有发展活力。

通俗而言，本书涉及的主要是新闻传播学中出现的新现象、新问题，或对旧问题在新环境中具有新解释的新闻传播学研究。

一、概念定义

经典研究是学科之基，热点研究是聚集方向，前沿研究是发展方向，新兴趋势是可能方向。具体而言，研究热点是反映某个领域中受到学者高度关注、深入探讨分析或有效开发应用的研究主题；研究前沿是科学研究中最新、最先进或最具有发展潜力的研究主题，其本质是在某一科学领域内处于领先地位的研究成果和思想；新兴趋势是科学研究中暂未引发广泛关注但极具发展潜力的研究主题，其会随着时间推移引起越来越多的研究兴趣和更加广泛的关于现实应用的主题研究。从外延范围来看，研究热点的范围要大于研究前沿的范围，新兴趋势则在发展到一定程度后才有可能成为研究前沿。

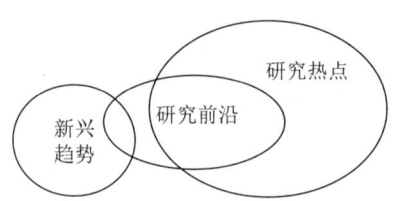

图 1　研究前沿相关概念

为了准确把握新闻传播学未来方向和重点，我们依据自身资源优势和文献计量学分析优势，对新闻传播学科研前沿进行探索研究。

我们通过数据整合利用，探析新闻传播学前沿领域、前沿学科、热点问题及技术领域，对其逐一进行国际研究发展态势的全面系统分析，剖析它们的国际整体进展状况、研究动态与发展趋势。由此，重点展现研究前沿的发展脉络、研究力量以及发展前景。

二、分析路径

新闻传播学属于交叉学科、前沿学科的范畴。纯粹理论范围的研究当另辟专册研究。研究前沿的遴选和命名由中国传媒大学图书馆与相关学院合作完成；研究前沿的核心论文及其施引论文的数据由中国传媒大学图书馆负责提供；研究前沿的分析和重点研究的遴选及解读则由中国传媒大学图书馆协同相关院系共同主持完成。

为了避免研究前沿沦为对边缘问题、琐碎问题、临时问题和片面问题的观察，本书对于是否属于真正前沿的选择主要秉持如下三个标准。

第一，数字革命新范式。以第三代互联网、人工智能和大数据为基础的数字革命给人类社会传播格局带来了巨大的变化，数字化深刻影响着新闻业态和新闻经验，并对新闻传播学的发展提出了新的要求。

第二，跨学科方法运用。传播学自诞生之初便处于跨学科的"十字路口"，并被形塑为一个汇集众多学术源流和社会、历史议题的研究领域，跨学科是传播学的基因和血统。传播学的集大成者和创始人威尔伯·施拉姆（Wilbur Schramn）在他于1949年编撰的第一本权威的传播学著作《大众传播学》中，收录了政治学家、心理学家、社会学家、语言学家以及其他学科的专家对传播学的研究成果。在传播领域极为广阔与传播现象纷繁复杂的今天，如何合理利用其他学科不断创新的理论，是传播学者首先需要注意的问题。

第三，社会演进新领域（在结合以上两者的基础上）。关于研究的范围，本书借鉴20世纪最伟大的历史学家之一、法国年鉴学派（强调"整体的史学"）灵魂人物费尔南·布罗代尔（Fernand Braudel）提出的三种时段与三个层次的分析路径作为聚合梳理时的分类规约，探究相应社会政策、社会环境和社会力量的变化如何形塑新条件下的自我、人际、组织、大众以及跨文化传播，尤其是相应传播行为变化的规范、规律与轨迹。

布罗代尔在成名作《菲利普二世时代的地中海和地中海世界》[①]及发表于1958年的著名文章《历史与社会科学：长时段》中明确提出，社会时间具有多样性，可以划分为"长时段""中时段""短时段"三种时段，与其相对应的分别是"结构"（structure）、"（复杂）局势"（conjuncture）、"事件"（event）三个层次。所谓"结构"，是指长期不变或者变化极慢的，但在历史上起深刻作用的一些因素，如地理、气候、生态环境、社会组织、思想传统等；所谓"局势"，是指在较短时期（十年、

---

① 该书是费尔南·布罗代尔的成名作和扛鼎之作，被译成十几种文字出版。该书从总体历史的思想出发，把16世纪后期，即西班牙国王菲利普在位时期的地中海地区作为一个整体加以考察，首先以大量的篇幅讨论了地中海的自然地理状况，然后探讨了该地区的经济社会状况和文化生活，最后才涉及16世纪后期该地区的政治史。作者在广泛地运用历史学、地理学、社会学、政治学、民族学和经济学等学科研究方法的基础上，把平凡的日常生活与伟大的历史潮流、把微观与宏观有机地结合起来，立体再现了所述时代地中海地区人类的全貌。

二十年、五十年甚至一二百年）内形成周期和节奏的一些对历史起重要作用的现象，如人口增长、物价升降、生产增减、工资变化等；所谓"事件"，是指一些突发的事情、事项，如革命、地震、疫情、战争、饥荒等。

总体而言，本书由三部分构成：一是系谱性研究。系谱学亦称家谱学或家史学，是研究并记录一个家族的成员及其亲属的渊源。本书在总结诸家所长的基础上，将新闻传播学的研究进行分类归纳。二是经验性研究。本书在技术革命、社会变迁与新型全球化三者叠加的情况下辨析新闻传播学的研究态势。三是案例性研究。本书对2020年至2022年6月的新闻传播学前沿进行可视化研究。

三、数据来源

本书的分析主要是根据 2020—2022 年的新闻传播学论文资料，数据的下载时间是 2022 年 2 月至 3 月，来源包括：Web of Science（WOS）、中国知网（CNKI）、Taylor & Francis 人文与社会科学期刊数据库、EBSCO 期刊全文数据库以及 SAGE 期刊数据库。由此，本书试图辨析中国与其他国家学者的研究内容，并从中挑选在研究问题、观点视角以及论证方式等方面较为创新的论文进行辨析与归纳，以期发现某些规律性。

本书对前沿问题的分析与把握，既着力于整体的介绍和描述，也集中于对特定理论、特定问题、特定方面的分析，力求对新闻传播学的长期性和结构性问题进行深入的剖析。

通过对前沿问题的研究，为实现、保护和促进创新提供助力，这无论是对科研管理还是科学研究都具有重要的意义。本书通过遴选展示新闻传播学热点和新兴的研究前沿，洞察科研动向，深入揭示科学研究的脉络，帮助科研人员更好地将科研发现转化为科研成果，使学术与认知共同体可以合作与分享更有价值的标的；同时，让科研人员准确识别全球研究前沿方向，透视新闻传播学发展趋势，以合理配置科学研究资源，避免无效或重复研究。

目 录

第一章 系谱性研究：主题分类与学科路线图 ········· 1
  一、传播与文化 ·· 2
  二、传播与修辞 ·· 23
  三、传播与社会变迁 ······································ 26
  四、传播与科技创新 ······································ 29
  五、传播理论与方法 ······································ 44
  六、批判与文化研究 ······································ 62
  七、性别与传播 ·· 68
  八、健康与危机传播 ······································ 71
  九、群际传播 ··· 74
  十、国际传播与全球传播 ······························· 76
  十一、人际传播 ·· 81
  十二、新闻研究 ·· 84
  十三、语言与语言学 ······································ 91
  十四、大众传播 ·· 93
  十五、传媒与传播政策 ·································· 106
  十六、组织传播 ·· 109
  十七、政治传播 ·· 112

第二章 经验性研究：技术革命、社会变迁与新型全球化中的新闻传播学 … 119
 一、"万物皆媒"与新闻传播业 … 119
 二、结构：革命性技术形成的实践起点 … 123
 三、局势：全球性趋势开创的逻辑起点 … 145
 四、事件：国际政经动态塑造的经验起点 … 155
 五、记者与受众：技术创新下的动态变迁 … 167

第三章 案例性研究：可视化的研究前沿（2020—2022年） … 173
 一、科学知识图谱介绍 … 173
 二、研究设计 … 176
 三、国内新闻传播学研究前沿与热点数据化分析 … 178
 四、国外新闻传播学研究前沿与热点数据化分析 … 198

后 记 … 221

第一章　系谱性研究：主题分类与学科路线图

在过去一个多世纪中，传播学研究主要沿着欧洲传播学批判学派和美国传播学经验学派两条路径发展，前者以德国法兰克福学派、英国文化理论学派等为代表，后者则以施拉姆所谓的"美国传播学四大奠基人"[①]为代表，其共同旨趣都是关注大众传播和整个现代文化工业的影响和后果。从这个角度而言，"传播学"包含着丰富的内涵（the extensive nature of communication），它不仅有多种认识论与方法论的交叉，而且无论是历史所自、当前所在与未来所往，传播学都是通过多学科的共同努力来理解持续存在、不断变化、复杂多样的信息、知识与观念的传递和交换，进而产生新的知识与认知，从而提升人们改造世界的视野和能力。同时，"传播"是受技术影响最大的场域之一，传播学领域的学者、专家必须不断考虑传播的新内容、新技术、新流程、复杂后果以及相关层面形成的模型与构建的理论。

交叉融合的传播学深入并结合了诸多领域，而每个领域都在随着时代发展呈爆炸式发展，这使得要想完全通晓另一个领域对多数研究者而言很难实现。不过，如果局限于传播学的理论与实践，忽视、轻视其他理论思维的领域，热衷于追逐五光十色和千变万化的表面现象，仅对所谓"热点问题"作出表面的回答，或者采取并非针对病因而是针对症状的措施来缓解矛盾，不能透过变动不居的现象去把握具有恒定性的事物本质和事物运动规律，触及传播学的基本问题，就难免陷入扬汤止沸的误区，而无法得到釜底抽薪的效果。

因此，我们在肯定传播学研究触角灵活而广泛的同时，也需要对研究主题进行逻辑清楚的分类，以回应"碎片化挑战"和"整体性构建"的要求。本章在牛津大

[①] 美国传播学四大奠基人：哈罗德·拉斯韦尔（Harold Lasswell）、库尔特·卢因（Kurt Lewin）、卡尔·霍夫兰（Carl Hovland）、保罗·拉扎斯菲尔德（Paul Lazarsfeld）。

学出版社参考书目数据库（Oxford Bibliographies）[①]提供的 17 个主题分类和国际传播协会（International Communication Association）划分的 24 个研究群组与 8 个兴趣小组的基础上进行一定程度的调整，罗列传播学相关的研究领域与子领域，力求形成更科学、更贴近研究前沿的学科路径。

一、传播与文化

文化是人类创造的物质财富和精神财富的总和，从传播学的视野看，文化是一组通过互动由一群人共享的习得行为。文化不是固定、单一的，而是流动、变化的，并对压力和影响作出反应。虽然每种文化都有所差异，但一般来说，文化有许多共同特征。例如，共同的语言和语言标记、正确和不正确行为的定义、亲属关系和社会关系的概念（如母子、朋友），等等。一种文化内部还可能包含某些亚文化，这些亚文化也许会存在很多年，也可能只存在很短的一段时间。它们可能会消亡，也可能融入主流，成为主流文化的一部分。

"文化"和"社会"虽然相似，却是不同的东西。文化是由习得的行为和模式定义的，而"社会"可以简单定义为相互作用的个人组成的群体。正是通过这种互动，个人得到发展，文化得到传播，因此在人类社会中，我们很难将"文化"和"社会"完全区分开来。

文化的生发、成长与扩散是和传播相辅相成、互为表里、一体同构的。就传播而言，传播的内涵、传播的目的、传播的内容……都是对其进行研究时需要回答的问题。最基本的传播是信息和意义的交换。人们在各种不同的环境中进行交流，如人与人之间（人际交流）、不同文化群体或子群体之间（跨文化交流）、媒体与受众之间（大众传播）。然而，要真正从细微处和深层次理解传播，就需要了解文化在传播中的地位。

我们回到交流在文化中的作用研究。文化的本质是共享，这意味着理解文化和交流之间的相互关系至关重要。各种形式的文化与交流之间的关系是紧密交织在一起的。传播使文化得以扩散和迭代。媒体通过传播过程的反复互动和交流来传播文

[①] Oxford Bibliographies 里面所有主题文章均由各领域顶尖学者撰写，为用户提供推荐资源的精选列表、原创评论与背景注释。这些推荐与评注都经过严格的评审，以确保其准确性和客观性。专家的建议可帮助用户确定研究的方向，并帮助他们了解顶尖作家、关键作品、主要争议以及影响学术对话的思想等。该数据库当前拥有非洲研究、美国文学、人类学、艺术史、英国和爱尔兰文学、佛教、儿童研究、中国研究等 40 个主题板块，约 7,000 个词条、几万条专题评论、引文和短评。

化的价值观和图式。

请注意这里对"反复"的强调：文化不是在单一的交流中产生的，而是在信息的反复交换和它所体现的理想和价值观的强化中产生的，所有这些都是在特定时刻传达的。

（一）青少年与媒介（Adolescence and the Media）

学校、政策制定者、产品广告商和娱乐节目制作者都应该正确认识媒介对儿童和青少年的影响。媒介对当今青少年生活有重要影响。经由电子屏幕传播和运行的游戏、娱乐与信息，占据了年轻人每天生活很长的时间。无处不在的媒介对青少年的社会与心理发展，在一定程度上发挥了关键作用。媒介影响青少年如何感知其所处的社会、如何评价父母与同辈、如何认同自己的身份、如何看待自己的表现等。

除了对社会关系与文化的影响，移动媒体使青少年能够不受特定环境的限制，自由交流。青少年经历的发展变化以及媒体和通信技术如何影响这些变化，尤其对青少年的潜在的、负面的或令人担忧的后果，是研究者需要关注的重点。

虽然社交媒介平台成了现实交流的重要替代物，但这并非全然是好事。在青少年发展过程中，社交媒体使用与生活满意度之间的关系会不断变化。发表于《自然-通讯》（Nature Communications）上的《社交媒体的发展敏感性窗口》（Windows of Developmental Sensitivity to Social Media）一文，分析了84,011名10—80岁参与者的数据后发现，社交媒体使用与生活满意度之间存在负相关，这种现象在青少年中最为显著。对10—21岁参与者的纵向数据分析表明，青春期对社交媒体影响的敏感性存在明显的发展窗口，这些窗口出现在男性（14—15岁和19岁）与女性（11—13岁和19岁）的不同年龄。

相当一部分关于青春期与媒介的研究都源自心理学与社会学的传统。当然，"青春期"的定义在不同学科与文化之间是不同的，并不存在统一的定义，一般而言，指10—18岁的孩子。这段处于儿童与成人之间的青春期，其特点是寻求个性、追求独立及摆脱父母或教育者的控制；价值观、行为态度和规范是可塑的；对包括同行评价、社会-文化规范等外界评价，表现得敏感而脆弱。

受媒介技术影响，当今时代是"后喻文化"[①]（Post-figurative Culture，亦称"青

[①] 20世纪美国文化人类学家玛格丽特·米德（Margaret Meed，1901—1978）运用现代传播学的有关理论，从不同文化传递的视角入手，提出了著名的"三喻文化"，即前喻文化、同喻文化、后喻文化。前喻文化是指长辈向晚辈传授知识经验，晚辈向长辈学习的文化；同喻文化是指长辈和晚辈的学习都发生在同辈人之间；后喻文化是晚辈向长辈传授知识经验，长辈反过来向晚辈学习的文化。

年文化")时代。后喻文化指晚辈将知识文化传递给长辈的文化。在现代通信、交通和技术革命迅猛发展的情景下,长辈只有虚心向晚辈学习,利用他们的新知识,才能更好地适应时代发展。后喻文化已经成为当代世界独特的文化传递方式。文化反哺是后喻时代的基本特征。

在后喻时代,青少年和同辈拥有更自主的交流方式,从而跨越父母式权威的边界,进而对整个社会文化产生影响。比较典型的情景是:当"我"80岁的教授爸爸戴上老花镜,凑到电脑前,一笔一画地把"我"的字字句句工整地记录在笔记本上的时候,或许他的内心有许多的无奈。因此,许多师道尊严和长幼有序的观念已经随着时代发展而悄然改变。"我们坐在高高的谷堆旁边,听妈妈讲那过去的事情"将成为美好的古典童话。

(二)文化多元主义与传播(Cultural Pluralism and Communication)

多元文化主义(Multiculturalism)与文化多元化是通用甚至是互换的概念,虽然前者更多指代一种意识形态和政策实践,而后者更多体现对一种状态的描述。

多元文化主义虽被称为"主义",且使用频率很高,但它始终没有一个清晰、公认的定义。多元文化主义作为一种意识形态对传统的美国思想和价值体系提出了严肃的挑战,促使美国人重新思考美国的历史与未来。作为一种政策实践,多元文化主义改变了美国教育(尤其是高等教育)的内容,并通过联邦政府的相关政策在一定程度上修正了历史上对少数民族和女性在就学就业方面的体制性歧视,使"多元化"(Diversity)成为当代美国生活中一个不可忽视的现实。由于触动了原来的政治和文化结构,因此多元文化主义引起了极大的争议。美国学术界和教育界围绕多元文化主义进行了一场迄今尚未结束的"文化冷战",政治上也出现相应的连锁反应。从全球范围来看,多元文化主义是社会用以管理多元文化的公共政策,它采取官方手段,在一个国家内部推动不同文化之间的相互尊重和包容。多元文化政策强调不同的文化的独特性,在接纳其他民族时显得尤为重要。

从全球文化变迁与民众心理变化角度来看,文化多元主义是有关文化异质性的概念。"多元化"一词被理解为与个人主义相对、反对一元论。对文化多元化的描述范围很广,如原子论的观点:文化多元化是自主共存和单独定义的文化的集合;又如融合论的观点:文化多元化是一种内在的异质现象,无法确定其中存在的不同集群的边界。以边界、差异和身份等相互隐含的概念为基础,不同学派解释了关于文化边界的各种构思,以及异质文化之间的互动关系:从较少渗透到更容易渗透。

对文化多元主义的解释取决于如何界定两种（或多种）文化之间的界限。由于边界、差异和身份等概念在不同的学科中流转，因此在学术上使用"文化多元主义"没有明确的共识。在许多情况下，它涉及关于语言异质性的概念以及（自然）语言与认知之间的关系。因此，文化多元主义不是任何特定学科的独有领域，相关研究所用方法通常是跨学科的，并延伸到人文和社会科学的领域，同时借鉴其他学科（系统论、博弈论、进化生物学）的研究路径方法和思想资源。

关于文化多元化的讨论往往将交流传播作为主要关注点之一。因为关于文化对话和文化冲突的问题隐含其中，即对文化多元化的研究意味着研究构成多元性的要素（无论是不同或重叠的文化，还是属于类似文化空间的不同社区、人群）之间的交流过程。在大多数情况下，文化认同的概念也假设了对他者的想象与构思（比如西方文论既是中国文论辨析差异、彰显特色的镜像，也是交流互鉴、寻求共识的他者），因此产生了对话主义[①]。对话主义同言语社区、异质性或多元文化主义等一起，构成了文化多元化讨论的概念基础。

（三）政治经济学（Political Economy）

传播学领域诸多不同的流派和方法大致可分为两大阵营：主流方法和批评方法。主流方法也被称为行政研究，其使用的方法包括议程设置、使用与满足、涵化分析等。批评方法包括文化研究（如法兰克福学派的研究、伯明翰大学当代文化研究中心的主张等）和政治经济学［不同于自由主义、古典政治经济学和批判政治经济学（马克思主义）］。

根据马克思主义导向的批判政治经济学方法，社会的经济基础决定了社会的上层建筑，如国家、政治、文化和意识形态。相应地，在资本主义社会中控制物质生产资料的人也控制着知识生产资料。同时，在资本主义社会，影响媒体和文化产业生产过程的两个基本动态机制是市场机制和国家机器。因此，批判政治经济学方法将财产和权力问题置于媒体和传播研究的中心。如今，媒体正向垄断化和全球化的趋势发展，这对媒体内容和文本的意义产生了限制性影响。简而言之，媒体的所有权结构具有政治意义。由于媒体是资本主义社会现有所有权和权力关系中非常重要的机构，所以用批判政治经济学方法来分析媒体是非常重要的。

研究传播政治经济学的目的是解释资本和国家在其组织与运作的系统背景下对

---

① 对话主义，又称对话性，是巴赫金语言哲学的核心与灵魂，指话语（包括口头语和书面语）中存在两个或两个以上相互作用的声音，它们形成同意和反驳、肯定和否定、保留和发挥、判定和补充、问和答等言语关系。

媒体内容的影响。因为媒体组织受到所有权和权力关系的束缚，这些关系影响着媒体领域的生产、分配和消费关系，所以大众传播领域也是研究财产和权力关系的领域。各种物质和智力资源，包括传播源，都是由权力分配的；对资源的争夺也是由权力决定的。传播的政治经济学方法是以历史的、整体的、系统的方法来研究政治、经济和传播系统以及组成这些系统的机构和组织之间的关系。

对政治经济学方法感兴趣的传播学者首先需要用不同的方法来定义它，然后确定它的基本特征和主要思想流派。以此为基础，传播学者要考虑如何借鉴政治经济学理论来开展对传播媒体和信息技术的研究。要做到这一点，传播学者有必要了解构成传播政治经济学主要起点的关键过程，包括但不限于商品化、空间化和结构化；同样重要的是，探索传播政治经济学需要考虑如何应对来自其学科的边界挑战，特别是来自文化研究的挑战；整合传播学与其他学科以形成新的研究路径，需要尝试跨越理论鸿沟。

在此过程中，传播学者需要精通两种类型的学术专著：其一是关于政治经济理论的书籍，通常从18世纪经济学家亚当·斯密的文献开始；其二是从政治经济学理论中汲取经验来建立传播政治经济学的理论。

传播政治经济学是传播学的重要流派之一，其学术发展与资本主义体系在全球范围内的建立、急剧扩张以及与之相抗争的社会运动的发展密切相关。这一流派不仅弥补了侧重行政导向与市场导向的美国主流传播研究之缺失，而且解构了主流传播研究的知识生产与社会权力的关系。传播政治经济学对当前资本主义高度商业化、集中化、去管制化、国家化的传播制度与传播现象进行了深刻的反思，体现了全球传播政治经济学家在不同层面与场所进行的超越资本主义的社会转型的各种努力。

（四）受众研究（Audience Studies）

受众研究是传播学一个广泛且涉及多方面的研究领域，它涵盖多种理论观点和研究方法。这些理论与方法的关注点在于理解受众如何以及为什么与媒体互动，还有媒体与受众的关系对更广泛的政治、文化和经济的影响。在这些重点领域中，受众研究与媒体效应的相关领域是分开的，后者更明确地关注媒体内容对受众的影响。受众研究具有理论和研究方法的多样性，并在多个方面存在争论，如关于受众对媒体文本进行替代或对立解释的能力的争论、定性与定量方法对受众研究的影响等。

受众研究的起源可以追溯到古希腊的修辞学家，他们将对受众的理解纳入日常话语工具中，尤其是在口语为王的时代。随着20世纪初以报纸和广播为代表的商业大众媒体的蓬勃发展，受众研究才真正成为一个研究领域。之所以如此，是因为这些新兴的媒体行业，如报业、电影业和广播业试图了解谁在消费它们的产品、为何消费以及如何提升消费等。伴随这些由业界实践形成的市场，传播学、电影/电视和文化领域的研究人员迅速对这些问题展开深入研究。

受众研究的核心是提供对受众与媒体内容、媒体组织和传播技术之间关系性质的见解。在某些情况下，这种研究是为了回答对媒体行业运作至关重要的问题（例如，如何更好地预测受众的内容偏好）。在其他情况下，受众研究则具有批判性（例如，辨析商业媒体剥削受众"劳动"的方式）。

随着科技的发展，互联网和移动设备等催生了新的受众行为模式，受众处于一个新旧媒体融合的传播环境当中，受众的心理和行为方式也随之发生改变。受众与媒体之间的关系出现了新的问题，为数据收集提供了新的机遇和挑战。这些变化深刻地改变了受众与媒体互动的方式，传统的受众研究范式也面临新的转换与更新，以至于一些学者开始质疑"受众"一词的持续效用。

（五）死亡、垂死与沟通（Death, Dying and Communication）

长期以来，"死亡"是传播与媒体研究的一个盲点，仅有为数不多的学术作品对其进行讨论。不过，在跨学科的死亡研究领域，对死亡与新媒介之间关系的探讨逐年增加。[①]

虽然死亡无可避免，但许多人为避免死亡付出了相当大的努力，这在某种程度上我们是可以理解的，基因和本能促使我们追求尽可能长时间的生存。但理性的知识提醒我们：认识到死亡的内在性需要一种不同的方法和面对现实的能力。实际上，如何面对死亡或者说生命的意义何在，是一种文化或文明需要解决的终极问题。从传播角度对死亡问题进行的研究，侧重于努力使民众接受人生必然的结果并就此进行对话。许多涉及该主题的医学文献也有同样的出发点和目的：人类在生命的尽头需要更多的沟通。不过，这种"更多"就是"更好"的简单化概念，无助于扩展我们对生命末期沟通过程的理解。死亡就像健康和疾病一样是社会建构出来的，它不仅与历史上不断变化的死亡观有关，而且与文化差异有关，是基于语言和

---

① 章戈浩. 传播与媒介研究的死亡盲点：一个生存媒介研究的视角[J]. 全球传媒学刊, 2020（2）：21-34.

文化的建构。

美好的生活与自然的死亡密不可分的观念，在某些文化中仍然适用，但这种观念在许多现代文化中已然消失了。在现代医药研发与人工智能技术加持下，避免死亡已成为主流，人们普遍希望死亡与生命分开，而不是生命的自然部分。

在当前一些研究中，比较突出的是研究姑息团队护理（在大多数情况下与治愈性护理同时进行）在濒死过程中的地位。姑息团队护理相关内容包括：临终关怀、儿童、家庭、灵性/宗教、文化、死亡恐惧/避免、预先指示、坏消息/预后等问题。需要特别指出的是，伦理是关于该主题的所有工作的基础。

（六）品牌资产与传播（Brand Equity and Communication）

品牌资产概念源自公司或企业的财务结算，资产"Equity"一词指"超出财务价值的价值，或资产减去负债"。品牌资产是有品牌名字产品与没有品牌名字产品之间的现金流量差额，是品牌反映出来的将来收益的当前价值，是高于一般竞争者价格的附加值。英国著名的品牌研究机构英图博略（Interbrand Group）将"品牌资产"看作价格－收益（P/E）倍率（反映将来风险和成长的）乘以收益。[①] 在当前的品牌资产研究中，分析和计算品牌估值的研究方法较多，但就路径或目的而言，主要分为两种：一种是以客户为中心的品牌资产维度；一种是以市场为中心的品牌资产维度。以客户为中心和以市场为重心的维度是互相关联、相互作用的，并非截然分开。

类似苹果、保时捷和特斯拉等超级品牌本身蕴含的品牌资产，为品牌所有者和客户提供超出实用之外的溢价，对这些公司的赢利和地位乃至生存发展都至关重要。维护品牌声誉、增进品牌价值是现代企业的核心目标之一，在技术创新、售后服务等产品高质量使用体验的基础上，品牌传播也是品牌资产的重要组成构成。一般而言，品牌通过广告、媒体报道、公关、包装、陈列、导购和促销等措施维护和增强品牌记忆，并进行品牌美化。从传播学角度研究品牌资产，需要从根本上考虑问题，比如品牌如何添加到资产负债表上？品牌的提升方式因不同的类别和国家/地区而不同，因此品牌所有者需要考虑具体环境，以确定哪种方法能为品牌起到最大的杠杆作用。

---

① 黄合水，彭聃龄.论品牌资产———一种认知的观点［J］.心理科学进展，2002（3）：350-359.

（七）名人和公众人物（Celebrity and Public Persona）

对名人和公众人物的研究，其思想资源多来自跨学科的理论。在任何文化中，"名人"都是或被褒扬，或遭贬损，或两者兼具的对象。这些公众人物可以因为业绩被赋予超越其他人的社会地位，但他们也可能因拥有这样的公共平台和声音而受到嘲笑。此外，对名人和公众人物的研究也有助于对普通民众与公众人物之间联系和关系的调查。

名人拥有的品牌价值和吸引民众的力量，可被媒体行业用于推广和销售文化产品。对公众人物的研究促进了对政治领导、自我品牌、商业恶名、声誉管理以及网络文化中民众对公众人物自我呈现的研究。名人和公众人物是一个研究领域，旨在调查当代文化和历史中各种版本的公共自我的意义。

（八）共文化理论与传播（Co-Cultural Theory and Communication）

共文化理论是一个框架，旨在对社会权力较小的个人的沟通行为进行观察，它关注文化和权力如何影响沟通。共文化理论缘于马克·奥尔布（Mark Orbe）在1990年代的学术研究。奥尔布指出，共文化理论的主旨是提供一个框架，让共文化群体成员在主流社会结构中交际并促使缄默的人协商。共文化理论建立在缄默群体理论（Muted Group Theory，在特定情境下，人们为了避免被孤立或陷入尴尬，会倾向于不表达与大多数人不同的意见）和立场理论（Standpoint Theory，特定的社会地位会使人们以某种主观的方式观察世界）的基础之上。

共文化理论自形成以来，一直被认为是研究文化、权力和传播学科交叉点的核心理论。共文化理论的核心在于探索一个基本问题：在被边缘化的社会背景下，共文化群体成员如何利用沟通来与他人协商他们的文化身份？通过以发现为导向的定性研究，经验、能力、感知成本和回报、沟通方法、首选结果和情境背景六个因素被选为共文化实践的核心。共文化交际是指未被充分代表的（Underrepresented）群体成员与主流社会群体成员之间的交流活动。共文化理论提供了一个视角，以观察与理解非主流、非主导文化群体如何在由主导文化群体管理的社会结构中进行交流。

（九）集体记忆与传播（Collective Memory and Communication）

1925年，法国社会学家莫里斯·哈布瓦赫（Maurice Halbwachs）[①]首次完整提出"集体记忆"的概念。集体记忆是一个特定社会群体成员共享往事的过程和结果。作为构成集体的一群人（人民或人类）的共同记忆，集体记忆与个人记忆是有明显区分的，它构成了群体成员特定行为的基础，使个体呈现出共性。

"集体记忆"至少是传播学、社会学、心理学、历史学和人类学五个学科的研究对象，是高度跨学科的，由此产生了"共享记忆""公共记忆""社会记忆""文化记忆"等几个在本质上代指相同的术语。

集体记忆强调共同意义的生产和传播，这与日常传播是有显著区别的。关于集体记忆的学术研究通常采用社会建构主义的路径，结合当前社会环境或政治需要，赋予过去以动态性的意义。学者们在过去发生的事件的背景下探索社会建构的局限性、伦理意义，并将影响共享意义生产和流通的社会与技术力量理论化。在此过程中，集体记忆的历史不准确（如圣女贞德或越王勾践的故事）并不影响其影响力和时代性。

（十）传播历史（Communication History）

人类社会信息传播的技术、载体与体制从口语、文字、印刷，到电子、网络的发展历程与此间社会文化的变迁和社会的发展是有机联系的，并在人类文明的历史发展进程中扮演着重要的角色。

所有构成传播的方面都有其历史维度，传播历史学家需要研究技术的作用、媒体的制度发展、信息的产生、传播和社会的相互影响等内容。历史研究数以万计，范围从对单一报纸的出版记录到通信在文明兴衰中的作用等。传播历史学家的研究方法不拘一格，比如借鉴社会科学和人文科学中使用的概念和工具。作为社会科学家，传播历史学家研究跨时间的广泛模式：一些研究强调变化，另一些则强调连续性。尽管传播历史是一门子学科，但它也有对非历史研究的宝贵补充。许多学者以历史为背景，研究当代传播问题。

[①] 莫里斯·哈布瓦赫（1877—1945），法国社会学家、历史学家，任教于哥廷根大学，是涂尔干的学生和同事。

（十一）文化创意产业（Cultural and Creative Industries）

文化创意产业是以创造力为核心的产业。它强调将个人和群体的创造力应用于原创文化产品的生产，这些产品通过直接销售给消费者或作为知识产权而具有商业价值。就其构成来源而言，文化创意产业通常将艺术、媒体和设计部门聚集在一起，其当前重点关注融合数字技术以及全球化的挑战和机遇。

虽然对文化创意产业的讨论可以追溯到1940年，但直到20世纪90年代，它才作为一个学术和政策问题而受到重视。发展文化创意产业的政策通常与扩大文化产品和服务市场有关。研究者寻求通过创新和创造力来发展这些产业。

作为一个相对较新的学术领域，文化创意产业的研究范围包括传播、媒体和文化研究、经济和文化地理、创意和表演艺术以及应用文化经济学等。一些研究者认为，对这些问题的批判性分析是将学术工作与文化生产相结合的重要方式，特别是在以数字经济为代表的新兴产业中。不过，也有研究者担心这些问题的负面影响，如文化的商品化和创造性劳动的不稳定性。

在本领域的核心研究中，角度比较多样。如从政治经济学和文化研究的角度对文化产业进行批判性研究、进行概念定义并描绘关键维度的研究、基于政策和全球视角的研究、以新制度经济学为框架的研究、将创意经济与知识产权问题联系起来的研究以及创意产业对其他行业（如音乐、时尚和设计）影响的研究，等等。

（十二）文化认同（Cultural Identity）

文化认同是文化社会学的一个课题，与心理学密切相关，是一个人对自身属于某个社会群体的认同感。这种认同感的对象往往与国籍、民族、宗教、社会阶层、居住地或者任何具有独特文化的社会群体有关。文化认同不但是个人的特征，也是群体的特征。

文化认同是身份认同的一个层面，代表认同某个具有独特文化的群体及其对文化的理解。文化认同与民族认同相似，但两者的意义并不完全相同。一个人接纳并认同某个民族的文化，并不代表他就属于某个民族。例如，文化基督徒指的是对基督教的文化认同，而非其信仰价值观的认同。

文化认同的概念在人文社会科学学科中被广泛使用，特别是在传播学、心理学、历史学、语言学和区域研究等方面。文化认同的概念主要是在多元文化社会和有现代西方殖民主义历史的社会中进行研究的。由于1980年代身份政治等的影响，美国和英国一直是有关文化认同理论建造和实证研究的中心。因此，现有的文化认同研究不能反映世界其他地区的社会和文化场景。例如，亚洲许多国家的人口相对单一，这些国家就未被纳入文化认同的研究范畴。加强和分享来自非西方文化的本地知识将有助于进一步完善这一概念。

文化认同是身份传播理论的一个子集。文化认同是一个人的身份的中心点，意味着他们怎样看待自己，也意味他们怎样理解自身和世界的关系。不同的现代文化及社会理论也对文化认同进行了研究。近几十年，出现了一个新的鉴定形式，它将个人的理解由连贯、整体的主题解构为包含多个不同文化身份标识的集合。这些文化标识可能是来自地点、性别、种族、历史、民族、语言、性取向、宗教信仰、美学甚至食物。这体现了文化认同连贯性和碎片化的统一，有矛盾之处，但这种破坏性的矛盾有时也是具有创造力的力量。

新兴的媒体对文化认同的产生及传播有一些有趣的影响。研究者无须仔细理解某人在某个群体里的行为，从人们跟随或模仿由媒体引导的社会规范的时候，就可以发现并定义他们的文化认同。简而言之，人们开始趋向从媒体中学习相关的社会规范，以构建他们的文化认同。

（十三）文化说服力（Cultural Persuadables）

文化说服力从根本上来说是由文化塑造的。它侧重于文化群体中的成员影响个人行为的力量。文化群体的性质和界限属于传播民族志的知识传统，在这种传统中，群体成员可以使用与该群体有关的独特意义代码的资源。

任何试图影响他人行为或思想的尝试都必须考虑目标的身份、期望改变的幅度、抵抗的可能性、他人与目标的关系等。所有这些问题都牢固建立在一种特定社会规范与实践的前提下。研究文化说服力分为三个层次。第一，人们可以说服什么？第二，用什么可以说服人们——一些谈话形式可以作为说服的文化资源，如谈话的本地术语、对问题或行为的解释、八卦或其他叙述。第三，如何说服人们？即超越对个人施加影响的尝试，转向基于文化定位的社会影响的过程。

在文化规范中，存在三种形式的说服资源。第一，每种文化都有其特定的范围，在此范围内，人们可能会被说服采取一系列行动。超出此范围的行为，如那些与胁迫无关且无法通过说服产生效果的行为，以及那些文化上已被充分规定和无须额外说服的行为，均不属于可说服的范围。因此，可说服行动的范围界定了人们可能被说服的界限，而了解如何构建有效的说服尝试以落在此范围内，是说服力的一种重要资源。第二，在众多构成文化代码的模式化说话形式中，有一些特别适用于提升说服力，因为它们能够巧妙地编码群体的规范和象征意义。这些形式主要包括各种具有说服力的对话、叙述、八卦以及有特定关系的意义系统（即关系代码）的本土术语。第三，公开的说服尝试所展现的战略和战术本身，构成了特定文化中的独特说服方式。文化说服视角强调的是社会实用性，如对话、表情、印象管理以及上述文化元素的有序组织，而非传统上用于解释说服的心理现象，如态度、情绪、认知和个性。文化说服力的应用范围广泛，不仅适用于人际间的影响过程，还涵盖公共形式的说服，这通常被认为是修辞学的范畴。

（十四）纪录片与传播（Documentary and Communication）

纪录片是一种媒介叙事类型和传播实践。它既是一种艺术表现，也是一种产品，更是对真相的反映。它也可以被视为一种沟通机制，公众可就其反映的热点问题进行讨论。

很多国家的纪录片叙事由独立电影制作人制作，不受正规媒体机构的决策程序所束缚。这种独立性有助于反映不同的观点。

纪录片的制作和观看方式在数字时代不断发展，非虚构叙事由此得以进一步发展。观众能够在影院、电视、在线流媒体和社交媒体等多种渠道观看纪录片，由此进一步提高了纪录片的舆论影响力。

在相当长的一段时间内，纪录片的学术研究成果主要存在于电影期刊中。随着纪录片作为传播机制的发展以及纪录片在娱乐市场上的快速传播，跨学科的学者越来越多地参与到纪录片的影响和实践研究中。

（十五）传播民族志（Ethnography of Communication）

传播民族志最早由戴尔·海姆斯（Dell Hymes）[①]于1962年提出。目前，它已发展成为系统研究传播实践的重要方法。传播民族志研究各文化独特的交流方式及其对参与者的意义。传播民族志研究学者研究人们在传播中使用何种手段或媒体，如文字、图像、声音，以及使用何种传播渠道，如口头、印刷物、电子产品、互联网，或者以上渠道的任意组合。

---

① 戴尔·海姆斯是美国语言学家、社会语言学家、人类学家和民俗学家。他为语言使用的比较及民族志研究奠定了学科基础。他的研究重点是西北太平洋地区的语言。他是最早将人类学的第四个子领域称为"语言人类学"的人。

民族志探索社会背景下沟通实践的特殊性和多样性；并为将社会文化生活理解成一个复杂的传播实践系统提供了一系列概念；它使用的方法包括实地观察研究、各种类型的访谈和档案数据研究等；分析数据的方法包括严格关注描述性、解释性和比较性程序等。

传播民族志研究的关键在于深入理解和揭示特定文化或社群中的传播实践及其与社会文化背景的关联。

（十六）食品研究与传播（Food Studies and Communication）

近年来，食品研究作为一个跨学科学术领域出现和发展。该研究围绕食物的材料特性、视觉呈现和文本表述中的交流形式，深入探索这些元素如何反映、塑造甚至质疑食物所承载的明确和隐含意义。

食物是人类文化的重要组成部分，其塑造及反映了种族、民族、阶级、年龄、社会阶层和地位等特征。因此，食物既具有深刻的物理意义，又具有高度的象征意义。人们可以从食物中获取相关信息，如菜肴、食谱、餐具、家具、室内设计等。

（十七）无家可归和传播（Homelessness and Communication）

无家可归是一种公共卫生危机，这个问题不仅影响个体的身心健康，还对整个社会的健康体系构成挑战。经历过无家可归的人，患慢性疾病和传染性疾病的概率更高；与有住房的人相比，经历无家可归的个人全因死亡率①更高。无家可归现象在世界各国都存在，只是程度和范围有所不同。

发达国家也存在一定的"无家可归"问题。比如，美国无家可归者的数量逐年增加，芝加哥奥黑尔机场 2022 年的无家可归者人数比 2021 年增加了 53%；至 2023 年 2 月，美国芝加哥奥黑尔国际机场的无家可归者人数激增。刊登于 2023 年 2 月《种族与民族健康差异杂志》上的研究报告《持续性差异：美国各人口亚群中无家可归者比例的趋势》指出，2007 年到 2017 年每年有超过 350 万美国人经历无家可归。

目前，对于无家可归者的研究是分散的。对无家可归者与传播的研究在方法论和理论上虽各有不同，但都对相关研究作出了贡献。总体而言，学者利用社会科学

---

① 全因死亡率指"所有死因的死亡率"，即一段时间内各种原因导致的总死亡人数与该人群同期平均人口数之比。其分母是某段时间内的人口总数；分子是在该段时间内所有死亡人数，即不论任何原因导致的死亡，都算作死亡人数。

和人文研究方法，基于调查、焦点小组、民族志和修辞分析等方法开展了相关研究。研究范围包括无家可归等社会问题的新闻报道如何导致同情疲劳、无家可归者应如何维护自我权利等。

在既有研究成果与作品的各式各样的主题、设置、方法和假设之下，存在至少三个共同点：第一，在基于与无家可归者直接接触经验的作品中，许多学者都表达了无家可归者在社会物质环境中生存时，沟通的重要性；第二，媒体对无家可归者的报道框架会影响关于无家可归者对话的深度和广度；第三，旨在缓解无家可归问题的干预措施，需要考虑无家可归者的意见，并参考其既往经验。

（十八）信息图表（Infographics）

如今，基于视觉传播的信息图表无处不在。信息图表是专为通信而设计的信息或数据的图形，能够清晰简洁地呈现复杂的信息。信息图既可以单独使用，也可以作为视频的辅助。信息图表可以在环境（如标牌或博物馆展示）、印刷品（如报纸或教科书）或数字形式（如交互式显示器或独立的叙事动画）中呈现。它的主要作用是在各种环境中以视觉形式快速清晰地传达复杂的信息。

优秀的信息图表通常会借鉴多个领域的原则，如视觉传达设计、心理学、分析学、统计学等。通过将数据转换为更易于访问和直观的形式，信息图表极大地提高了受众的理解力、决断力和记忆力；此外，采用视觉交流的方式使信息能够触及更广泛且多样化的受众。

信息图表作为信息设计领域的一种视觉传达形式，与信息可视化等实践紧密相关。虽然信息图表和信息可视化在历史、内容和流程上常有交集，但二者各有侧重。信息图表通常聚集于离散和包含的信息量，而信息可视化经常用于处理来自多个源头的庞大且不断变化的数据集。信息图表通常以直观、明确的方式展示内容，具有针对性和解释性。虽然视觉交流形式已经沿用了数千年，如拉斯科洞穴图及如今的导航地图，但信息图表的普及始于18世纪中叶。在20世纪后期，报纸开始利用信息图表呈现复杂信息。《今日美国》《纽约时报》和英国《卫报》等出版物在开发和使用信息图表来呈现多样化信息方面发挥着重要作用。

伴随互联网和社交媒体的发展，信息图表作为简洁、直观的视觉传播形式被广泛使用。同时，在线工具的兴起进一步推动了信息图表的使用，但也引发了对其功效和价值的讨论。更重要的是，信息图表不仅仅是将统计或定量数据转换为视觉形式，还可以通过特定的设计手法和实践展现不同的观点或论据。

（十九）阐释社群（Interpretive Communities）

"阐释社群"概念属于社会文化性研究领域，是受众媒介接受分析的重要分支，意指拥有相同社会经验的人对于特定问题常持有一致的看法，并具有相同的解释模式。它是特定社会文化环境的一种反映，为文化产品和文化经验赋予了独特的意义。这是立场秉持了建构主义的观点，即认为具有相似经历和身份的人在解读媒体文本时会得出相似的含义。此外，不同的社会群体即使面对相同的文本也会产生不同的解释。这些社会群体的形成并不依赖于正式的组织结构，群体成员甚至也不需要了解他们的所属群体。

如今，这个概念已经广泛进入了对新闻、新闻受众、新闻来源和创造新闻的记者的研究之中。一些研究还探讨了阐释社群如何帮助我们理解专业记者群体，这些研究涵盖了体育、政治或种族等主题。宾夕法尼亚大学教授芭比·泽利泽（Barbie Zelizer）在《作为阐释社群的新闻记者》（*Journalists as Interpretive Communities*）一文中指出："我们不应该从'专业人士'的框架来理解记者，而应该将记者理解成一个'阐释社群'——记者们不断对重要的公共事件及自身在这些事件中的角色进行阐释，由此共同构建出一种集体的记忆和认同。"

（二十）媒体与时间（Media and Time）

时间是媒体之间进行区分的关键属性。媒体与时间的关系历史悠久，在20世纪中叶，它已正式成为媒体研究（区别于传播研究）的关键组成部分。

进入21世纪的第二个十年，媒体和时间的研究已从媒体和传播研究中一个相对边缘的话题发展成为备受关注的活跃领域。学术界对"中介时间"的讨论在很大程度上是由最近的技术变革以及数字和移动技术所带来的日常生活普遍"加速感"所驱动的。

互联网是"快速"和"即时"的，它使通信能够融入始终在线的"24/7"文化。这种速度是由一种永久性机制所支撑的，无论是元数据痕迹留在企业平台的大数据分析中，还是流行文化习语"一旦某些东西在互联网上，它就无法删除"的说法——这些都体现了"互联网是有记忆的"。

不过，数据不是恒久不变的，互联网即时发送信息的能力也并不统一。因为单个计算机可能会发送封装在不同协议中的数据，这些协议本身与速度、顺序和效率有着千丝万缕的关系。互联网作为目前使用最广泛的媒体系统，深刻影响着人们彼此关联的时间特征。人类不仅在历史上的不同时期使用不同媒体，还会同时使用不同媒体。这些媒体与时间有着不同的关系，与过去的联系也不尽相同。

因此，媒体以不同的方式影响我们对时间的认知：从工作场所到人际交流，媒体通过塑造我们对历史和文化的看法、反思可能发生的事情，为我们创造保存物品的机制，使之能够延续至未来。关于媒体与时间的研究在一些重要学者的作品中可以找到基础，这些学者来自哲学、经济学和科学社会学的研究领域。媒体研究的主要发展趋势倾向于关注媒体的时间特性如何影响人们日常生活的各个方面，其中一个重要的焦点是媒体时间如何塑造个人的工作和劳动经验。媒体考古学作为一种理解过去媒体技术社会位置的方法论，其出现的时间虽然相对较短，但已迅速形成了一个具有严谨研究议程的积极群体。

（二十一）媒介生态学（Media Ecology）

尼尔·波斯曼（Neil Postman）采用了一个著名的生物学隐喻来阐述"媒介生态学"——这是他从麦克卢汉那里汲取的灵感，从而引领了一种新的知识系统。在生物学中，培养基被定义为培养物生长的物质，与营养素、培养器具和环境等共同构成一个系统。在媒介生态学中，媒介被视为人类文化得以在其中生长的技术，这些技术塑造并形成了政治、意识形态和社会组织。过去，"媒介"一词主要指运输；但在现代传播学中，它通常被理解为一种环境。媒介生态学侧重于关注作为环境的媒介以及媒介所处的环境，并深入研究它们的演变、效果和形式；它构建了一个关于人类、技术、媒介和环境之间复杂相互作用的理论框架，旨在提高人们对这种相互影响的认知。

媒介生态学是一个广阔且具有包容性的多学科领域，它借鉴和吸收了一系列学科的理论和方法，如技术和信息研究、语言学和符号学及文化研究。这里的"媒介"是指通信技术及其他交际形式，包括但不限于身体、教室和法庭，以及不同历史时期的语言、符号和代码。"生态学"一词同样具有超越性和包容性，它运用系统理论和控制论来理解人类与技术在文化共同生产中的进化。

媒介生态学强调媒介和技术在人类事务中的整合和相互依存，认为人们用来思考、交流、表达经验的符号系统和技术在塑造人们对现实的理解与创造中发挥着不可或缺的作用。自从字母表发明以来，符号和媒介发生了重大变化——它被誉为第一种通信技术，深刻影响了人类的思维过程、社会和政治结构。媒介生态学为我们理解这些变化提供了一个视角，帮助我们通过不断更新的媒介和符号来体验与表达

"世界"。因此,媒介生态学致力于探讨媒介如何随着时间的推移而变化,以及如何改变我们的文化。对于媒介生态学一个常见的批评是技术决定论,因为早期思想家过于强调媒介在社会变革中的因果作用。如今媒介生态学家强调,他们关注的是传播、文化和意识的相互作用,这是一个动态的过程,而不是将通信技术视为社会转型的唯一驱动力。

(二十二)媒介社会学(Media Sociology)

鉴于传播/媒介分析的跨学科特性,明确界定媒介社会学的内容,并将其与社会学和其他方法之间作出明确的区分并非易事。在这里,"媒介社会学"被阐述为对传播和媒介在社会力量场中的动态运作进行深入研究,探讨它们与秩序、冲突、身份、制度、分层、权威、社区和权力等问题的关联。

大众传播/媒介研究起源于社会学。社会学家不仅确立了传播/媒介研究领域的关键议题,而且其基础研究也关注一系列核心的社会学问题,如媒介在推动传统社会向现代社会转型中的多重角色,媒介在推动社区建设、增强社会凝聚力等方面的作用。

二战前后,美国的媒介社会学经历了两次转变。在地理位置上,研究中心从芝加哥大学转移到哥伦比亚大学和哈佛大学,研究重点也从新闻和媒体转变为舆论和大众传播,并进一步从媒体与现代社会的关系转移到关于战争宣传和说服策略的问题上。鉴于对公众舆论动态的深入研究,关于个人和媒体影响力的社会学问题被研究学者推至研究前沿。

20世纪50年代,公众舆论成为媒介和传播研究领域的热点。然而,随着社会心理学和行为研究问题的兴起,社会学方法特别是那些专注于结构问题的方法逐渐退居边缘。这种转变标志着美国社会学和传播/媒介研究之间裂痕的显现,社会学理论和问题在大众传播研究中的重要性逐渐降低。

然而,媒介社会学在欧洲的发展轨迹有所不同。它以不同的理论范式和研究问题为基础,更关注阶级、权力、制度和社会分化等问题。

在社会学领域,关于媒介的讨论通常围绕大众媒体展开,近年来逐渐涵盖新媒体。关于媒介和社会之间的关系一直备受争议,特别是自19世纪末大众传媒兴起以来。媒介研究的基础在于对人类交流的理解,而关于谁说了什么、通过什么"渠道"、对谁说以及有什么效果等基本问题,构成了不同观点的基础。

"大众社会"(Mass Society)①理论在媒介研究中具有深远影响。早期的批评家（艾略特②、利维斯③）对大众媒体的影响持消极态度，认为"包装过的"大众文化是低劣的"。他们的观点反映了对媒体的"批判性焦虑"，即对大众社会的忧虑随着媒体产业的发展而增加。法兰克福学派（阿多诺、霍克海默、马尔库塞等）则认为大众传媒是控制大众的工具。媒体通过鼓励工人阶级成为主导意识形态的被动接受者，使社会控制和资本主义价值观得以维持，从而维持资本主义的存在。其他主张"意识形态控制"的理论家（路易·阿尔都塞）则认为媒体支持那些当权者对现实的描述，鼓励人们接受现状。有理论家进一步指出，在极权主义社会中，媒体被用来强化当权者的意识形态；而在民主国家中，媒体被用于培育强大的消费文化。20世纪末，随着大众社会概念的淡化及媒体机构和所有权模式的改变，大众社会理论的影响力逐渐减弱。尽管如此，与受众对媒体信息的解读和接受相关的媒体与意识形态的再现概念，在20世纪末的文化研究中仍然保持一定的影响力。

反映了社会学和心理学的"效果研究"关注的焦点从媒体对大众社会的影响转移到受众及其对大众媒体的使用与反应上。一些研究关注媒体带来的负面影响和道德恐慌，如屏幕暴力对儿童的影响、性和暴力对公众道德的影响等。然而，越来越多的人认为，对于大众传媒的影响很难形成一致的结论。这种研究已经引入了诸多有益的概念。其中，"主动受众"强调受众并非被动地接收信息，而是有选择地参与媒体传播过程。它促使人们注意到受众理解媒体传播的方式，并强调受众在媒体消费中的多元化和回应性，而非单纯地将媒体视为"皮下注射器"般的单向信息注入工具。

专注于媒体内容/信息的方法深受文学和文本分析、符号学及文化研究等学科的影响，这些方法侧重于对媒体产生的图像和意义进行详细分析，以确定媒体如何代表或形塑阶级、性别/性和种族/民族等，还提出了更普遍的权力问题。文化和社会文化方法关注信息和受众，研究流行文化对特定社会群体的作用。

随着社会互动频率的增加，媒体与政治经济的互动越来越受到关注。这引发了

---

① 大众社会理论是在孔德、斯宾塞的社会有机体思想和韦伯等有关工业化社会理论的基础上形成的。该理论认为，19世纪末20世纪初，人类进入大众社会。工业革命、资产阶级革命及大众传播发展破坏了传统社会中的等级秩序和密切的社会联系，使社会成员失去统一的价值观和行为参考系，成为孤立、分散、原子化的"大众"。在这一过程中，社会精英通过大众传媒对大众进行控制和引导，而大众在有组织的传播活动面前往往表现出被动的、无抵抗力的状态。
② 艾略特（1888—1965），英国诗人、评论家、剧作家，其作品对20世纪乃至今日的文学影响深远。1948年，60岁的艾略特获得诺贝尔文学奖。
③ 利维斯（1895—1978），英国文学批评家，先后执教于英国剑桥大学和约克大学。

20世纪末关于经济、制度形式及所有权和权力问题重要性的研究。在全球化等多种因素的影响下，这一研究方向目前仍然具有重要意义。研究者对媒体组织的结构和动态的兴趣促使人们思考新闻行业的规范性问题，以及媒体内容如何受到"议程设置"和"把关"机制的影响。从广义上讲，对大众传媒政治经济的研究包括传媒霸权、文化帝国主义、高度集中所有权的影响、市场力量和公共服务价值的平衡，以及全球化对传媒产品的影响等问题。关于文化帝国主义的辩论也随着互联网的传播和对其潜在的地方赋权与全球同质化倾向的质疑而获得了新的动力。

各专门的研究领域，如不同的女性主义流派（包括自由主义、激进主义、社会主义和后现代等）采用不同的理论视角来研究媒体的各个方面。这些研究涵盖了效果研究、内容分析和政治经济学方法，以分析媒体对平等的影响、性别定型观念的形成、女性活动（如体育）的边缘化，以及媒体在塑造女性参与的公共领域中的作用等。当代媒体研究的范围广泛，涉及媒体如何影响、反映社会或个体经验的多个方面。例如，媒体与政治的关系、战争期间媒体与军队的关系、媒体作为宣传工具的使用和媒体对体育的影响等。

（二十三）叙事传播（Narrative Communication）

作为一个学术概念，"叙事"有成熟的框架和内容。近几十年来，人们对叙事如何渗透日常生活和职业生活的兴趣与日俱增，而对叙事和认知过程的关系，特别是人与时间的关系的关注也同时出现。

"叙事"包括宏观的方面，而不仅仅指讲故事。"故事"一般是描述或叙述某人生活中值得注意的事件，而"叙事"则是在事件的基础上，对某人或一系列事件进行更详细的描述。生活中，对我们影响较大的是个人叙事及职业叙事。

叙事传播是一种使用故事来交流信息或意见的形式。叙事可以用来叙述一个故事，也可以用来论证特定的观点、传达信息、提供有价值的背景、解释行动或想法。在一般的人际交流和广告中，叙事也常被用作影响他人意见的手段。

（二十四）真人秀电视（Reality Television）

真人秀电视是一种无脚本的娱乐节目，出现于20世纪40年代后期。真人秀强调现场直播、没有剧本、不是角色扮演，是主张反映真实的电视节目。其接近真实、贴近生活，满足了人类窥私欲。真人秀除了重视节目内容外，也重视赞助商。赞助商的产品会以多种形式存在于真人秀电视节目里，从而扩大其知名度。

真人秀电视看似记录明星、名人或普通人在真实环境中的生活，但实际上是现场录制，再进行后期制作和剪辑，以达到节目效果。与电视纪录片不同的是，真人秀往往将关注重点放在戏剧冲突及个人矛盾上，对娱乐的贡献远远大于教育意义。

电视对真人秀的投资引发相关学术研究的浪潮，如关注结果不可预测的现实生活对娱乐的伦理、文化、经济的影响；关于真人秀的商业主义和削减成本技术的争论；关于真人秀的人为设置和舞台惯例的关系；真人秀对利润较低的电视新闻的冲击；真人秀对"后纪录片"文化和日益私有化公民景观的影响；在快速变化的媒体环境中，真人秀如何同时成为新媒体平台整合营销和观众参与的试验场，等等。

（二十五）宗教与媒体（Religion and the Media）

宗教与媒体的关系研究涵盖范围较广，已发展成为学术研究尤其是人类学研究的一个新兴领域。其主要涉及两个方面的内容：第一，关注之前作为独立领域的宗教和媒体的交集；第二，关注宗教本身作为一种中介实践（宗教作为媒体），随着新媒体的到来而不断发展的现实。

宗教与媒体关系研究的关键议题、问题和新的研究方向，可以通过《媒体与宗教》（Journal of Media and Religion）杂志进行了解。该杂志探讨宗教作为一种社会和文化现象如何扩大对大众传播和社会的理解，反映机构、内容、受众、文化、政治和技术等方面的观点；研究各种宗教传统（如基督教、犹太教、伊斯兰教、东方宗教哲学和新/替代性宗教）；作为学者、媒体专业人士和神学家的论坛，方便相关人员讨论宗教与大众传媒之间的关系，研究宗教受众的性质和行为，探讨宗教参与有关媒体的公共讨论的社会和文化影响。

20世纪90年代，关于宗教和媒体的国际研究会议开始出现。国际研究的真正动力来自一系列"媒体—宗教—文化"会议（第一次是1993年在瑞典乌普萨拉大学举行的），以及欧洲科学基金会和个别国家的相关组织为宗教和媒体研究提供的越来越多的资金。

（二十六）谣言与传播（Rumor and Communication）

随着社交媒体的发展，谣言、信息战、假新闻、猜测和阴谋论等层出不穷。作为一种典型的社会活动，谣言具有悠久的历史，是人类交流的普遍特征，涉及各个学科（包括心理学、传播学、政治学、社会学、哲学、文学、数学、计算机科学等）和各种以实践为导向的专业（包括医学、法律、国防、政治、新闻、情报、营销、管理、金融、公共关系等）。

无论在国内还是国外，若政治格局与权力结构出现变化，受众对谣言的兴趣强度就会呈指数级上升；受众对机构权威（包括政府、学术界、企业和媒体）的信任度会降低，而对真相持无所谓的态度。

谣言研究包括固有的基本问题（何为谣言）、谣言活动的特征（人们为什么相信和传播谣言，它们如何变得更准确或更扭曲），以及与时代背景密切结合的领域（如阴谋论、关于健康和风险的谣言、群体间的刻板印象和冲突、假新闻及谣言的预防和管理等）。

（二十七）体育传播（Sports Communication）

体育在个人生活、社会生活和流行文化中占据着重要位置，发挥着重要作用。体育传播研究的主题包括观众对媒介转播体育比赛的反应；教练员和运动员之间的沟通；基于性别、种族和国籍等因素，媒体对运动员的描述；体育媒体从业者的专业素养等。

在方法论上，体育传播研究人员需要使用定量和定性方法，并通过批判研究和文化研究的框架来处理相关问题。

（二十八）视频游戏和传播（Video Games and Communication）

视频游戏（电脑游戏或数字游戏）是一种通过文本、视觉、音频等多种方法融合进行交流的媒介形式。游戏是世界上最普遍和最成功的媒体之一，在一定程度上影响了青少年的生活状态和处事规则。

相关学者对游戏展开了研究，成果很多，观点各不相同。研究内容主要是了解游戏为何具有吸引力、游戏的影响和效果等。研究成果多运用于计算机科学、修辞学、文学、休闲和伦理研究等学科中。许多研究人员指出了游戏的负面影响，如久坐不动、鼓励暴力、干扰学习和缺乏社交等；但其积极影响也不应忽视，如提高玩家的沟通能力、分析能力等。

目前，大众传播领域开展的关于游戏社会影响的科学研究，多呈分散且不成熟的状态。许多传播学者研究人们玩游戏的原因，以确定为什么人们会被游戏吸引、享受并沉迷于游戏。

（二十九）青年与媒体（Youth and Media）

媒体在当代青年的生活中无处不在。通过观看电视节目、聆听音乐、畅玩视频游戏及访问网站，年轻人获得了不同的体验、想法和知识。

通信技术的发展使媒体前所未有地融入青年人的生活。随着互联网的发展及数字平台的兴起，青年花费在媒体上的时间显著增加。值得注意的是，此处的"青年"不是一个普遍的、不变的生命阶段，而是一个相对的、文化建构的概念，在不同的历史和地理背景中有所不同。

越来越多的跨学科学术机构分析青年与媒体的关系、青年的媒体文本的性质。学者投入大量精力来研究媒体对青年行为的影响，越来越多的研究也开始探讨青年积极参与媒体的方式；其他研究则关心媒体如何代表青年，并将青年作为商品和娱乐的特定消费对象；还有研究注重考察针对年轻观众的特定媒体形式的发展，如独特的电影类型或特定的电视格式等。

二、传播与修辞

传播与修辞具有很强的相关性。传播学中的"说服"目的，与修辞学中的修辞功能相似，都是要通过一定的技巧诉诸受众的态度，改变其认知，最后达到控制其行为的目的。"修辞"在当代社会已经不再局限于语言表达范畴，而是关涉视觉、听觉、触觉乃至思维感受等，因而视觉修辞、宗教修辞、建筑修辞、音乐修辞在社会传播中都应受到重视。

（一）论证（Argumentation）

传播学者对论证研究的取向一般分为两大类。第一类，传播学者对论证进行描述性和规范性研究，并试图进行整合。描述性研究通常采用定性和社会科学研究方法，并在实验室和现实世界环境中进行分析论证。规范性研究是在若干假定的前提下，依据事物的内在联系和逻辑关系，从理论上演绎推导得出结论。它通常采用人文研究方法，并分析公共领域的论证。第二类，传播学者认为论证更像是一种认识论活动——一种产生知识或证明信仰的活动，旨在实现各种结果，如说服、考虑或接受等。

逻辑、新闻与传播跨学科研究具有深化发展的空间，研究者可运用逻辑学的基本理论框架和研究程序方法，在传播的过程、类型、组成要素和效果等方面，以传播中的说服活动为核心，开展逻辑学与新闻传播学的跨学科研究。

（二）修辞与沟通（Rhetoric and Communication）

"修辞"一词是由古希腊哲学家柏拉图创造的，并由他的继任者亚里士多德系统地进行了阐述。在这些基础文本的基础上，从古罗马人到当代修辞研究和传播学者，"修辞"被各种文化借用、改编和转化。

在诸多研究中，修辞被视为一种"元话语"，或一种关于语言的语言，一种在不同时间、地点和情况下使用的语言，以便能够产生和解释话语。修辞学研究者认为，"修辞学"是一个有丰富内容且历史悠久的术语，它有时指的是语言和言语的实践，有时指的是关于这些实践的理论。当前，修辞学出现了新兴的子领域和重点范围，如修辞学和公共话语、修辞史、抵抗修辞学及批判修辞学等。

（三）修辞与跨文化交流（Rhetoric and Intercultural Communication）

文化及文化间的关系是修辞研究的一个重要领域。修辞与跨文化交流的融合促进了跨文化修辞的发展，从而构成了传播学研究的一个子领域。跨文化修辞研究中的"修辞传统"（或称"修辞遗产"）一词，是指特定文化的内容框架和理解论点的方式，是一项特定文化世界观特有的公共宣传内容。

具有跨文化修辞框架的研究，有可能成为由特定的跨文化互动所唤起的文化敏感性和修辞传统研究的代表之一。有人认为，修辞实践是从独特的文化社区的信仰和价值观中产生的，当人们进行修辞实践时，文化间交流和修辞的融合变得明显。跨文化修辞研究包括在跨文化互动期间如何战略性地构建基于文化的论点，以及如何使这些论点在特定的文化框架或世界观中产生意义。

修辞是在社会文化背景下产生的交流，旨在邀请特定文化背景下的受众作出回应。省略三段论（Enthymeme）是实践推理中的前提，它假定受众之间有共享的文化知识和认识；它还假定了一个普遍的和文化上理解的认识论过程，以提出和推进受众接受的主张。将修辞情境概念化为跨文化交际的研究表明，修辞学者需要注意社会话语和文化多样性。

此外，文化与修辞之间的联系还体现在受众分析中，特别是在公开演讲中：演讲者对受众进行分析，以探究受众的价值观和态度，从而更好地说服他们。这说明演讲者可能与受众具有不同的文化价值观，并已意识到这一点。方法论的发展使批评家能够更全面地代表不同的修辞传统，发现并理解文化间冲突和调解文化差异的新方法。

（四）视觉修辞（Visual Rhetoric）

视觉修辞是一个相对较新的研究领域，缘于修辞学者认识到视觉在当代文化中的重要作用。关于视觉修辞的定义目前没有达成共识，不同的学者以不同的方式使用这个词。从广义上讲，它指的是对视觉人工制品的交流和说服力的分析，范围从二维图像（如照片、漫画、地图）到电影电视，还包括三维物体及地点、空间和身体等。

从狭义上讲，视觉修辞强调以视觉化的媒介文本、空间文本、事件文本为主体的修辞对象，是通过对视觉文本的策略性使用以及视觉话语的策略性建构与生产，达到劝服、对话与沟通效果的一种实践与方法。视觉修辞的文本对象可分为三种基本形式：再现性视觉对象，如广告、电影、绘画、游戏、数据新闻等媒介文本对象；体验性视觉对象，如美国中央公园、迪士尼乐园、宜家家居等空间文本对象；过程性视觉对象，如庆典仪式、行为艺术等图像事件文本对象。

大多关于视觉修辞的学术研究都集中在视觉的交际方面，但也有研究涉及与视觉有关的学科，如符号学、美学等。

（五）宗教修辞（Religious Rhetoric）

在海外研究中，宗教修辞是对传播、强化、教导或形成神学信仰所涉及的语言和象征技术的研究。当代许多学者认识到，宗教和修辞的关系是古老而深远的，很难将它们完全分开。许多修辞手法和比喻起源于宗教，并且如今仍然具有重要的宗教内涵。宗教在海外深入人心也大大得益于修辞。如果没有修辞的复杂性和思辨性，宗教就不可能稳定地传播与发展。研究者若忽视对宗教修辞的研究将导致错过修辞传统历史的关键部分，甚至可能误解修辞的本质。

事实上，今天的许多宗教教育机构仍将培养修辞技巧和理解力作为宗教教育的一部分。但宗教修辞涉及的远不止"上帝谈话"的研究，对宗教修辞的研究可以扩展到宗教超越语言渗入象征行动的所有领域，即使宗教本身并没有明确出现。研究宗教修辞学可以进一步研究其历史、意义、政治、社会和语言本身。

三、传播与社会变迁

曼纽尔·卡斯特认为，时空是"社会结构和结构变化的最直接的表达"，时空变化会带来社会变迁。新媒体的发展使时空关系得到了重构——卡斯特称信息时代的特点包括"流动的空间"（Space of Flows）和"无时间性的时间"（Timeless Time）。在技术创新与国际政治博弈加速的 21 世纪第三个十年，传播与社会变迁的关系受到了研究者的关注。

（一）活跃分子媒体（Activist Media）

社交媒体不再纯粹用于社交，作为活跃分子媒体，它的存在使更多持相同观点的人能够参与到社会运动中。许多关于另类媒体、激进媒体、公民媒体、地下媒体和社会运动媒体的研究都属于"活跃分子媒体"的涵盖范围，主流媒体则不然。

活跃分子媒体并不是一个新事物。事实上，其缘于 18 世纪现代社会运动和民族主义的兴起及印刷资本主义的发展。在互联网的早期，许多独立的网站、论坛和个人网站都属于活跃分子媒体。21 世纪占主导地位的数字媒体平台，如美国的 Facebook、Twitter、YouTube 和中国的新浪微博与抖音，都具有较大的舆论影响力，因此被一些社会团体蓄意和持续地用于表达异议或提出政治主张。

（二）媒体行动主义（Media Activism）

在公共空间展现行为和思想上的团结，是社会运动的一个表现形式。然而，直接的行动需要辅以中介沟通。活动人士利用小册子、传单、杂志、电话、传真、电视及互联网媒体与公众进行交流，从而将分散的人们组织起来。

21 世纪初，以网络形式为主的社会运动引发了大量关于媒体与社会运动之间动态关系的跨学科创新研究。当然，有些媒体行动主义，包括媒体政策行动主义、黑客行动主义和文化干扰等，不一定与伸张某种政治主张有关。

（三）参与式行动研究（Participatory Action Research）

"参与式发展"是近几十年来发展传播研究的热点，其核心概念是通过赋权于社会成员，汇总所有参与者的知识以发现问题、诊断障碍、寻求解决方式和实现方案，它的价值观与网络文化和草根文化有比较强的契合性。在"参与式发展"的框架下，参与式行动研究是指在专业人员的辅助下，参与成员用自己的方式对自身状况进行判断和评估，通过成员之间的讨论，最终形成解决方案并将其实现的过程。

参与式行动研究代表了协作社会行动的认识论框架、教学方法、研究方法和过程，它在社会科学领域的应用前景很广，如社区环保和改造、公众健康和教育等。但在自然科学领域，参与式行动研究还是一个新鲜事物。

参与式行动研究并无逻辑严谨、统一的定义。但目前的所有说法都强调以下几个方面的内容。一是强调研究和参与的双重意义。研究人员与参与者一起进行研究，或者仅仅起到辅助作用，而不是只对参与者进行研究。二是自下往上的草根精神。在知识传播方式上，不再是自上而下的传播扩散模型，而是"赋权参与"模式或多元化方式。三是研究的目的是揭示问题的起因，继而动员成员发挥创造潜能来解决问题。

参与式行动研究呈现的是一个螺旋式循环发展的过程，每一个循环都包含了确定问题、计划、行动和监测四个过程。参与者的思考是贯穿这四个过程的，而不仅仅是行动的主体。在执行的过程中，参与者需要不断反思自己的行为，同时参与各种各样的研讨会和交流，主动表达自己的观点和意见，总结学习的知识，并将其转化成更有效的策略和评价能力。

参与式行动研究因为其强调民主参与的精神和务实解决问题的宗旨，引起了不少关注，但也不能忽视其自身存在的问题：（1）对参与者的要求偏高。要求参与者具有自我批评的能力，以便在具体事务中进行反思，找出原因和提出建议；同时也要有奉献精神和保持研究的热忱。（2）辅助的专业人员只有根据参与者的思考结果，不断帮助参与者修正研究计划，才能保证研究成果的价值。（3）推广价值有限。在这种模式下产生的结果往往较适合当前的环境，可换成另外的环境之后，结论很可能就不再适用。

（四）说服力和社会影响（Persuasion and Social Influence）

关于"说服"的学术研究至少可以追溯到古希腊的亚里士多德等人的研究：辨析各种信息的说服力。之后，随着内容扩展与框架延伸，这项研究演变成被称为"修辞"的研究领域，其研究重点在于确定在任何情况下均可使用的说服方法。进入20世纪，关于说服的社会科学研究进一步发展。这一研究是由对信息效应感兴趣的研究者发起的，该研究在第一次世界大战和第二次世界大战期间获得了美国军方的财政支持。

在各个领域研究人员的推动下，关于说服的社会科学研究涉及广告、营销、心理学、传播和公共卫生等领域。

（五）社会变迁（Social Change）

一般而言，社会变迁被描述为在特定社会结构化社会行动或文化的重大变化。根据不同的维度，我们可以对这种宽泛的定义做进一步的具体说明，如空间（微观、中观、宏观）、时间（短期、中期、长期）、速度（缓慢、渐进、快速、革命）、方向（前进或后退）、内容（社会文化、心理、组织、经济等）和影响（和平与暴力）等。

在西方的学术视野中，社会和传播科学视野中的社会变迁与"发展中国家"发生的"发展问题"有关。20世纪80年代末至20世纪90年代初，社会变迁逐步成为一个全球性问题。相应地，对传播促进发展和社会变革的研究经历了几次范式变化：从现代化和增长理论到依赖方法和多样性参与模式，新的话语结构一方面将地方社区作为研究和辩论的目标，另一方面寻求对全球化与地方化之间复杂关系的理解。

21世纪以降的世界，无论是总体上还是各个国家和地区，都面临着多方面的经济和金融危机，面临着社会、文化、意识形态、道德、政治、种族、生态和安全的激烈辩论与冲突；与此同时，各个国家、地区和社区之间的相互依存也在日益增强。在这种情况下，以前传统的现代化和联系观点变得更加难以解释现实和预测未来。

21世纪初，我们从对发展和社会变革的重新概念化和重新定位可以看出：虽然收入、生产力和国民生产总值仍然是人类发展基本方面的衡量因素，但它们并不是人类生存的总和。这对我们思考社会变革和发展的方式具有重要影响，也为我们思考传播在发展和社会变革进程中的作用提供了机会。

（六）社会运动（Social Movements）

20世纪60年代以来，西方学术界对社会运动的兴趣，特别是在传播方面，有了显著的发展，以意识形态为导向的社会运动对公共和社会政策产生了深远的影响。沟通与社会运动的内部和外部战略密切相关，是吸引和动员追随者并将运动目标扩大到更广泛的受众的一种手段。从沟通的角度来看，社会运动意味着人际关系和中介信息的混合，其面向内部和外部，旨在进行说服或提供信息。社会运动的参与者包括正式和非正式组织。正式的社会运动组织也可用"倡导团体""利益团体"等术语来描述。定义的复杂性引起了许多分歧，比如，是否要确定规模或影响力的门槛，才能将某运动描述为社会运动？大型专业组织是否适合作为社会运动的一部分，或者它们应该被视为不同的东西？政党代表的利益是否意味着这些问题应该在制度政治中而不是作为社会运动来考虑？这些问题显示出理解传播类型和社会运动类型之间关系的复杂性。随着通信技术的发展，传播与社会运动之间的关系被进一步改变，催生了相关但独立的研究领域。

在传播领域，对大众媒体（特别是新闻媒体）运作方式的概述有时包括关于社会运动和政治进程的部分。社会学和政治学的核心文本考察了社会运动对传播（包括大众媒体）的使用，以及讨论传播如何影响社会运动在大众媒体中的地位。

四、传播与科技创新

科技传播是连接科技与社会的桥梁，将科技成果应用于生产和生活实践，是知识经济时代促进科技创新、推动经济发展、提升国家实力的重要因素，是人类文明发展到一定阶段的产物。

在当代中国，"科技传播"有三个名称：科普、科技传播、科学传播，它们分别代表三个群体和三种模式。由中国科学技术协会主导的科普是主流和正统；科技传播的研究者主要是传播学家，主要关注传播手段和传播效率；科学传播的倡导者主要是科学史家和科学哲学家。

（一）3D 媒体（3D Media）

人们现在可以在各种屏幕上体验媒体内容，无论是在传统的剧院空间、家中，还是通过互联网、移动和虚拟现实设备等数字平台。随着 3D 技术的发展，媒体应用程序为数字融合世界增加了新的维度。

3D 于 1838 年被发现，比传统电影在 20 世纪初崭露头角早了几十年。描绘自然风光和历史遗迹的立体静止图像是早期流行的 3D 娱乐形式的代表。20 世纪 50 年代，3D 娱乐的"黄金时代"随着《布瓦纳恶魔》（1952 年）和《吻我，凯特》（1953 年）等电影而到来。然而，由于制作质量差、剧本糟糕，观众对 3D 的兴趣很快就消失了。3D 电影在 20 世纪 80 年代经历了短暂的复兴，出现了《大白鲨 3D》（1983 年）等大片，但不久再次淡出人们的视野。

这一切都随着以《阿凡达》（2010年）为代表的新一代3D电影的到来而改变。事实上，2010年标志着3D媒体新时代的开始。随着3D技术的标准化，电影院中3D电影急剧增加。这些电影以3D蓝光发行，观众可在家中观看。拥抱创新技术的3D电影超越了传统的立体成像，特别是在3D捕获和显示技术方面。

以前的立体娱乐时代与当前的3D复兴之间的一个区别是，3D技术可在跨媒体平台推出，从大型电影屏幕到电视机、游戏机、互联网和手机。因此，在数字时代，3D必须被置于整个科技环境中来看待。从增加3D电影制作到活动编程（如2012年伦敦奥运会），再到使用新的3D技术创建虚拟在线世界（如Omniverse Machinima①）等，3D在教育、科学和艺术中发挥着越来越大的作用。

（二）区块链与传播（Blockchain and Communication）

区块链是传播学者研究的新兴技术之一，它是一种数字化分布式分类账协议，可促进各种点对点价值转移。诸多学者将其描述为一项革命性的技术，在全球范围内具有潜在的颠覆性；从连续体的角度来看，它是继大型计算机、个人电脑、互联网和移动/社交网络之后的第五个计算范式。由于其短暂的发展历史，相关的研究多来自法律、商业或信息研究等领域，它们为区域链的整体研究提供了信息，为传播研究人员提供了相关的研究途径。

中本聪在2009年推出了第一个公共区块链比特币。关于中本聪存在一些争议，因为这个人（或多个人）从未公开透露过其身份。短短数年间，区块链已经从自由主义的草根和去中心化数字货币的创建迅速发展到智能合约与社会应用程序，在一定程度上消除了人们对银行、会计师和律师等中介的需求。

区块链引起了公众的关注。然而，区块链在理论发展、方法论多样性和基于经验的工作方面仍然处于早期研究领域。区块链对通信领域很重要，因为随着互联网的兴起，它创造了新的意义连接、价值转移和意义创造的社会模式。

（三）传播与分布式工作（Communication and Distributed Work）

自20世纪90年代以来，学者们一直在研究分布式工作。电子邮件、计算机会议、即时消息和企业社交媒体等新通信技术的发展，使人们可在不同的地理位置进行工作。这些工作跨越时间和空间，允许远距离协作。分布式工作引起了传播学者

---

① Omniverse Machinima 是一款软件，它利用强大的工具和逼真渲染，重制、重创并重新定义动画电子游戏。

的极大兴趣，他们研究协作、知识共享和关系形成等沟通过程是如何跨越地理、时间、文化和组织边界而实现的。

分布式工作也带来了相应的挑战，这些挑战会影响团队动态和个人工作关系，如跨越时空距离共享知识、"情境知识"难以在分布式团队中跨地点共享等。另外，研究人员开始研究对距离的主观感知，如感知接近及电子接近。研究发现，虽然面对面的交流通常被认为是最有效的，但即使是同级的员工也会利用通信技术的模糊性和控制力进行沟通，而不是面对面交流。

（四）计算机中介通信（Computer-Mediated Communication）

"计算机中介通信"是一个总称，包括通过计算机进行的各种形式的通信。这些通信可以是同步的，也可以是异步的，涉及文本、音频/视频的一对一、一对多、多对多交换。

早期的计算机中介通信研究主要集中在技术调解如何改变群体生态和社会互动的过程与结果，如何解决人们表达和解释自我认同、形成和管理印象、发展和维持关系，建立社区、远程协作和作出集体决策等问题，同时侧重于比较与非中介性、面对面沟通的不同之处。因此，早期相关研究的核心理论强调，缺乏社会背景信息是计算机中介通信不利的决定性因素。然而，研究者很快就受到替代模式的挑战。这些模式强调个人用户对有限渠道容量的积极适应。同样，区分"真实"和"虚拟"的二分法观点逐渐被强调两者之间模糊边界和相互作用的视角所取代。与此同时，研究人员调查了人们转向在线交流而不是面对面的互动会产生什么后果；还对各种背景下计算机中介通信对社会和心理的影响进行了研究，如计算机支持协同工作（CSCW）、社交网站（SNS）和在线游戏等。

（五）创新扩散（Diffusion of Innovations）

创新扩散是指创新的想法、产品、技术、过程或服务，通过大众和数字媒体及人际与网络通信传播的过程。随着时间的推移，创新扩散可通过社会系统产生各种各样的积极或消极后果。传播过程的基础是各种行动、观念、沟通过程和来源，以及社会规范与结构在多大程度上减少了潜在使用者对创新不确定性的抵触。

创新扩散理论可能是被引用、总结和应用最多的传播理论之一，在这一领域已有不计其数的出版物。

（六）数字鸿沟（Digital Divide）

从广义上说，数字鸿沟概括了个人、社会群体、国家在获取、使用和影响构成数字时代的数字基础设施、知识和技能方面存在的不平等。"数字鸿沟"一词的形成发展历程呈多向轨迹，不同的研究者在定义和应用它时采用了不同的方法。

技术的快速进步促进了该术语理论化的快速发展，其重点已经从单纯的技术转移到技术与特定的生态和社会变化的相互影响。在特定的社会时期，数字鸿沟随着每一次新的技术创新而扩大。弱势群体和社会由于被排除在数字领域的知识生产和内容创作活动之外，因此获取和使用数字技术的不平等现象进一步加剧。这种因为法规、技能组合、标准和创新的霸权结构而形成的知识垄断，在很大程度上反映了社会和经济的不平等。

公平的信息社会可能带来新的发展机遇，研究者理解建立以可持续方式实现数字公平的必要条件非常重要。

（七）数字亲密关系（Digital Intimacies）

数字亲密，是一个近年来讨论较多的学术话题。它指的是"晚期现代性"出现以来的一个重要的社会趋势，即社交媒体在建构人际关系的过程中正在发挥越来越重要的作用。数字亲密不仅标志着微观的日常生活与宏观的社会结构之间的密切联系，而且由此深刻展现出人类生存在数字时代所发生的种种引人关注的鲜明变化。[①]

谈论"数字亲密关系"就是承认两个前提（这两个前提是传播研究的基础）：其一为传播媒介不仅显著影响传播内容，而且本身也有意义；其二为传播媒介与它们互动的过程相衔接。应用第一个前提的假设是数字亲密关系具有自己的特征，并在每个方面都留下了痕迹，由此改变了亲密关系；应用第二个前提的假设是除了亲密关系的特定子类型之外，数字亲密关系已经成为一种特定的通信子类型，需要单独研究。因此，将这些概念结合起来意味着，虽然数字已经改变了亲密关系的实践，但亲密关系同样从根本上指导和影响了数字的发展和传播。

作为一个新兴领域，除了传播学之外，数字亲密关系还对许多领域具有重要意义，包括文化研究、性别研究、互联网研究、游戏研究、平台研究、社会学研究、

[①] 姜宇辉. 数字亲密：爱还是痛？——哲学与政治之间的批判性反思［J］. 文化艺术研究, 2022（2）: 34-48.

心理学研究等。

（八）数字素养（Digital Literacy）

进入文明社会以来，人类的识字、阅读、写作、听力、口语、观看的实践都在不断发展。20世纪90年代后期，随着被称为万维网的超链接和可视化的互联网的普及，研究人员、记者和教育工作者开始使用"数字素养"一词来描述和区分新兴实践——这些实践被认为是新的，或者至少不同于线性的、以文本为中心的传统实践。具备数字素养要求有能力的学习者在面对即时消息和电子邮件等在线工具方面表现出色。

随着"数字素养"一词的引入，各学科出现了许多相关且通常被认为是同义词的术语，如"计算机素养""信息通信技术素养""信息素养""媒体素养""新素养""多重素养"等。"数字素养"被定义为人们在使用基于互联网的通信（包括超文本、图像、音频和视频）时必须使用的综合技术和社会技能，以研究和创建各种学术和文化背景。因此，数字素养在教育领域具有特殊意义。数字素养通常被定位为一套与传统阅读和写作识字技能相当的技能，在某些情况下甚至比传统读写技能更重要，其在学习教育各阶段发挥着重要作用。

（九）电子口碑（Electronic Word-of-Mouth）

20世纪90年代中期，互联网开始改变消费者互动的方式，"电子口碑"由此产生。从概念上看，电子口碑通常可以定义为消费者通过互联网、社交媒体和移动通信共享和交换有关产品或公司的任何正面或负面评价。电子口碑在广告、传播和营销中有重要的作用，通过不同形式进行传播，如产品评论网站、电子邮件、社交媒体和在线社区等。电子口碑有助于激发更高的传播意图，因为它很容易让消费者在网上产生对话，并让信息在全球范围内快速传递。

由于电子口碑对消费者行为的影响较大，与之相关的学术研究在广告、营销、传播、管理和电子商务等学科中都有涉及。过去几十年的研究表明，电子口碑对销售、产品评估、购买决策、客户满意度和忠诚度及消费者与品牌关系有一定的影响。电子口碑的动机和前因也得到了研究。消费者对社交互动的渴望、对其他消费者的关注及潜在的认同效应等因素已被确定为驱动消费者分享电子口碑的重要动机；而个人的社会关系因素（例如社会资本）及信息来源和特征是消费者分享电子口碑的前因。

在当今互联网时代,电子口碑被认为比传统广告和营销信息更具影响力,因为其与社会创新性、互联网的使用和社交有密切联系。

(十)交友约会应用程序(Hook-Up[①] and Dating Apps)

美国皮尤研究中心的调研发现:美国人交友约会应用程序的使用率正在迅速上升。交友约会应用程序是一种数字媒介约会形式。这种应用程序可用于各种目的,从约见朋友到政治竞选等。

从电报到早期的在线约会网站,不管是模拟还是数字工具,都具有促成约会的交友应用程序的功能。因其可能威胁到长期关系的形成,在对这些工具如何影响社会的价值判断中,总存在一些道德恐慌和负面评价。

值得注意的是,交友约会应用程序都是在移动设备上运行的——随着这些应用程序融入日常生活,随时随地寻找朋友成为可能。它们依靠地理位置数据,使用户能够查看附近的人,或在旅行时安排聚会,或在定居新城市时访问信息资源。然而,它们在个人设备上的使用及用户交流的亲密性也给研究实践带来新的挑战。

交友约会应用程序在信息时代发挥着重要作用。它们为社会联系带来了新的机会,但它们也可能加深现有的性别和种族歧视。作为覆盖数字和物理空间的应用程序,它们的应用完全融入了周围的文化、社会、政治和经济背景之中。

(十一)信息和通信技术促进发展(Information and Communication Technology for Development)

正如所有划时代的创新技术一样,信息和通信技术对发展中国家的社会发展产生了巨大影响。使用得当时,信息和通信技术可以战略性地提高发展中国家人民的生活质量。

从实际来看,信息和通信技术促进发展的研究对象大多数为发展中国家。越来越多的学者对数字技术如何在全球传播中改变政治行动,促进经济繁荣和文化生产感兴趣。这一研究领域吸引了来自社会科学领域的学者,包括人类学、传播学、计算机科学、地理学、政治学、社会学等。

[①] Hook-up 的意思主要是在工作、社交、性方面建立一种关系,其经常被赋予与性相关的含义。

（十二）信息处理（Information Processing）

信息处理在广义上是指人类在处理信息时所产生的心理活动。这些心理活动在传播研究的背景下显得尤为重要，因为与沟通相关的刺激特征——存在于中介和人际沟通中——构建了个人参与信息处理的社会环境中最有意义的部分。

从历史上看，信息处理一直被认为是一种独特的研究方法，因为它定义了通信科学家研究的一系列现象。信息处理的研究方法是作为心理学认知革命的一部分出现的，这是心理学研究人员试图理解人类思维方式的重大范式转变。信息处理技术的应用促进了新的研究方法的建立，除了自我报告和行为测量之外，还涉及心理学、生理学测量，旨在帮助研究人员观察人类的思想。

传播科学家，特别是那些对研究媒体过程和影响感兴趣的科学家采用了一种信息处理方法，超越了传统媒体效应研究提供的洞察力，探索了可能观察到的媒介信息对个人影响的心理过程。作为术语的"信息处理"偏向于描述更纯粹的认知过程而非情感过程。不过，神经心理学领域的研究表明，将认知和情绪视为孤立过程是错误的。因此，信息处理在描述更复杂的认知和情感心理活动方面效用有限。一般来说，使用更通用的术语"心理处理"或"心理过程"可以更准确地描述实际研究对象。

（十三）交互性（Interactivity）

大多数用户将"交互性"理解为通信媒体能够响应（通常是即时）用户的程度。事实上，交互性的精确定义、形式和功能一直存在争论。对于许多人来说，交互性的潜力代表了技术发展给人类交流带来的革命性变化的重要方面。数字媒体的其他方面只是改变了通信形式的效率和成本（例如，使一对一、一对多形式的通信更快、更便宜），而交互性从根本上改变了人们对媒介通信本质的理解。

（十四）跨文化新媒体（Intercultural New Media）

从广义上讲，跨文化新媒体研究是了解新媒体和数字技术与跨文化交流互动过程和影响的学术尝试。这一研究领域意在探索计算机媒介交流与跨文化交流之间根深蒂固且复杂的关系，了解社交媒体平台、手机和流媒体应用程序等如何影响来自不同文化背景的人之间的语言和非语言互动。换句话说，跨文化新媒体要探索技术、传播和文化之间的相互作用。

跨文化新媒体研究缘于这样一种假设，即新媒体正在深刻改变跨文化的交流，它变得越来越重要。随着世界各地的人们越来越多地使用信息通信技术，地理、社会和政治边界正被逐渐淡化。2012年，罗伯特·舒特（Robert Shuter）[①]为该领域研究提供了重要的理论见解，澄清和巩固了该概念的使用，并为这一新的研究领域奠定了基础，将其命名为"跨文化新媒体研究"，以专门探索跨文化传播与新媒体之间的交叉点。它包括两个主要研究领域：新媒体和跨文化传播理论、文化和新媒体。这意味着跨文化新媒体研究不仅包括研究跨文化互动的新数字理论，还旨在推进现有的跨文化传播理论，探究它们在数字传播中的突出地位及新媒体如何塑造其发展。

跨文化新媒体研究超越了新媒体如何在不同文化中发挥作用以及文化如何影响新媒体发展的一般研究，其重点在于研究新媒体如何影响不同背景下个人和群体之间的跨文化交流，尤其是交流方式、习俗、价值观和信仰如何被变革性的新媒体话语所塑造。

随着新媒体环境和相关研究的不断发展，"新媒体"一词在使用方面发生了显著变化，相关文章在探讨技术与跨文化之间的相互作用时，选择使用其他术语，如"社交媒体""数字媒体""数字文化"等，这与互联网进入Web 3.0时代及算法和大数据的发展是相适应的。

虽然对跨文化交际的研究发展已经有几十年，但对"跨文化新媒体"的研究直到21世纪才出现。这个领域随后进入一个快速增长期，吸引了来自各个领域的多元化学者，包括语言学和社会学的新成员。他们从跨文化交际的视角来批判全球化，对宗教、文化、身份和性别进行跨学科分析，研究移动通信在社会凝聚力中的作用及在计算机媒介背景下与其他文化的有效沟通等。

（十五）移动通信研究（Mobile Communication Studies）

虽然移动媒体被认为是增长最快的媒体类别，但在2000年之前，移动通信领域仍缺乏相关的研究。移动通信研究在21世纪的前20年激增，从侧面反映了移动媒体使用的增长、功能的增加和影响的扩散。

大多数研究人员关注人们如何通过移动媒体进行人际互动，移动文化和移动媒体如何作为改善生活的手段，研究手机、短信服务和移动音乐设备如何改变人们做

---

① 罗伯特·舒特是美国马凯特大学传播学研究系教授、跨文化新媒体研究中心创始人。作为跨文化传播学研究领域的前驱和领导者，舒特在传播和文化领域著述广泛。

事的方式。如今，越来越多的移动通信研究关注 Twitter 等移动社交媒体如何促进公民的社会、政治与经济参与。

基于社会学视角的移动通信研究，主要内容包括人们如何使用移动媒体及如何在日常生活中创造移动文化的意义和规范，如移动媒体使用的社会后果，年轻人如何使用移动媒体创建个人身份、群体身份和社交网络，移动媒体是将用户分开还是将他们聚集在一起，世界各地的人们在日常生活中是否以不同的方式融入移动媒体，如何利用移动媒体促进积极的社会经济发展，以及移动媒体使用可能导致的一些困境等。

（十六）开放获取（Open Access）

开放获取（简称 OA）或开放存取是指国际学术界、出版界、图书情报界为了推动科研成果利用互联网自由传播而采取的行动。简而言之，"开放获取"的最终目的是免费向用户共享学术研究。

尽管"开放获取"在 21 世纪初的布达佩斯、贝塞斯达和柏林召开的相关会议中都有所提及，但该术语仍然没有被普遍认同的定义。开放获取不仅指学术期刊文章，也可以指专著、灰色文献[①] 及其他类型的学术和非学术作品。

目前，常见的开放获取途径有两种：金色 OA 和绿色 OA。所谓金色 OA，一般由出版社主导，在成果出版环节实现开放获取。金色 OA 需要作者向出版社支付文章处理费（Article Processing Charge，APC）。绿色 OA 一般由机构或非营利组织主导，作者可将成果提交到开放知识库中，实现成果的开放获取，不需要额外付费，开放知识库的运营费用由机构或非营利组织承担。除了期刊论文外，开放获取的资源还有图书、会议论文、科学数据等。

除了金色 OA 和绿色 OA 以外，目前还衍生出很多不同的开放获取途径，如青铜 OA、白金/钻石 OA 等。青铜 OA 是指出版商主动选择某些论文与资源向公众免费开放，无须作者支付费用；同时版权掌控在出版商手中，随时可撤销对这些内容的开放共享。白金/钻石 OA 是指作者、机构、资助者均不需要为开放获取支付费用，而是由出版商支付；采用这种开放获取模式的出版商通常隶属于大学机构或基

---

① 灰色文献（Gray Literature）是一种新型信息源，一般指非公开出版的文献。灰色文献品种繁多，包括非公开出版的政府文献、学位论文；非公开发行的会议文献、科技报告、技术档案；非对外发行的企业文件、企业产品资料、贸易文件（包括产品说明书、相关机构印发的动态信息资料）和工作文件；未刊登稿件以及内部刊物、交换资料、赠阅资料等。灰色文献流通渠道特殊，制作份数少，容易绝版。虽然有的灰色文献并不成熟，但涉及的信息广泛、内容新颖、见解独到，具有特殊的参考价值。

金,以"科研成果的自由传播"为使命。

许多研究表明,以开放获取方式出版作品会增加其引用次数并提高其在各种指标上的得分。学者、图书馆、出版商、资助者和社会对开放获取的持续兴趣,意味着那些通过开放获取学术资源进行学术交流的人联系将越来越紧密。

(十七)社交媒体(Social Media)

社交媒体是一个非常重要但相对较新的学术研究领域,其处于不断变化的状态,相当多的研究集中在了解其现象、用户特征,如社会经济地位或个人人格特征与社交媒体使用之间的联系。

目前,越来越多的研究涉及社交媒体的历史背景和定义、社交媒体平台的具体特征等。社交媒体已成为一个多产且重要的研究领域,影响着人们的日常生活,如人们的交流方式、人们消费产品和信息的方式、社交网站上自我与社区之间的关系、隐私与社会资本的问题及监控导向问题等。

(十八)跨媒体叙事(Transmedia Storytelling)

跨媒体叙事存在于多个学科和创造性实践的交叉领域,通常被理解为一个在多个媒体平台上讲述的故事。然而,亨利·詹金斯(Henry Jenkins)[①]将其与其他多媒体故事的区别描述为"每个新文本都对整体作出了独特而有价值的贡献":跨媒体叙事可将角色从书籍转移到电影再到视频游戏,这可以使它们更丰富,更引人注目。

学者和从业者讨论、评估、分析和设计跨媒体叙事项目,并提出了各种框架。从跨媒体叙事的理论和实践中我们可以清楚地看出,现有的方法论——文学理论、叙事学、符号学、电影理论、媒体研究——都为跨媒体叙事的学术研究提供了重要的视角,但只有单一视角会导致盲人摸象。因此,跨媒体叙事必然包含一系列理论、哲学和创造性方法,并继续以叙事深入、广泛理解的方式发展。这种努力使跨媒体叙事成为一个具有流动边界的独特领域,随后它创造了全新的形式,并代表了一种利用新媒体平台的创新叙事方法。马歇尔·麦克卢汉的时代早于数字技术,但他关于媒体影响信息方式的断言被许多学者在理论化跨媒体叙事时引用。

跨媒体叙事可以融合不同的叙事模式,这导致了游戏、纪录片、电影与跨媒体

---

① 亨利·詹金斯,当今国际上最著名的传播和媒介研究学者之一,也是粉丝文化研究领域的先驱和权威。

领域的相互影响。当然，这些领域本身不存在泾渭分明的界限。跨媒体叙事的复杂性和范围意味着会产生与之相关的各种文本，包括学术书籍、期刊文章、实用指南、创意产品等。

（十九）虚拟现实与传播（Virtual Reality and Communication）

虚拟现实（VR）是一种通信媒介，可以使虚拟体验感觉更加真实。虚拟现实的应用领域广泛。例如，作者使用 VR 将读者置于故事中；教育工作者使用 VR 让学生进行体验式学习；精神科医生利用 VR 来减轻病人的心理创伤等。

自 20 世纪 60 年代以来，VR 已被军队和医学用于训练和模拟实验。从历史的角度看，现代 VR 的愿景主要缘于 20 世纪 80 年代的科幻小说，尤其是关于计算机科学、心理学和人机交互的小说。一直以来，VR 难以快速发展的原因在于通信传播速度，以至于只能将画面帧数调低，来维持稳定的传输速度。5G 技术的出现使 VR 技术迎来爆炸式发展，并促进了元宇宙概念的兴起。

虽然 2022 年元宇宙的短暂火爆带动了 VR，但它其实不是一个新事物。1935—1961 年是 VR 发展的第一个阶段，是虚拟现实概念萌芽期。1935 年，小说家斯坦利·温鲍姆（Stanley Weinbaum）在小说中描述了一款 VR 眼镜，它以眼镜为基础，能带来视觉、嗅觉、触觉等全方位沉浸式体验。该小说被认为是世界上率先提出虚拟现实概念的作品。

1962—1972 年是 VR 发展的第二个阶段，是虚拟现实技术的萌芽期。由于技术限制导致设备体积庞大，虚拟现实此时仍处于原型机阶段。1957 年，电影摄影师默顿·黑林（Morton Heiling）发明了名为 Sensorama 的仿真模拟器，并在 1962 年为这个模拟器申请了专利，这就是虚拟现实原型机，后来它被用于模拟飞行训练。Sensorama 通过三面显示屏来制造空间感，体积较大，用户需要坐在椅子上将头探进设备内部，才能体验到沉浸感。1968 年，美国计算机图形学之父伊凡·苏瑟兰（Ivan Sutherland）开发了第一个计算机图形驱动的头戴式显示器及头部位置跟踪系统，但是碍于技术的限制，显示器的重量并没有减轻，需要在天花板上安装专门的支撑杆才能使用，因此被用户戏称为悬在头上的"达摩克利斯之剑"，这也从侧面说明其应用范围受限。但头戴式显示器的出现，是虚拟现实技术发展史上的一个里程碑，此阶段也是虚拟现实技术的探索阶段，为虚拟现实技术基本思想的产生和理论发展奠定了基础，伊凡·苏瑟兰因此被称为"虚拟现实之父"。

1973—1989 年是 VR 发展的第三个阶段，也是整个虚拟技术理论和概念形成的时期。杰伦·拉尼尔（Jaron Lanier）于 1984 年创建了 VPL Research 公司，并推出划时代的虚拟现实设备 Eyephone。事实上，Eyephone 只是虚拟现实头戴式显示器的一种。埃里克·豪利特（Eric Howlett）基于"大跨度超视角"（LEEP）技术，于 1989 年推出了虚拟现实头盔 Cyberface。原始的 Cyberface 配有平面面板，实际上是为穿戴在胸前设计的。它使用复合电缆，可以减轻头盔给人的压迫感。20 世纪 90 年代，Cyberface 发展至第 3 代，胸甲部分被去除，大部分重量由万向架承担，显示器分辨率大幅增加，用其公司的话称，它可达到"任何 10 万美元以下 VR 显示器 2 倍的清晰度"。

1990—2015 年是 VR 发展的第四个阶段，为产品的迭代期。在这个阶段，虚拟现实技术理论不断完善并开始向应用转型。1991 年出现的一款名为"Virtuality 1000CS"的虚拟现实头盔充分展现了 VR 产品的尴尬之处——外形笨重、功能单一、价格昂贵。Victormaxx Cybermaxx 是 Victormaxx 公司 1994 年推出的虚拟现实设备，可在两个 0.7 英寸的彩色液晶平板显示器上展示立体 3D 效果。仅仅一年之后，Cybermaxx 2 在电子娱乐展览会上引发巨大轰动，它拥有更高的分辨率，不仅支持 PC，也支持游戏机。1995 年，任天堂针对游戏产业推出 Virtual Boy，引起了不小轰动，但依然没有普及，因为设备成本很高，并且对当时的市场环境来说，它似乎太过超前。Philips Scuba RV 是飞利浦公司 1997 年推出的虚拟现实设备，售价 299 美元。它可提供生动的颜色和动态立体声音，也可利用 PC 鼠标接口模拟头部追踪系统。但在之后近 20 年的时间内，几乎没有公司敢将 VR 带入商业领域，直到 2012 年 Kickstarter 以众筹模式为刚刚成立的公司 Oculus 提供了一个机会。Oculus Rift 募资达 160 万美元，后来又被 Facebook 以 20 亿美元天价收购。Oculus 直接将 VR 设备售价降低到 300 美元（约合人民币 1900 元，而同期的索尼头戴式显示器 HMZ-T3 售价高达人民币 6000 元），这种亲民的设备定价为 VR 技术的爆发奠定了基础。

2016 年至今为 VR 发展的第五个阶段，是虚拟现实技术爆发期。随着 Oculus、HTC 和索尼等公司多年的付出与努力，VR 产品拥有了更偏宜的定价、更强大的内容体验与交互手段，辅以强大的资本支持与市场需求，整个 VR 行业正式进入爆发期。

（二十）网络 1.0（Web 1.0）

"Web 1.0"是个人电脑时代的互联网，用户通过 Web 浏览器浏览门户网站，单向获取内容。用户只是被动接收信息，没有互动体验。

Web 1.0 是一个群雄并起、逐鹿网络的时代。虽然各个网站采用的手段和方法不同，但第一代互联网有诸多共同的特征：技术创新主导模式、依靠点击流量盈利、门户合流、明晰的主营和兼营产业结构以及动态网站等。对 Web 1.0 作出巨大贡献的公司有 Netscape、Yahoo 和 Google。Netscape 研发出第一个大规模商用的浏览器，Yahoo 推出了互联网黄页，而 Google 后来居上，开发了大受欢迎的搜索服务。

Web 1.0 时代具有如下特征。

（1）Web 1.0 采用技术创新主导模式，信息技术的变革和使用对于网站的新生与发展具有关键作用。新浪公司最初就是以平台技术起家的，搜狐公司以搜索技术起家，腾讯公司以即时通信技术起家，盛大公司以网络游戏起家，在这些网站的创始阶段，技术痕迹相当之重。

（2）Web 1.0 的盈利都基于一个共同点，即巨大的点击流量。无论是早期融资还是后期获利，依托的都是用户和点击率。点击率是公司上市或开展增值服务的基础，决定了公司盈利的水平和速度。

（3）Web 1.0 的发展出现了向综合网站合流的现象。较早出现的新浪公司、搜狐公司与网易公司等，继续坚持门户网站的道路，而腾讯公司、MSN、Google 公司等网络新贵，纷纷走向了综合网站，尤其是对于新闻信息有着极大的兴趣。这一情况的出现，在于综合网站本身的盈利空间更加广阔、盈利方式更加多元化，可以更加有效地实现公司的增值，并延伸到主营业务之外的各类服务。

（4）Web 1.0 合流的同时，还形成了主营与兼营结合的明晰的产业结构。新浪公司是"新闻＋广告"，网易公司是"新闻＋游戏"，搜狐公司延伸门户矩阵。各家以主营业务为突破口，以兼营业务为补充点，形成"拳头加肉掌"的发展方式。

（5）Web 1.0 不以 Html 为语言，动态网站已被广泛应用，如论坛等。

（二十一）网络 2.0（Web 2.0）

"Web 2.0"是指在线网站，如 YouTube、Twitter、Facebook 及博客和播客等数字实践。然而，对于传播技术、新闻实践和数字文化的学者来说，"Web 2.0"是一个有争议的概念。许多学者认为其只不过是一个成功的营销术语，它以商业友好为幌子扭曲或夸大某些社会变革。因此，作为一个概念，Web 2.0 受到传统学术界的质疑。

自 20 世纪 90 年代后期以来，虚拟商品生产者和消费者之间的关系发生了巨大变化，特别是在在线领域，用户生成内容开始出现。这种创新的扩散对各个领域如教育、政治经济学、新闻学等产生了质的影响。

Web 2.0 的核心论点是：数字技术允许媒体消费者以新的方式创建、共享和混合"内容"，这种创造性能力从根本上改变了虚拟商品的生产。然而，正如尼采在《论道德的谱系》中所写的那样："整个历史……通过这个过程，实践可以被看作不断更新的解释和调整的连续迹象链，其原因甚至不需要相互联系——在某些情况下，它们宁愿偶然地跟随和接管彼此。"这种关于社会实践的偶然性和起源的哲学论证当然适用于 Web 2.0。关于 Web 2.0 的模糊定义术语包括用户生成内容、网络对等生产、公民媒体、生产（在网络的参与式环境中创建共享内容）、假定（生产者和消费者参与产品生产或服务）、协作创造、公共资源（共同拥有或由社区共享的资源）、社交网络等。

Web 1.0 和 Web 2.0 的主要区别在于，Web 1.0 是互联网本身作为内容平台（而不是软件公司作为平台）出现的结果，而 Web 2.0 是依赖于网络用户力量生成内容的结果。他们自己创建了内容价值，从而获得了成功。

（二十二）网络 3.0（Web 3.0）

在 Web 3.0 环境下，用户不必在不同的平台创建多种身份，而是能打造一个去中心化的通用数字身份体系，在各个平台通行。Web 3.0 被认为是互联网发展的下一阶段，一个运行在区块链技术之上的"去中心化"的互联网。

基于 Web 3.0，网站内的信息可以直接和其他网站信息进行交互，用户能通过第三方信息平台同时对多家网站的信息进行整合使用；用户在互联网上拥有自己的数据；用户用浏览器即可实现复杂系统程序才能实现的系统功能；用户数据也可同步于网络。

技术创新总是滚滚向前的。假如说 Web 1.0 的本质是联合，那么 Web 2.0 的本质就是互动，它让网民更多地参与信息产品的创造、传播和分享。Web 3.0 是在 Web 2.0 的基础上发展起来的能够更好地体现网民的劳动价值，并且能够实现价值合理分配的一种互联网形式。Web 3.0 不仅仅是一种技术革新，而且是以统一的通信协议，通过更加简洁的方式为用户提供更为个性化的互联网信息资讯的一种技术整合。这是互联网由技术创新走向用户理念创新的关键一步。

（二十三）网络存档（Web Archiving）

20世纪90年代，互联网在社会中发挥了越来越重要的作用，成为人们交流的重要平台。然而，一个网页的平均"寿命"大约是两个月，如果我们希望能够在学术研究中使用它，尽可能多地收集和保存网页是至关重要的。

由于技术、组织、道德和法律等多种原因，网络存档具有挑战性，因此，对于任何将网络存档作为研究对象或来源的学者来说，熟悉与网络存档相关的理论和方法非常重要。

第一批网络存档材料是在20世纪90年代中期建立的。许多国家直到2000年左右才建立国家网络档案，而一些国家比如欧洲的比利时、意大利、波兰和匈牙利至今仍然没有国家网络档案馆。

（二十四）网络护理（Web Care）

消费者使用社交媒体分享他们对产品、服务和政策的体验与评价。消费者的声音可以在社交网站、在线评论网站、新闻网站的评论部分及其他在线空间中被"听到"。这些空间使消费者能够发挥影响，包括积极的和消极的影响。

为了解决客户投诉、吸引客户进行在线交易，供应商开发了被称为"网络护理"的在线响应机制，即供应商与消费者之间关于消费者对产品或服务的问题、投诉和体验的在线互动。网络护理通常是不完全公开的，这与在供应商和消费者的非公开一对一交互中进行的客户服务有所区别。

网络护理的公共性为客户服务增加了一个新的维度：不仅有需要解决问题的消费者，甚至有旁观者参与其中。见证（有时参与）网络护理交互的消费者对供应商的态度可能会受到交互性质的影响。因此，供应商和消费者之间的公共互动使网络护理成为组织在线存在的重要组成部分。网络护理的另一个显著特征是供应商和消费者之间的互动经常超出如产品缺陷、交付错误等典型的客户服务问题。尽管客户服务仍然占供应商网络护理互动的大部分，但网络护理团队经常会收到消费者的赞美、有关供应商道德或在社会问题上的立场的询问。当一个供应商卷入公共危机时，网络护理团队需要处理大量消费者的意见，这通常伴随着巨大的压力。

网络护理研究涉及的主要学科包括传播、公共关系、营销、商业、旅游、酒店及信息系统等。在学术搜索中，"网络护理"的查询结果数量有限。相当部分涉及网络护理主题的论文会使用不同的名称，这些名称均指向管理层对社交媒体的管理或在线服务系统对评论或投诉的回应。一般而言，成功的网络护理在于与消费者互动的三个维度：及时、公开透明及个性化。

五、传播理论与方法

基本研究对象、基本研究问题、典型思维方式、典型分析方法、典型应用及本学科与其他学科的联系，构成了一个学科的大图景。有了大图景，我们就会发现一些概念与大图景的直接联系，或者是在研究概念之间的联系时发现一些概念是其他概念的基础，由此把核心概念识别出来，并且整理出知识之间的联系，甚至可以把联系的比重、程度和深浅区别开来。

（一）行动启示话语分析（Action-Implicative Discourse Analysis）

亚里士多德的实践哲学将人类知识区分为实践智慧、科学理论与实践技艺。行动启示话语分析以培养交际者实践智慧为要旨，基于扎根实践理论，围绕现实交际中的问题提出一套完整的话语分析框架。

行动启示话语分析是由美国科罗拉多大学博尔德分校教授凯伦·特雷西（Karen Tracy）提出的一种定性分析方法，用于研究交际情境中的谈话或文本。作为一种话语分析方法，其属于语言和社会互动的研究领域，也常见于论证和人际、群体、组织沟通等相关的研究领域。其目的是重建和论证话语实践，揭示人们在确定情况下面临的沟通挑战，特别是这些实践如何塑造关于这种情况的理想规范。行动启示话语分析的根源在于话语心理学、互动社会语言学、对话分析和批判性话语分析。

行动启示话语分析是一种归纳方法，也可以理论概念为指导，其主要的理论取向是扎根实践理论。扎根实践理论是一个元理论框架，其将行动启示话语分析与其他形式的话语分析区分开来。扎根实践理论和行动启示话语分析借鉴了约翰·杜威（John Dewey）的实用主义哲学，即日常经历需要反思、深思熟虑，也许还需要调整价值观和社会规范。

（二）议程设置（Agenda Setting）

新闻媒体议程设置基于这样的假设：大多数人只能通过新闻媒体这一种渠道来了解世界上正在发生的事情；媒体因此设定议程，根据影响问题重要性的能力进行排序，即媒体对某个问题的报道增加会导致公众对该问题重要性的认识增加。新闻媒体不会告诉人们该怎么想，而是告诉人们该想什么。因此，大众媒体有责任告诉人们哪些问题需要解决以及应该考虑哪些问题。

议程设置理论侧重于大众媒体的认知效应，与说服效应的研究有所区别。尽管有大量的实证研究，一些学者仍然认为议程设置更像是一种隐喻，而不是结构化的理论。它的理论基础被批评过于简单。20世纪90年代以来，一直有人试图将议程设置与框架和启动的概念联系起来，引入二级甚至三级概念以扩展议程设置的基本假设。

21世纪移动通信和社交媒体的发展在理论与方法上都给议程设置带来了新的挑战。议程设置作为媒体议程，使公共议程和政策议程之间的互动过程变得更为复杂。

（三）应用传播研究方法（Applied Communication Research Methods）

大众传播领域受到该学科专业教育的强烈影响，早期的大众传播学者经常被安置于新闻学院，广播电视学院、广告学院和公共关系学院则紧随其后。因此，研究与应用之间的联系长期以来是方法培训的一个重要方面。特定的研究技术适用于专业实践，广告和营销专业人员需要熟悉许多工具，这些工具可以帮助他们评估所选消息或活动的适当性和有效性。一般来说，内容创作者需要量化他们的受众并衡量参与度，如记者要报道民意调查，他们会使用数据来报道新闻并构建令人信服的叙述。同时，随着研究量的不断增加，记者必须理解和解释这些材料，运用涉及广泛的原则或特定技术，向受众传达科学的方法，在行业内就最佳实践和特定工具的优点进行讨论。而在学术研究中，研究人员需要提供有关方法的有效性或使用结果的证据。

（四）态度–行为一致性（Attitude–Behavior Consistency）

20世纪以来，态度和行为的关联程度一直是社会科学研究的重点，而态度长期以来是传播学、心理学的研究重点。态度概念的一个中心原则是，态度使人倾向于作出某种行为。态度的大多数定义都包括行为的某些方面。例如，态度的三方模型包括情感（情绪）、认知（思想）和行为。传播学者关注的核心观点是，如果态度和行为高度相关，那么通过说服性沟通将产生改变相关行为的效果。说服方面的许多工作都建立在这样的假设之上，即说服性沟通会影响一个人的内心状态及对某一主题的情绪和信念。这种内部状态的变化包括一个人对话题态度的变化。

正是通过这种态度的改变，行为的改变随之而来。然而，尽管态度直接决定行为的假设看起来是有道理的，但人们并不总是按照其态度行事。该领域研究的重点是确定态度是否可能成为引发行为的充分条件。例如，研究已经确定，基于直接经验的态度可能预测行为。这项工作的一个重点是对行为意图理解的发展。假设两个对某种行为持相同态度的人，在特定地点和时间有明确意图执行该行为的人比没有意图的人更有可能实施该行为。研究表明，意图与行为之间存在很强的相关性，行为意图在研究中经常被用作行为的代表。

（五）随波逐流效应（Bandwagon Effect）

"随波逐流效应"（搭便车效应）在文献中的定义各不相同。通常，它被定义为人们倾向于与竞争的获胜方建立联系。这意味着成功孕育出进一步的成功，如享有广泛民众支持的方案可能会获得更多的支持。无论如何，随波逐流效应意味着公众舆论表现出自我实现预言的质量。

对于公众舆论的看法，大众媒体传达的信息至关重要。报道民意调查是这种印象的重要来源，但不是唯一来源。随波逐流效应的概念最初相当模糊，没有完善的理论基础。因此，它缺乏概念上的精确性，但许多精心设计的研究已经证明了随波逐流效应确实存在。

随波逐流效应在政治中得到了深入的探索。一些研究还调查了其在其他领域的功能，如消费者行为。随波逐流效应是"非个人影响"的几种假设表现之一，即对个人态度、信仰或行为的影响，缘于这些人对个人接触范围之外的匿名他人的集体的态度、信仰或行为的印象。所有涉及随波逐流效应的评论都不仅仅讨论这种现象，而是将其与其他对公民态度、信仰或行为的非个人影响的表现融合在一起讨论。

（六）认知失调（Cognitive Dissonance）

认知失调理论是由利昂·费斯廷格（Leon Festinge）[①] 在1950年提出的。该理论认为，我们的态度、信仰、知识和行为之间的不一致会导致认知失调。在体验到

[①] 利昂·费斯廷格（1919—1989），美国社会心理学家，主要研究人的期望、抱负和决策，并用实验方法研究偏见、社会影响等社会心理学问题。他于1959年获美国心理学会颁发的杰出科学贡献奖，1972年当选为美国国家科学院院士。他提出的认知失调理论有很大影响。

这种感觉后，人类会努力减少它，以恢复到相对一致的状态。尽管费斯廷格认为认知失调可能发生，但他并不认为当人们面对不一致时，认知失调总是会发生。他指出，不和谐的体验取决于三个因素：和谐元素的数量、不和谐元素的数量及每个元素的重要性。重要的不和谐元素比不重要的不和谐元素会导致更多的认知失调；一个不和谐元素和许多和谐元素共存的状态，要比许多不和谐元素和许多和谐元素共存的状态，产生更少的认知失调。

要减少不和谐元素，策略是增加和谐元素的数量和重要性、减少不和谐元素的数量和重要性。这可以通过改变一个人的态度、信仰或行为来完成，也可以通过寻求令人满意的信息和避免差异信息来完成。

认知失调理论一直在经历各种变化，不过，学者们不断从原始理论中汲取灵感。尽管该理论最初是由心理学家引入和研究的，但它在传播领域获得了快速发展。该理论有助于解释那些研究沟通影响的人观察到的一些早期模式，如公民对志同道合的信息表现出的偏好。

（七）社区结构方法（Community Structure Approach）

任何关于社区结构学术的参考资料都必须向罗伯特·帕克（Robert Park）[①]致敬，他在《移民报刊及其控制》一书中认为，学者不仅应关注媒体对舆论的影响，也要关注舆论对媒体的影响。尽管大多数研究社区结构的学者从研究媒体对社会影响的传统视角转向探索社会对媒体影响的反向视角，但他们似乎都相信，对关键社会和政治问题的报道比"微观"结构（记者之间的心理差异或新闻编辑室的组织差异）更能反映"宏观"结构（如社区特征）。

社区结构研究领域发生了明显的转变，从最初强调媒体在广泛的社会体系中发挥作用（作为一种"社会控制"机制，加强精英作为社会制度"护卫犬"的利益），到将媒体视为"社会变革"的推动者，可以加强社区"联系"并促进公民参与。尽管大量研究人员从传统上在"机构"层面探索社区结构、重点关注机构和组织的多元化或多样性，但许多美国现代学者深入研究人口统计和综合指标，以探究媒体在

[①] 罗伯特·帕克（1864—1944），美国社会学家，芝加哥学派代表人物，城市社会学奠基人。帕克早年就读于美国明尼苏达大学，后进入密歇根大学师从杜威学习哲学，1887年获哲学学士学位，1899年获哈佛大学哲学硕士学位。其间，他有11年的记者生涯（他后来称社会学家为"超级记者"）。1899年他赴德国留学，1903年获海德堡大学哲学博士学位，论文题目为《乌合之众与公众》。他在1914年50岁时任教于芝加哥大学社会学系，1936年退休。帕克的研究范围广泛，包括人类生态学、种族问题、社会运动以及移民问题等，代表作包括《城市》《移民报刊及其控制》等。

多大程度上受到新兴群体利益的影响。

(八) 内容分析 (Content Analysis)

内容分析既是观察性的,也是叙述性的,较少依赖于与科学研究相关的实验要素(可靠性、有效性和普遍性),是通过系统和客观地识别信息的特征来进行推断的技术,是一种客观、系统、定量地描述交流的表现内容的研究技术。

作为一种研究工具,内容分析用于确定某些定性数据(如文本)中存在的词语、主题或概念。利用内容分析,研究人员可以量化和分析这些特定词语、主题或概念的存在、意义和关系。举例来说,研究人员可以评估一篇新闻文章中使用的语言,以寻找偏见或偏向性;然后,研究人员可以对文本中的信息、作者、受众,甚至文本的背景作出推断。

数据的来源可以是采访、开放式问题、实地研究笔记、对话,或者任何交际语言(如书籍、论文、讨论、报道、演讲、媒体、历史文件)。一项研究在分析时,可能会分析各种形式的文本。研究人员使用内容分析法分析文本时,必须对文本进行编码,或将其分解为可管理的代码类别进行分析(即"代码")。

内容分析的用处主要表现在:识别个人、团体或机构的意图、重点或传播趋势;描述对传播的态度和行为反应;确定个人或团体的心理或情绪状态;揭示传播内容的国际差异;揭示传播内容的模式;在启动前对干预措施或调查进行测试和改进;分析焦点小组访谈和开放式问题,以补充定量数据。

内容分析一般有两种类型:概念分析和关系分析。概念分析决定了文本中概念出现的频率;关系分析通过研究文本中概念之间的关系,进一步发展概念分析。每种类型的分析都可能导致不同的结论、解释和意义。

(九) 栽培 (涵化) 理论 (Cultivation)

1960年,学者乔治·格布纳 (George Gerbner)[①]引入了栽培理论,将其作为研究与电视传达的信息一起发展并受其长期影响的一种手段。该理论至今仍然非常活跃,引发了诸多研究。

该理论要求在三个相互关联的层面上进行分析:媒体机构及其运作的原因和方式;机构过程分析,电视内容和节目中出现的主题;信息系统分析,个人对社

---

① 乔治·格布纳 (1919—2005),1973年,他创立了理解大众传播的典范。范式有三个部分:制度过程分析、信息内容分析、培养分析理论。他认为,电视暴力影响了公众对生活和社会暴力的看法,使他们更加恐惧。

会和世界的看法以及因之而来的行为（培养）。该理论的重要概念包括"邪恶世界（Mean World）综合征"，它描述了电视上不断出现暴力内容的后果；"主流化"，它描述了需要靠电视影响力减少通常由于个人的观念不同导致的差异。

（十）发展性沟通（Developmental Communication）

发展性沟通是一个相对较新的视角。它在1980年被采用，并被称为"发展"或"生命周期"传播。传播学者在1979年的全美传播协会大会上首次对这一观点进行了反思。在接下来的十年中，诸多著名学者通过国际学术研讨会和书籍进一步倡导了这一观点。这些学者提高了理解发展性沟通的价值。乔恩·努斯鲍姆（Jon Nussbaum）被称为最具革命性的发展性沟通学者之一，他建议研究人员使用生命周期视角来更好地理解个人生命过程中沟通的复杂性。

发展性沟通理论认为：沟通不是独立于时间的单一事件或对象，沟通是一种需要掌握的技能，是跨越时间的事件流而非静态事件。沟通事件是不断展开的，受到个人特点及经验的影响。随着沟通过程在人类互动中展开，变化可能在人生的不同阶段以不同的方式表现出来。发展的视角证明了变化是人类互动的一个固有部分。

（十一）详尽可能性模型（Elaboration Likelihood Model，ELM）

20世纪80年代早期，心理学家理查德·派蒂（Richard Petty）和约翰·卡乔鲍（John Cacioppo）开发的详尽可能性模型是一个双重或双过程模型，是消费者信息处理中最有影响的理论模型之一。该模型描述了人们如何选择系统地管理他们遇到的信息。

"详尽可能性"意味着个人对于资讯仔细思量、深思熟虑的程度。由于"动机"和"能力"的不同，每个人对于资讯会有不同的处理方式。这影响人们思考事情以及做决定的态度，也影响人们搜集资讯及对消息来源评估的程度。派蒂和卡乔鲍两人证实：越是与人们密切相关的议题，人们越依赖事实论据，不轻易相信消息来源；反之，人们就越容易依赖消息来源，不太在乎事实论据是否真实。

在说服方面，详尽可能性模型认为有两条路线：中心路线和周边路线。中心路线的处理是系统性的，信息接收者会对说服性信息的中心、逻辑性的优点进行仔细检查；周边路线是启发式的，它是信息接收者在没有动机或无法阐述其逻辑优点的情况下评估说服性信息的手段。不同的说服方法依赖于对传播信息做精细加工的可能性：当精细加工的可能性高时，说服的中心路线有效；而当这种可能性低时，则周边路线有效。

尽管详尽可能性模型的中心路线和周边路线会促使人们关注它的双重过程，但派蒂和卡乔鲍指出，它也包含阐述可能性的概念，这就是说，信息接收者沿着一个连续的可能性来努力地思考。在这个连续体的一端，接收者一定会花费大量的认知努力来评估有说服力的信息核心观点；而在另一端，接收者也有不努力思考的概率。派蒂和卡乔鲍用启发式装置（周边线索）在说服过程中的重要性来描述这个阐述的连续体。他们认为，随着动机和参与努力阐述的能力的结合减少，这些周边线索成为说服的更重要的因素；反之，随着接收者的动机和能力的提高，周边线索变得不那么重要。因此，详尽可能性模型的一个决定性因素是动机。假设接收者有能力仔细研究说服性信息的论点，动机水平就决定了他们实际参与这一认知活动的程度。此外，说服性语境中的变量通常有三个作用：（1）扮演说服性论据的角色，通过中心路线进行评估；（2）作为积极或消极的周边线索，使信息接收者在没有详细说明的情况下得出结论；（3）作为动机，影响与问题相关的阐述的数量和方向。

（十二）实验（Experiment）

实验是理解世界的科学技术之一。通过实验，传播研究人员可以了解关于媒体内容和传播在公民态度与行为中的作用。

早期的传播实验侧重于理解二战期间宣传的影响。从那时起，沟通实验已经从侧重于评估实验室环境中的媒体效应发展为一套广泛使用的策略，以探索种族态度、选民投票率、健康信息和违反社会规范等问题。

（十三）焦点小组（Focus Groups）

焦点小组，也称小组访谈，是一种多人访谈的研究方法，它从参与者的互动中生成定性数据。其目的是通过参与者之间的对话，回答与研究目标相关的问题。与定性研究中广泛使用的一对一访谈相比，焦点小组数据的来源在于参与者之间的互动，包括其经验、观点和看法的异同，这不仅有助于了解参与者对某个主题的看法，还可以了解其为何这样想。

已知最早的焦点小组可以追溯到1926年，不过在此后很多年中，其并没有成为社会科学的定性方法。20世纪末以后，焦点小组才成为一个重要的研究方法。

（十四）启发式（Heuristics）

在作出判断时，个人不一定会使用特殊信息，从事耗费精神的认知计算；相反，个人经常使用与判断相关的具有启发式的"线索""信息捷径"或"知识设备"。"启发式"被定义为学习的知识或存储的记忆，促进了相对直观的判断过程。启发式的中心思想是由阿莫斯·特沃斯基（Amos Tversky）[1]和丹尼尔·卡尼曼（Daniel Kahneman）[2]提出的：不确定性下的判断依赖于简化过程，即启发式而非广泛的算法过程；预测不确定事件和评估概率值，可用代表性启发式、可用性启发式以及锚定与调整等方法。

作为"有限理性""认知错误""节俭地使用信息"的一种形式，起初，启发式研究主要集中在判断偏差研究上；后来，研究扩展到双处理模型：启发式过程是一种（有意识或无意识地）受动机和情况制约的选择信息的处理模式。

传播研究广泛地使用了启发式概念，包括广告和消费者决策、新闻和政治判断、电视和社会现实的构建及说服等。启发式概念的应用不仅增加了解释启发式和判断结果的传播因素，而且规范了现有的传播理论，如关于培养、新闻框架和启动效应的理论。

（十五）形象修复理论（Image Repair Theory）

危机沟通已成为传播理论和研究的重要领域，形象修复理论是危机沟通的重要组成部分。形象是指名声或面子。在特定的信仰和价值观（态度）基础上，形象受主体所说和所做的事情及相关受众对此的评价和反应的影响。

形象对个人和组织非常重要，因为声誉会影响他人对待自己/看待组织的方式。形象修复理论包含广泛的应对指责或怀疑的方法和策略。

（十六）隐性测量（Implicit Measurement）

1980年以来，关于人类行为心理过程的隐性测量方面的出版物大幅增加。这一发展是由研究人员推动的，他们认为明确的测量（如人们自我报告的想法和感受）

---

[1] 阿莫斯·特沃斯基（1937—1996），美国行为科学家，对心理学、经济、法律等需要面对不确定性进行决策的领域产生了很大影响。
[2] 丹尼尔·卡尼曼（1934—2024），以色列裔美国心理学家。由于在展望理论方面的贡献，他获得2002年诺贝尔经济学奖。

无法全面了解人们的心理内容。尽管自我报告可能会对实验环境中某些精心设计的想法提供有价值的见解，但它们无法在潜意识层面上反映人们的心理过程。

鉴于传播科学的不同领域旨在衡量不同媒体中的交际信息对个人和群体的影响，并且这种影响是通过人们缺乏洞察力的过程体现的，因此隐性测量越来越多地被应用于传播研究。

（十七）印象管理（Impression Management）

印象管理是社会心理学家欧文·戈夫曼（Erving Goffman）于1959年通过系统观察和分析而提出的理论，是指人们试图管理和控制他人对自己形成印象的过程。通常，人们总是倾向于以一种与当前的社会情境或人际背景相吻合的形象来展示自己，以确保他人对自己作出良好的评价。

人际交往中，人们试图影响他人对自己的看法。相关研究记录了人们为了被喜欢、被认为有能力或具有威胁而使用的各种印象管理策略。

（十八）信息管理（Information Management）

作为一种可以处理、生成、应用和查看的资源，"信息"可以是数字的、生物的或者物理的，是任何可以编码的、有意义的东西。

信息是一种资产，涉及产品、服务和社会影响。数字时代，巨量信息自由流动和溢出，且方式更迭极快。当前信息管理的研究建立在信息科学、信息系统、图书馆学、知识管理等学科之上。信息管理的艺术是在"驯服"信息和释放信息之间找到平衡，其挑战在于提供结构化框架的同时保持信息自由流动。

（十九）信息过载（Information Overload）

"信息过载"被用来表示信息处理和处理能力的限制。"超载"的概念在艾略特的诗歌中得到了表达："我们在知识中失去的智慧在哪里？我们在信息中失去的知识在哪里？"21世纪初，人们一致认为信息过载是指信息流超过处理它的认知能力的状态。

"信息过载"通常与"杂乱无章"有关。从神经科学的角度来看，超负荷被认定为认知超负荷。技术有时被视为过载的原因，但技术也可以被视为构建信息的方式，帮助人们更有效地处理信息，如写作或建立数据库。对此，关键的解决方案包括组织变革和个人适应，以及通过人机交互设计使过载信息成为积极的信息来源。

（二十）人类数据交互（Human Data Interaction）

经过40多年的实践，人机交互已经成为一门成熟的设计学科。如今，大数据的普及、新的数据收集和交互技术正在催生一门新的相关学科：人类数据交互。在这其中，有三个概念相当重要：数据跟踪——数据交易的记录；数据烟雾——数据成为一个压倒性的令人困惑的信息集合；大数据——云计算和大规模计算导致的大量数据，这些数据可能很难操作和管理。

在相当长的时间内，数据平淡无奇地存在着，但当它与其他思想结合在一起时，数据就不再仅仅是信息的集合。这其中，ChatGPT[①]的出现改变了这一切：它是有重要意义的辅助人类利用信息的工具，它可以识别包括英语、法语、德语、西班牙语等多种语言，快速回答问题。继互联网引发"空间革命"、智能手机引发"时间革命"后，在一定程度上，ChatGPT有可能引发"思维革命"：改变人类思考和处理问题的方式，并由此重塑世界。面对文明千年积累的"巨大图书馆"，ChatGPT就像一位包罗万象、逻辑清晰、回答快速并能综合所有知识、为你提供策略的管理员。而且，ChatGPT的数据库和回答算法还在不断迭代进化，这或将成为第三次科技革命的起点。

（二十一）知识差距（Knowledge Gap）

知识差距的基本概念是，不同社会经济水平的人利用大众媒体获得的知识存在差异。换句话说，信息丰富的人在阅读报纸或观看电视新闻报道时能掌握更多的信息，而那些知识相对较少的人通常以相对较低的速度获得信息。知识差距的理论在1970年被明确提出，该理论表明，群体之间不仅存在知识差距，而且在面对更多信息时，这种差距会扩大。

在美国20世纪的大部分时间里，民众的政策知识差异一直令人担忧。多数普通人无法充分理解详细的政策，在社会上存在"长期一无所知的人"，而长期无知和知识不平等的潜在存在对民主提出了一个严重的问题，因为民主需要知情的公民。某一特定群体拥有知识或信息的程度可能影响该群体对政治进程和公共决策的态度。当然，知识差距对于理解各种社会控制和社会权力不平等至关重要，而不仅

[①] ChatGPT是一种基于自然语言处理（NLP）技术的聊天机器人。它是由OpenAI开发的，可以用于多种应用场景，如自动对话、聊天机器人、语音识别系统，等等。ChatGPT的神奇之处在于它可以以真实的生活感和自然语言来回答任何问题。

仅是在政治领域。

1970年以后，知识差距假说刺激了西方的传播研究，学者们广泛应用不同的学科知识对其进行研究。

（二十二）媒体接触测量（Media Exposure Measurement）

如何测量媒体接触是传播研究，尤其是媒体效应研究中最核心，也是最具挑战性的问题之一。要产生媒体效应，必须有媒体接触，即个人接触特定媒体信息或内容的程度。测量媒体接触是世界各地的普遍做法，在商业媒体系统中尤为重要。这样做的主要原因是对受众进行身份验证，以便媒体可以更好地为受众服务。对受众规模和结构的评估通常称为评级数据，是进一步提升媒体影响力的基础。

因此，媒体机构及研究媒体对社会问题影响的学者对接触措施感兴趣，而用于收集媒体接触数据的方法包括抽样和统计推断。值得注意的是，尽管媒体接触是效果研究的核心，但学术界对如何测量媒体接触却尚未达成共识。

（二十三）媒介逻辑（Media Logic）

媒介逻辑是媒体的制度设计和技术工作方式，包括媒体分发材料的方式以及基于规则的运作方式，是描述整个制度或相对狭小的文化和社会领域的特定运作机制的方式。媒介逻辑在很大程度上指向媒介自身的运行规则和制度。传统主流媒体和平台型媒体遵循着不同的媒介逻辑来开展实践。传统主流媒体的媒介逻辑以新闻生产为主，媒体实践过程多依赖于专业记者、编辑对内容的采集、加工和创造，并将之呈现在报纸、广播、电视等介质上，以发挥信息传播和社会瞭望塔的功能。平台型媒体的媒介逻辑与传统主流媒体有着本质的不同。它几乎不生产内容，主要依托海量的用户资源和精准的算法分发，是技术驱动之下的信息、服务聚合型平台。

"媒介逻辑"概念以媒体社会学的观点为基础，在不同领域的大量应用使它获得了跨学科的性质。媒介逻辑既与媒介内容的生产理念有关，也与媒介效果领域有关。从生产的角度来看，这个概念依赖于新闻社会学，特别是新闻制作的研究。关于媒介逻辑的一个流行的理论发展是社会的"媒介化"概念，媒介逻辑被看作社会媒介化过程的"引擎"。

（二十四）媒体系统理论（Media Systems Theory）

媒体系统是一组相互作用和塑造的媒体机构和实践模式：旧的规范批判方法，

旨在概括媒体系统如何在社会中运作的特定概念；新的分析方法，试图解释媒体结构和机构的变化及其对媒体绩效与受众行为的影响。

媒体系统理论在政治和文化背景下发展并受相关秩序和规范的影响，对这些现象可能对媒体系统的结构和性能产生影响的考虑使媒体系统理论发展至新阶段，并出现了更为详细的方法，如"媒体和政治三种模型"理论就为比较媒体系统分析提供了实证基础。

进入21世纪的第三个十年，媒体的激进变革给媒体系统研究带来了未知的挑战。技术和经济的变化导致国家市场、媒体类型、新闻文化、公众甚至用户和生产者之间的各种界限越来越模糊。全新的变化与互动提出了新问题：媒体系统研究是否有足够的潜力为当前的变化提供理论框架，以及是否可以用来理解媒体系统未来的发展。

虽然社会学、政治学和心理学等社会科学的比较研究早已确立自己的分支学科，但直到最近二十年，传播科学的国际比较研究才出现，并且仍未促成"比较传播科学"的诞生。这对媒体系统研究尤其不利，因为在很大程度上，媒体系统研究依赖于比较思维和比较方法。

（二十五）传播中的准社会理论（Parasocial Theory in Communication）

准社会互动描述的是受众与媒体角色之间的非互惠互动。这些互动在很多方面都与面对面的互动相似，只是缺少通常所期望的社会伙伴的回应。当受众为了与选定的媒体角色建立情感纽带而寻求经常性地接近媒介体验时，就会产生"准社会依恋"（Parasocial Attachment）。

准社会理论的概念起源于1956年霍顿和沃尔的《大众传播和准社会互动》一文。作者在文章中指出，电视使人们与那些在视觉媒体存在之前未知和不可知的人接触。名人早在电视出现之前就已经存在了，但随着电视在人们家里客厅的出现，一切改变了：人们可以与名人进行"面对面"的超社会互动。

在晚间脱口秀节目中，主持人将名人嘉宾邀请到节目中，与这些嘉宾进行对话。这种形式鼓励受众与节目进行"互动"，即使他们无法真正参与对话。这种节目通常会设置一个半圆形的座位配置暗示受众是现场对话的一部分。这种准社会互动的片面性在于：受众非常了解电视名人，名人却一点也不了解受众。因此，准社会互动就导致了一种准社会关系，即在节目结束后，受众对名人的认识感仍在继续。在少数情况下，名人甚至会成为受众安全感和避风港的来源，让受众产生准社会依恋。

（二十六）传播哲学（Philosophy of Communication）

传播哲学结合了哲学和传播这两个边界模糊的学科。

传播哲学分散在不同流派中，侧重于语言或传播。许多社会学家、人类学家、符号学家、语言学家及传播理论家，在某个阶段都是哲学家。例如，索绪尔对符号学的贡献不亚于皮尔士，但后者被称为哲学家，而前者被称为语言学家。传播学文章的哲学参考文献的作者，从亚里士多德、阿伦特到克尔凯郭尔，甚至一些更专业的传播或语言思想家，如哈贝马斯、维特根斯坦。单纯讨论这些人及其作品是容易的，但试图找到连贯性却很难。这种在传播与哲学交叉地带研究的稀缺性，使得确定一套公认的学科理论和方法变得更加困难。

（二十七）铺垫效果（Priming Effect）

1970年起，学者们开始广泛使用铺垫效果研究个人感知、刻板印象和态度的产生。"铺垫效果"（启动效应）产生于认知心理学。在认知心理学中，铺垫效果通常是指，一个先快速呈现的刺激（启动刺激）会对紧接着出现的第二个刺激（目标刺激）产生影响。

铺垫效果主要通过信息加工过程中信息接触的"易得性"发挥作用。"易得性"是指在信息加工过程中储存在记忆中的观念的就绪状态。"易得性"有两种：较频繁接触的"习惯易得性"、较近接触的"短暂易得性"。信息的易得性决定了人的记忆是否会在近期被激活，进而影响态度的形成。铺垫效果的强弱取决于启动刺激的发生频率和发生时间。频繁、较近的信息比不频繁、较远的信息具有更强的铺垫效果。因此，一些学者将"易得性"视为信息接触导致铺垫效果产生的主要因素。

费斯克和泰勒认为，铺垫现象描述了以前的语境对新信息的诠释所造成的影响。希金斯和金则认为，如果最近或者持续受到某种信息刺激，这一信息的潜在活力就会非常强大，将对新信息产生影响。

铺垫效果的发展基础是"关联网络记忆模型"。该模型认为记忆是由一些结点（Nod）和链结（Connecting Link）组成的网络。结点表示脑海中存储的信息，链结代表信息间联系的强度。受到特定的刺激诱导时，外在刺激可以激活与该刺激相关联的旧有认知结构，因而影响当前的判断。科林斯和洛夫特斯以此为基础提出"激活扩散模型"：记忆网络中的每个结点都有它的激活阈值，一旦刺激达到这个界限，相关记忆结点就会被激活并沿着该结点的链接扩散出去。因此，铺垫理论描述了前设情境对新信息的诠释所造成的影响。

另外，信息的"应用性"是指，前设情境能否适用于后续信息还要依赖于前后情境的契合度和关联性判断。只有个体判定两者相关，铺垫效果才会发生。

（二十八）理性行为理论（Reasoned Action Theories）

理性行为理论主要用于分析态度如何有意识地影响个体行为，关注基于认知信息的态度形成过程。其基本假设是人是理性的，人在作出某一行为前会综合各种信息考虑行为的意义和后果。

理性行为理论研究有两个重点：第一是寻求推进对人类行为的理论理解，这些行为是基于对行为表现后果的期望信念；第二是将合理行动研究应用于开发或评估干预措施，以寻求改变特定人群的特定行为。

（二十九）抗拒劝说（Resisting Persuasion）

劝说性的尝试如果不能改变态度或行为，往往被归咎于不良的信息设计、传播策略的不恰当使用或信息源的有害特性。然而，人们逐步认识到，信息接收者在解释态度和行为变化等方面也发挥着重要作用。在接触到劝说性信息后，人们可能会出现心理反应，这种心理反应往往促使人们采取有助于抵制劝说的策略。研究心理反应和抵制劝说的策略，对于全面了解劝说过程非常重要，它有助于解释为什么许多健康营销和政治活动不能获得预期的效果。

美国心理学家布林在《心理感应抗拒理论》中首次提出并讨论了心理抗拒理论。这个理论为人们抵制说服的动机提供了解释。"心理抗拒"被定义为一个人在态度或行为自由受到威胁时所经历的动机状态。有人认为，任何旨在改变一个人的态度或行为的信息都被视为对自由的威胁，因为它限制或消除了选择的自由，这往往促使人们通过抵制劝说性信息来恢复自由。

（三十）选择性曝光（Selective Exposure）

选择性曝光研究的基本假设是人们以选择性的方式将自己暴露在外部刺激之下。在大众传播领域，这意味着人们选择某些类型的媒体内容而避免其他类型的媒体内容。虽然这个事实听起来相当微不足道，但它对于理解大众传播的影响很重要——人们只受到他们实际接触的媒体信息的影响。因此，选择性曝光概念强调个人在媒体内容选择中的积极作用。这类研究是在心理学和传播学领域进行的，有两个主要趋势：一是研究导致选择性曝光这一过程的因素，二是研究处理选择性曝光信息的后果。有学者将"选择性曝光"定义为认知失调的结果，认为是认知失调导致人们寻求符合其需求的信息并避免其他信息，但这个结论几乎没有经验支持。

（三十一）意义创造（Sense-Making/Sensemaking）

"意义创造"通常被理解为人们对他们的经验赋予意义的过程。这个术语有三种不同的英文拼写变体：Sense-Making，Sensemaking，Sense Making。最初的含义集中在五种感官上，但现在的含义已经扩大到身体、情感、精神和直觉反应等领域，这些都被认为参与了人类感官的意义制造，包括内部和外部。

自20世纪70年代以来，来自人机交互、认知系统工程、知识管理、传播研究和图书馆/信息科学（人类信息行为）等领域不同学科背景的研究人员一直在使用意义创造。

（三十二）社会资本（Social Capital）

社会团体必须采取集体行动以解决一系列社区问题。詹姆斯·科尔曼（James Coleman）就此提出了"社会资本"的概念，以解释个人之间的联系如何促进或阻碍集体行动。社会资本是所有形式的社区参与特别是公民参与的基础，以广泛的社会援助和纠正公共弊端的形式出现。

尽管社会资本有不同的重点，但部分缘于社会科学的核心概念使社会联系具有价值，并产生超越联系本身的外部性想法。虽然社会资本被命名为一种资本形式是最近的事情，但社会资本某些方面的概念化从社会学起源时就已经存在，且社会资本本身就可以追溯到人类的起源。不同领域的研究人员将社会资本与多种社会现象联系起来进行研究，包括公民和政治参与、政府绩效、种族和谐、规则执行、交易成本、信任、社会控制、犯罪率、健康福利等。

（三十三）社会建构（Social Construction）

社会建构假定人们建构（即创造、制造、发明）他们对世界的理解，以及他们赋予与他人的相遇或他们创造的各种产品的意义；社会建构还假定建构是在人们与他人协作的情况下共同完成的，而不是单独完成的。

社会建构是一种理论方法，涉及传播学、心理学、社会学、哲学、人类学、语言学和教育学等学科。那些传播学方面的出版物，虽然明显属于传播领域，但媒体的社会建构研究形成了一个独立的分支。

（三十四）社会认同理论与沟通（Social Identity Theory and Communication）

1970年，社会心理学学者开始探索个人将自己的身份与他们所在的群体联系起来的过程，由此产生了社会认同理论。该理论基于这样一种观念，即通过无意识的认知过程，重视并认同特定社会群体（例如，家庭、种族、宗教、性别、党派、民族等）的个人倾向于表现出与该群体相关的特征。

社会认同理论表明，个人不仅认同他们所属的社会群体，还从这些群体中获得安慰、安全感和自尊。因此，群体成员经常偏袒自己所在的社会群体，有时还通过诋毁其他社会群体，以保护或增强自己的群体身份。由于个体认同多个群体，因此显著性的概念对于我们理解社会认同理论至关重要。具体而言，当个人认为某个特定群体身份受到威胁或感觉到有机会促进或增强该身份认同时，他们将通过言语或行动寻求保护或增强该群体身份的方式。

对社会认同理论的研究在过去几十年中呈指数级增长，特别是在社会科学领域。例如，心理学、社会学、政治学和传播学领域的学者越来越关注社会认同理论，从政治家如何沟通到人们如何投票，再到人们如何与其他文化进行互动。值得注意的是，在沟通领域，社会认同理论的价值在于它能够解释或预测个人在特定群体身份变得突出时的消息传递和反应行为。因此，社会认同理论是一个强大的理论框架，在许多学科中具有广泛的应用。

（三十五）社交网络分析（Social Network Analysis）

自20世纪30年代开始，社会网络分析（SNA）就已经成为社会理论和研究的一个主要范式，其涉及的领域包括沟通、组织、市场、社区、家庭、小团体、社会支持、社会流动和动物行为等。它被社会学、政治学、历史学、传播学、经济学、流行病学、犯罪学、人种学、伦理学、物理学和信息科学等学科的研究人员所关注。

SNA的核心是三个假设：(1) 在理解人类社会时，社会关系比个人属性更重要；(2) 社会关系的结构比其内容更重要；(3) 社会关系可以用点和线的图形来表示，然后用视觉或者图论的概念、定理和方法来分析。与其他社会研究的数学方法一样，SNA剥离了社会情况的独特细节，以揭示或模拟基本结构，使研究者能够识别不同背景下的相似性。从根本上说，SNA 是一种关系或结构性的社会理论研究方法。

（三十六）传播中的符号互动主义（Symbolic Interactionism in Communication）

符号互动主义作为理解人类交流的方法已有近百年的历史，它起源于实用主义、社会理论和社会心理学。该理论认为人类通过一组精心设计的符号来解释和赋予事件意义，这些符号的含义是通过人类的社会互动起源和发展的；而这些互动构成了人们对自我认知和社会观念的基础。因此，物质世界及自我的概念是在互动的交流过程中构建的。

符号互动主义既不观察唯心主义，也不观察唯物主义关于本体论先例的假设。它是一种微观层面的理论，探讨社会是如何通过人与人之间持续多样的互动来创造和维持的。符号互动主义在交流研究中很有用，它解释了对话者之间的意义创造，它是一种语言、交流和社会化的理论。符号互动主义以个体行为者对意义的主观解释为中心。

随着社会理论的解释转向，主观认识论的学术价值获得承认。1980 年以后，符号互动主义在其他理论流派中变得更加突出和有影响力，包括身份理论、女性主义、后结构主义、批判种族理论和表演性理论等。符号互动主义越来越多地应用于中观或宏观意义上的社会制度研究。在方法论上，符号互动主义对象征意义、人类能动性和解释性认识论的强调迫使它走向话语和文本分析、民族志、观察与表演研究。然而，由曼福德·库恩等人推动的一种关于符号互动主义与人类互动行为的科学研究引入了量化方法。凭借其广阔的视角，符号互动主义在传播学中占有一席之地。

（三十七）文本分析与沟通（Textual Analysis and Communication）

文本分析是一种定性研究方法，用于研究媒体和流行文化的内容，如报纸文章、电视节目、网站、游戏、视频和广告等。该方法与文化研究紧密相连，侧重于文本的潜在意识形态和文化假设。批判性文化学者将媒体内容和其他文化艺术品理解为现实如何被构建及哪些观念被视为正常的指标。继法国文化哲学家罗兰·巴特之后，内容被理解为"文本"，即不是一个固定的实体，而是在特殊的社会、政治、历史和文化背景下产生的一套复杂的话语策略。任何文本都可以用多种方式解释。文本中存在多种意义的可能性被称为"多义性"。

文本分析的目标不是找到一种"真正的"解释——与传统的解释学方法相比，

文本分析的目标是解释蕴藏在文本中的各种可能意义。使用文本分析的研究者并不遵循单一的既定方法，而是采用各种分析方法，如意识形态、流派、叙事、修辞、话语分析等。因此，"文本分析"一词也可以理解为对流行文化艺术品的各种定性的、解释性的、批判性的内容分析技术的总称。这种方法就像文化研究本身一样，借鉴了人类学、文学、文化社会学、符号学、（后）结构主义和解构主义等领域的知识。文本分析与传统社会学中其他形式的定性内容分析的不同之处在于其对权力和意识形态的批判性关注。

此外，文本分析者通常不把语言作为核心证据（如批判性话语分析），也不像一些传统的定性内容方法那样使用预先建立的密码本。文本分析遵循一种归纳、解释的方法，即在材料中寻找模式，从而在观察和背景分析之间进行"解读"。其核心兴趣是解构表象（关于种族、阶级、性别、性、能力等），因为这些表象显示了媒体内容与整体意识形态的关系。该方法是基于一个建构主义框架。对于文本分析家来说，媒体内容并不简单地反映现实，媒体、流行文化和社会是相互构成的。

（三十八）第三人称效应（Third-Person Effect）

1980年，研究人员针对受众对媒体影响力的看法进行了广泛的研究。"第三人称效应"（亦称"第三人称感知"）一词起源于戴维森的一篇具有里程碑意义的文章。"第三人称效应"指人们认为大众媒体信息对他们的影响很小，但对其他人的影响很大。许多研究致力于在各种情况下记录这种感知，并探索其背后的心理机制；后来的研究还集中在记录第三人称感知的后果上，这个研究分支被称为"第三人称效应的行为组成部分"或"假定媒体影响的影响"。调查结果证实，感知媒体影响他人对受众和社会生活都很重要。

（三十九）两级传播（Two-Step Flow）

两级传播是指信息的传播从媒介到意见领袖再到受众的一种传播方式，这个理论是1940年美国著名社会学家拉扎斯菲尔德在《人民的选择》一书中提出的。拉扎斯菲尔德在研究美国总统大选时，发现媒介很少能够对选民的投票意向产生直接影响，而面对面的交流更容易改变人们的看法与态度，这种改变一般是通过意见领袖进行的。意见领袖是这种传播的中转站，他们比一般人更多地接触媒介，广大的受众将他们看作主要的信息渠道。信息传递到意见领袖后，经过意见领袖的选择性接收、记忆、表达，传递给受众，并对其产生影响，形成一个两级传播过程。这个传播过程中既有大众传播，又有人际传播。前者作为第一阶段，主要是信息传达的过程，后者作为第二阶段，主要是人际影响的扩散。

两级传播理论提出后，拉扎斯菲尔德、卡兹、罗杰斯等传播学家不断对其进行完善和发展，最终形成了今天我们所熟悉的多级传播模式。

（四十）使用与满足（Uses and Gratifications）

使用与满足的观点是大众传播研究方向之一。它没有专注于媒体内容，而是将注意力转向受众。它不是将受众视为被动地接收媒体信息的客体，而是将其视为有意识地选择和使用媒体内容来满足自身需求的人；不是将媒体内容评估为文化产品，而是暂停对内容文化价值的判断，并假设所有内容都具有潜在的功能价值；不是依赖于文本分析，而是依赖于定量（通常是多变量）分析。使用与满足研究标志着大众传播研究的视角转变，它不关注媒体对人们做了什么，而是关注人们利用媒体做了什么。

使用与满足理论自1974年首次出现以来，已经发生了数次变化。其对有效批评的回应导致研究人员修改了其假设前提，即受众总是活跃的媒体用户。现在，受众活动被视为一个变量。研究人员还探究了其他理论方法，为使用与满足理论中的一些关键环节提供理论基础。使用与满足与其说是一种理论，不如说是一种观点。它从受众的角度考虑大众传播过程，对其的研究通常是从功能或心理学的角度进行的。功能方法研究人们如何使用媒体，尤其是对新技术的研究。心理学方法倾向于询问有关动机来源和媒体使用效果的问题。这项理论经常整合其他理论方法，以提供更完整的解释。

使用与满足的观点强调人们使用大众传播的原因（动机/需求）。这些原因很重要，因为它们引导人们选择性地接触媒体及其内容，促使人们以不同的方式使用内容，产生不同的媒体效果。

六、批判与文化研究

文化研究不仅具有开放性和理论多样性，还具有反思性甚至是自我意识，尤其注重批判性。文化研究的关键词是"意识"（Consciousness）和"主体性"（Subjectivity）。它关注意识或主体性的历史形态，甚至可以说是社会关系的主观方面。

文化研究有三种理解思路。

第一种是知识和政治的传统。这个思路旨在表明，文化研究和写作都是政治活动，但不直接作用于政治（不代表任何的特殊政党或倾向），而是在研究中对政治有所指向。

第二种是阐述学科与学科之间的关系。单学科很难解释文化发展过程，研究文化发展必须是跨学科的。

第三种是理论问题框架的分析和比较。这是一切文化研究的本质，也就是用抽象的理论来解析文化发展过程。但这种抽象的话语形式很容易把理论和提出理论的语境割裂开。在进行文化研究或者进行文化研究教学时，研究者还是要将理论和具体的语境结合起来：要么将其作为连续的、语境化的关于文化问题的争论，要么紧紧抓理论问题和当代经验。

（一）语码与文化话语分析（Codes and Cultural Discourse Analysis）

语码在文化话语分析中，是被用来确定一个信念和价值观的系统，存在于交流实践之中。这个概念来源于巴兹尔·伯恩斯坦（Basil Bernstein）[1]的作品，他探索了英国社会阶层之间的交流模式。

伯恩斯坦的语码思想孕育于20世纪60年代的语言社会学调查，他从英国中产阶级和工人阶级儿童的语言使用差异中抽象出语言活动背后的社会规制力，即"语码"的雏形，试图从家庭角色和社会分工中为语言的表层差异寻求社会学的解释。语码的意义从"词汇－语法"表层过渡到语言的语义系统，被赋予了语言深层结构的基本功能，它在不同社会情景中调节社会群体的语言活动。这里的"情景"不仅指语言行为的具体语境，还包括宏观的文化语境和社会关系结构。后者既是社会分工的结果，也是语码规制力的源泉。然而，社会分工和权力关系对语言行为的规制力不是自发的，它必须依赖特定的中介才能发挥作用。涂尔干的社会分工论无疑为语码的结构化提供了宝贵的理论资源。[2]

伯恩斯坦提出这个想法是为了解释交流实践中的语言变化，而正是这种变化性和多样性，为语言规范或交流规范的想法提供了依据。

文化话语分析是一种研究代码的方法。根据该研究的先驱杰瑞·菲利普森

---

[1] 巴兹尔·伯恩斯坦（1924—2000），英国著名的社会学家，在语言学、社会学和教育学领域著述丰硕、影响广泛。
[2] 胡安奇. 伯恩斯坦：在结构与历史之间［J］. 山东外语教学，2019（3）：33.

（Gerry Philipsen）的说法，文化交流是共同体对话中代码的实现。文化传播和文化话语的理论分析侧重于在特定背景下使用的独特的传播手段，以及这些手段对使用者的意义。这种类型的分析采用的方法严格基于五种不同但又互补的模式：前四种涉及理论性、描述性、解释性和比较性分析等非选择模式，第五种模式涉及批评性研究。对语码和文化话语的研究缘于多样的知识传统，尤其是传播的民族志和社会语言学。

（二）批判与文化研究（Theories of Critical and Cultural Studies）

批判与文化研究侧重于分析与其存在的社会形态相关的文化制品和实践。文化符号的相互关系、产生条件及其被受众的认可是这些研究的核心。批判与文化研究缘于马克思主义对社会和文化的观察，如今已经扩展到广泛的理论和方法论领域，包括符号学和结构主义、文学理论、修辞学、哲学、社会学、民族志、电影理论、性别研究、批判种族理论、网络文化等。批判理论通常与法兰克福学派的思想有关。而文化研究起源于英国，主要与伯明翰学派的思想有关。批判理论和文化研究具有深刻的相互牵连的关系。

近年来，批判与文化研究在国际上越来越受到重视，且具有不同的视角和方法。传播学的批判与文化研究项目和实践密切相关。批判与文化研究代表了对学术界的颠覆性干预，因为它们的基本目标是研判"文化"一词并将其与社会权力以及知识的构建和传播联系起来。

（三）文化帝国主义理论（Cultural Imperialism Theories）

文化帝国主义理论起源于批判性传播的学术研究，被用来描述美国及其商业媒体系统在世界范围内日益增长的影响力，特别是在第二次世界大战后的冷战背景下——美国和苏联都试图强迫和说服其他国家采用各自的社会经济制度。该理论特别关注美国传媒公司、特定媒体产品、图像和信息及媒体系统私人模式的扩张，包括美国文化传播甚至是强加给发展中国家的方式。

该理论对美国媒体在扩张过程中使用的战略和战术进行坚定的批评，研究美国通信和媒体系统如何扩大、维持美国与世界体系中其他国家之间不对称的经济、政治和文化权力关系。相应地，该理论也是论证那些受文化帝国主义影响的人们追求发展自己的主权国家媒体系统的权利的基础。这些斗争发生在反对西方领土殖民主义残余和美苏帝国新的非领土化帝国主义的民族解放斗争的背景下。

然而，该理论至少在几个方面受到挑战。第一个挑战来自文化研究人员，他们质疑大规模制作的媒体内容对受众的全面同质化影响。从对受众的民族志和接受研究中，这些研究人员认为，美国媒体的影响力很少像文化帝国主义理论所暗示的那样全面和完整；因为这种商业形象和信息也受到当地改编、本土化的影响，因此并不是总能影响受众。第二个挑战更多地集中在非美国媒体系统的国家经济和政治结构上。关注第二个挑战的研究人员侧重于所有权模式和媒体系统结构，包括占主导地位的政府和建立流行媒体模式的工业媒体产生的影响。

随着时间的流逝，这些对文化帝国主义论点的批评被重新整合，一些学者试图通过引入批评来修正该理论，而另一些学者则试图重新强调原始理论的价值。事实上，对于该理论的效用仍在争论中，特别是考虑到重塑全球通信系统地缘政治的历史变化和其他新兴趋势。

（四）文化地图（Cultural Mapping）

文化地图是一种探究模式和方法论工具，旨在使当地的故事、实践、关系、记忆和仪式构成有意义的地点。尽管这一领域的界限仍然模糊不清，但文化地图通常沿着两个主要分支发展：第一个分支从文化资产开始，识别和记录一个地方的有形和无形资产，最终开发文化资源；第二个分支从与文化关联紧密的人文主义开始，以表达"地方感"、人的地方意义和独特的元素等。虽然前一种方法倾向于强调"信息"的记录，而后者更多地关注"参与"和"意义"，但它们的联系越来越紧密且互为支撑。

作为文化规划的一种方法论，文化地图是文化规划建设的第一阶段，是在城市发展的框架内确定领土潜力的关键：它是一个收集、记录、分析及综合信息的过程，是一种描述群体或社区内的资源、网络和关系的方法。实际上，文化地图不仅被用作收集信息的工具，而且是一种咨询手段，能突出一个社区或城市的文化特征，促使公民参与决策。

（五）女性主义数据研究（Feminist Data Studies）

女性主义数据研究是一套应对数据和计算文化崛起的方法，包括女性主义数据可视化、数字人文、大数据、算法、人工智能、机器学习、量化，以及数据统计和计算的转向，其考察了这些领域与意义创造、认识论、消费、实践、生产、本体论和劳动等方面的关系。与福柯主张的"知识就是权力"的方式相呼应，数据作为知识生产的主导形式可以被认为是权力。在计算已经成为文化与社会底层逻辑的情形之下，数据科学、数据收集和可视化技术在科学、政治、经济、教育、文化等领域得到了极大的发展。

计算文化是通过一些系统来建构的，这些系统要求世界上的现象是可计算的，并以数据点为特征。在这种文化中，数据收集和搜索是知识生产的基础，而权力中心则通过数据处理能力得到聚集和强化。例如，政府、股票市场、银行、搜索引擎及各种科学和技术机构都以收集、生产和解释数据为中心。女性主义数据研究考察了数据的权力关系，特别关注在这些权力关系下的政治如何构建社会，以及如何重现和加剧不平等。重要的是，我们要把它理解为既是一种生产性干预，又是一种解构性干预，以提供批判性分析。

（六）霸权（Hegemony）

"霸权"一词属于社会决定的范畴，它以历史上的社会实践为基础，描述了与权力相关的机制和动态。霸权说明了一个阶级对其他阶级的社会权力，是领导和统治的结合。像许多其他用于描述现代状况的重要概念一样，霸权代表了当代社会和政治理论的一个关键的出发点、经过和到达点。这个概念形成于古希腊的政体时代，但当代对霸权的描述依据的是20世纪最具影响力的社会哲学家之一安东尼奥·葛兰西（Antonio Gramsci）的思想。葛兰西的影响是如此之大，以至于在几乎所有采用"霸权"概念的当代分析中，它都被明确或隐晦地引用。

（七）解释学传播研究（Hermeneutic Communication Studies）

阐述解释学并试图对其进行全面的整合是一项艰巨的任务，因为对它的理解既在于其发展的背景，也在于其本身。解释学借鉴了许多哲学传统，如笛卡尔对主客体分裂的现实主义传统的批判、哈贝马斯的批判理论、福柯的考古学，等等。解释学并没有从这些传统批判中独立出来，孤立地描述解释学将不可避免地导致一种浅薄和错误的阐述。

解释学方法对实证主义科学的现有世界观提出了挑战。解释学不仅仅是一种研究方法，还是一种试图从根本上定义并使其他方法能够存在的条件成为可能的方法。解释学的理论基于解释而非观察。它试图阐述一些原则，通过这些原则说明文本及社会现象可能对正在经历它的人意味着什么。这种类型的理解与现实主义的理解截然不同，后者试图揭示决定客观世界中物体的存在和性质的自然规律。

将解释学作为一种哲学和方法来讨论，就是在讨论另一个世界。在这个世界里，我们必须摒弃关于客观科学是什么以及它旨在获得的知识类型的传统观念。我们必须考虑一种科学，在这种科学中，解释不是基于预测和控制，而是基于解释本身；不是基于现象相对于其他现象的差异，而是基于这些现象对观察它们的人意味着什么。在这个世界上，传播和信息的概念具有非常不同的特性，需要以不同的方式来看待和解释它们。

解释学为基于现实主义认识论的自然科学的还原主义方法提供了一个替代视角。毕竟，很多针对传播科学本身的定义就是基于对自然科学模式的理解，如传播科学试图通过发展可检验的理论来解释符号和信号系统的产生、处理和效果，这些理论包含对规律的概括。所谓"传播模式"的主导地位也清楚地表明，传播学者在解释"传播过程"时采取了归纳法，甚至连自主的"传播过程"的概念也是一种现实主义的、根本不存在的假设。类似"刺激—反应""发送者—接收者""信息—效果"等传播模式甚至是更复杂的信息处理模式，都是还原主义的变种，试图将传播还原为组成部分，然后使其可操作化并与其他变量相关联，把传播从生产、使用和理解它的人身上抽象出来。

在不谈具体的解释学方法的情况下，解释学对于传播研究的价值恰恰在于这种存在于自然主义和人文主义方法之间的张力：另一种认识论的存在使人们能够对"传播过程"或"认知信息处理系统"等概念进行知情（Informed）批判，它使学者跳出现实主义思维的普遍框架，为考虑该领域的基本问题提供新的视角。[①]

（八）媒体美学（Media Aesthetics）

媒体美学是一个关于媒体技术、美学（感性认识）和中介的跨学科研究领域，在媒体研究、艺术史研究、电影研究、比较文学研究和人文信息研究中都是如此。媒体美学是从早期关于美学、技术和媒介之间相互关系的理论化尝试中发展起来的，如媒介哲学、媒介生态学、媒介理论、媒介学和批评理论等，并受到新媒体和视觉文化的美学理论影响。

媒体美学强调将感性认识理解为文化和历史背景的重要性，并认同新旧媒体之间的连续性。媒体美学与数字人文学科、新唯物主义等领域相联系，并试图为重新思考科学和人文的关系作出贡献，通过对科学和日常生活中的可视化研究，以及通

---

① DEETZ. An understanding of science and a hermeneutic science of understanding [J]. Journal of communication, 1973（23）：139-159.

过对视觉艺术与物理和生物科学的关系研究来阐述关于两种文化的问题。媒体美学的领域是多学科和异质性的。

（九）种族主义与传播（Racism and Communication）

关于种族主义的表现研究已经出现在许多学科中，包括人类学、应用语言学、传播学、教育学、新闻学、法学、心理学和社会学等。种族主义致力于通过劣等化、诋毁、边缘化和排斥的行为和机制，维持以感知种族差异为特征的人群之间的权力等级制度。种族主义在语言、话语、知识、社会实践和体制结构中根深蒂固。

在理解种族主义时，我们有必要认识到"交叉性"——这种观点认为个人和群体的压迫不能仅仅用种族来解释，而是要与其他身份类别相结合，包括性别、阶级、语言、国籍、性取向、宗教和肢体能力等。正如种族主义具有多种含义和表现形式一样，交流可以通过多种方式进行。交流被广义地理解为传达和解释意义，它在不同的背景下以多种形式出现。人们使用语言和其他符号学资源进行交流，如口头、书面、视觉、听觉和动觉模式等。这些模式组合的方式构成传播，传播也可以通过各种媒体进行，包括印刷、表演等。传播的环境多种多样，可以是公共空间，如学校和工作场所，也可以是私人住宅或其他个人空间。在这些背景下，各种形式的种族主义以公开或隐蔽的方式传播或受到质疑。

（十）监控与传播（Surveillance and Communication）

随着技术的发展，"监控"在近年来已成为社会和个人日常生活中常见的一部分。购物中心、工作场所和普通公民加速使用监控摄像头。然而，摄像机的电子眼只是监控社会的许多重要方面之一。如今，监控已成为数字媒介传播的固有内容。许多人在观察朋友、家人、名人、恋人和熟人在社交媒体上做什么时，实际上就是在进行各种形式的社会监控；与之相对应，他们也会留下数字浏览的痕迹，这些痕迹可能被政府、企业或黑客收集和分析。

这种不易察觉的新形式的监控引起了研究者对数字生活的一些担忧。监控研究是一个新的多样化的领域，涵盖了不同的学科。

七、性别与传播

性别与传播是传播学中的一个研究领域，其重点是研究语言和非语言传播如何影响性别或受到性别的影响。关于性别与传播的一个常见误解是：它是对男女沟通方式差异的研究。在社会文化领域及媒体和网络空间中，通过大众媒体、广告和其他公关活动的实践产生的信息，在性别建构和重构方面具有重大影响。

（一）性别差异（Gender Difference）

性别差异主要是指专业环境中的性别沟通差异。皮尔逊提出了男性修辞与女性修辞的术语，前者是果断的、直接的、理性的、权威的、逻辑的、积极的、非个人的；而后者是谨慎的、接受的、间接的、情感的、和解的、主观的、礼貌的。一些最常被提及的性别沟通差异是：（1）男性比女性更有话语权；（2）女性比男性更有语言技巧；（3）男性在使用语言时更注重行动，而女性更注重关系；（4）男性在使用语言时更具竞争性，而女性更注重合作。上述差异导致男女之间经常出现沟通摩擦。其他一些经常被强调的沟通差异是：男性主要通过沟通来突出他们的主导地位，而女性则是为了建立关系；男性比女性更少微笑，女性比男性使用更多的副语言（倾听和理解的非语言指标）；男性会更多地使用沟通性触摸来确认他们的主导地位（拍背或肩膀），而女性会为了联系而触摸（触摸手臂或提供一个拥抱），并且女性比男性更爱使用眼神接触。

（二）性别与媒体（Gender and the Media）

20世纪70年代以来，性别与媒体一直是学术研究的重点。该领域有两种独特但经常重叠的方法。一是主流形式的性别与媒体研究，这在很大程度上是基于以下假设：媒体如何促进个人产生性别态度和行为，以及性别角色的定型观念如何对个人的工作机会产生影响，特别是在个人的自我价值感与社会对女性及其职业前景的看法方面。

二是女性主义媒体研究。其特征是性别公正的政治运动，研究性别关系如何表现受众理解它们的方式，以及媒体如何隐性延续了性别不公正。其核心观点认为，等级制的性别关系导致了跨越时间和文化的社会不平等，从而使男性与女性难以成为民主社会中的平等伙伴。

近年来，性别与媒体研究面向全球，越来越关注文化、社会和经济差异，并更加意识到质疑媒体和男性气质的重要性。

（三）少数性群体的人际沟通（Interpersonal LGBTQ Communication）

人际沟通研究是传播学中的一个子领域，致力于研究两个人或一小群人之间的沟通过程。其形成于 20 世纪 70 年代，目前已成为传播学中最大的研究领域之一。几十年来，人际沟通理论和框架在很大程度上假定人群是异性恋或双性恋。人际传播学者所研究的具体的女同性恋者、男同性恋者、双性恋者、变性者等话题反映了社会和政治动态。

社会科学中的大量研究考察了影响 LGBTQ 人群的沟通过程。然而，这些研究是由一系列相关学科的学者进行的。他们往往省略了"人际沟通"这一关键词，因此这一领域的研究看起来比实际要少。一般来说，LGBTQ 人际沟通的学术研究可以大量样本和单一案例为基础。较大的知识体系存在于非常具体的主题领域，如安全性行为、同性伴侣沟通和亲子沟通等。

（四）新闻媒体中的女性报道（News Media Coverage of Women）

女性在新闻和其他基于事实的媒体中的表现是复杂的，呈现出女性作为社会主体和行动者的混合画面。女性在新闻报道中的代表性不足，并以固定和简单的方式被描绘出来，而女性问题也被边缘化为新闻媒体关注的合法话题。相关学术研究表明，女性在新闻报道中出现的频率较低，也不太突出，无论是作为主题还是消息来源，都有可能被媒体削弱；而且媒体在很大程度上是性别化的，使女性受到一种适合特定审查和描绘的报道。这一领域的早期研究分析了女性作为新闻人物和消息来源的新闻话语，并关注媒体报道中出现的关于"女性气质"和"女性问题"的特殊结构。

相关证据表明，新闻行业没有以报道男性的方式对待女性，这进一步加剧了基于性别等级制度的不平等。这些不平等在社会中根深蒂固。女性在历史上一直被排除在公共领域之外，在公共领域发言和被听到的概率较小。在 21 世纪，女性在新闻报道中仍然被边缘化，她们的问题被认为不具有新闻价值。因此，这些媒介化的话语在有限的范围内告诉女性应该做什么和如何行动，从而破坏了女性的现实生活环境和选择。出现这种报道的根本原因很复杂，因为并不是媒体刻意排斥女性，而是媒体依靠传统的性别解释作为新闻报道的现成框架。这种框架最终会使媒体报道发生倾斜。大多数关于性别与媒体交叉的学术研究都是女性主义和批判性的，连对新闻的具体考察也不例外。

八、健康与危机传播

过去 50 年间，健康传播研究的范围与内涵不断扩展。在早期的健康传播研究中，以不同人类传播阶段（自身传播、人际传播、小团体传播、组织传播、大众传播、公众传播）开展的健康传播研究是主导范式，尤其是健康与人际传播和大众传播的关联研究，如医患关系和媒体与健康宣导活动（Health Campaigns），至今仍是海外健康传播学科研究的核心。许多学者聚焦健康传播的情境与主题，随着"任何涉及健康内容之人类传播形态"等健康传播新定义的出现，以及对欧洲传播学批判传统的吸纳，健康传播的研究视野得到不断拓展。[①]

（一）依从与沟通（Adherence and Communication）

患者依从性是个体在医疗就诊期间对规定的治疗方案的遵循程度。据估计，根据不同条件和治疗方案，有 25%～50% 的患者不依从。"不依从"是一个普遍存在的问题，会对健康结果产生负面影响。除了对健康产生负面影响外，不依从也可能导致医疗代价高昂。

治疗方案的复杂性、副作用、社会支持水平和成本等因素都会影响患者是否依从，还有一个重要因素是医生与患者的沟通。医生向患者介绍治疗方案、与患者分享有关治疗过程中的决定以及在患者面临依从性障碍时提供支持，在促进患者提高依从性方面发挥着重要作用。

有关依从与沟通的研究包括信息提供、决策共享、非语言沟通、信任、同理心和健康素养等。

（二）危机传播（Crisis Communication）

进入 21 世纪，新闻学、传播学、管理学和心理学领域的学者，开始更加关注危机引起公众负面反应之前、之中和之后的传播工作。这种沟通被称为危机传播，即在发生自然灾害、突发事件和其他可能引起恐惧、焦虑或动荡的事件时，构建和传播公共信息。

危机传播与风险沟通有所区别，因为危机传播专门处理已经发生的事件，而不

---

① 苏婧，李智宇．超越想象的贫瘠：近年来海内外健康传播研究趋势及对比［J］．全球传媒学刊，2019（3）：4-33．

是未来发生事件的风险。鉴于危机传播已经在几个学术领域中出现,我们可以在现存的文献中找到许多研究这些信息及其有效性的方法。这些方法揭示了危机传播过程的特点,如组织内部的行动、受众响应、信息构建等。

(三)环境传播(Environmental Communication)

环境传播是传播研究的一个较新的子领域,涉及有关环境问题的现有沟通和改善环境问题沟通的方法。该领域植根于环境修辞、环境新闻和环境媒体效应等学科。关于环境传播最早的文章出现在 20 世纪 60 年代,部分原因是雷切尔·卡森(Rachel Carson)出版《寂静的春天》后人们的环境意识明显提高。在环境传播研究领域,一些研究人员专注于从批判或分析的角度进行研究,而另一些研究人员则致力于开发教学工具和教学方法来改善环境实践。近年来,环境传播研究主要集中在气候变暖、核电、大气污染、濒危物种、酸雨等方面。

(四)健康传播(Health Communication)

健康传播研究主要侧重于传播理论、概念和策略在公共卫生方面的应用,同时研究这些过程是如何运作的,包括"生物—心理—社会"分析层面的重要学术研究。

健康传播研究范围包括个人在认知和情感上如何处理与健康相关的信息、影响健康运动实施方式的社会和文化背景、如何通过大众媒体或患者与医生之间的沟通进行有针对性的信息传递等。近年来,涉及新媒体和技术的问题成为研究的热点之一。总体而言,这些研究代表了从公共卫生领域和传播领域两个角度的努力。虽然这两个领域都有兴趣将改善公共卫生作为总体目标,但传播学者强调理论和过程,而公共卫生强调结果。

健康传播书籍主要讨论健康问题与健康产业之间的互动,以及人际、组织和大众传播。作者通常来自传播学或公共卫生学科。然而,健康传播研究的跨学科性质正在模糊这些区别。健康传播研究借鉴了各种各样的理论方法,特别是那些来自心理学、社会学和公共政策等相关领域的理论方法;研究还跨越了"生物—心理—社会"层面的分析。

(五)风险沟通(Risk Communication)

许多自然灾害和工业事故并非不可预见。在许多情况下,专家已经进行分析并提前传达了潜在风险。当灾难发生时，记者和媒体会立即作出反应。在媒体报道的刺激下，政治家和行政人员开始努力改变相关的法律法规。而来自商业、产业部门的代表不仅会改变生产的流程和产品，还会投身于新的研究和公共关系，这样做是为了在灾难发生时塑造媒体形象，并告知公众接受风险和不确定性。

"风险沟通"一词首次出现在20世纪80年代中期，作为一个跨学科领域，它涉及经济学、社会学、心理学和传播研究等学科。风险沟通包括人们以何种方式传达风险、大众媒体如何报道风险以及影响公众接收、理解和使用与风险相关信息的方式等。

风险沟通研究探讨了公众对重要科学发现、技术创新及其社会后果的担忧，以及专家、记者和公众对技术创新的不确定后果的怀疑。风险沟通研究强调基础研究和创新与风险相关，但这些风险对于增加财富和知识是必要的。

20世纪60年代后期，切尔诺贝利核电站泄漏等几起重大工业事故引发了重要的科学和政治争议。此后2004年印度洋地震和海啸、2010年BP漏油事件和2011年福岛第一核电站核泄漏等继续引导了这种倾向。其涉及的关键问题包括：政治家和专家如何看待和评估风险；记者、媒体和公众如何根据专家意见感知和评估风险；专家和非专家之间的对话是否会让公众对风险的后果的接受度更高等。

（六）科学传播（Science Communication）

科学传播的研究重点是没有足够科学知识的受众接收科学信息的方式、原因和影响。这种对普通民众的强调将科学传播与技术传播区分开来。技术传播的受众是在科学体系内工作的人。他们可以用与这些学科相关的语言进行沟通；相比之下，科学传播假定受众没有足够的专业知识，甚至受众对接收的话题没有先验的兴趣。

因此，该领域非常重视信息的各个方面，即解释复杂的概念和过程，通过语言和视觉的叙述吸引受众，以及关注证据与其他变量的复杂相互作用。这些变量影响非专业受众对有争议科学问题的理解。由于大多数受众远离科学领域，这一领域在研究科学中介信息的作用方面投入了大量精力，这些信息在大众媒体渠道（如报纸、电视、广播、互联网）中传播；反过来又催生了大量关于研究这些信息的主要参与者（科学家和包括科学记者在内的信息提供者）之间关系性质的文献。

此外，全球对科学的持续投资催生了许多关于普及科学信息对个人知识、态度和行为的影响的研究。

九、群际传播

群体间关系已经被系统地研究了60多年,并成为主流传播研究的一部分。群体间沟通的方法提供了一个超越人际和社会的关键层面的理解,强调群体间和个人间的相互联系和影响。[①]

(一)家庭沟通(Family Communication)

传播学者在20世纪80年代开始了关于家庭的跨学科对话研究。研究家庭沟通的学者关注家庭成员发展和活跃家庭的信息与话语,以及不同家庭类型的具体沟通过程。尽管各学科的学者可能会研究与家庭发展进程相关的沟通变量,但大多数学者都是从信息传递模式来研究沟通的,并将沟通作为一个前因变量。研究家庭沟通的学者认为沟通是主要的、构成性的社会过程,家庭关系就是通过这一过程形成的。家庭沟通的核心是承认家庭依赖话语,这意味着所有家庭通过互动形成并协商期望和身份。从这个角度来看,所有的家庭都存在话语依赖。

然而,偏离文化规范的家庭,如重组家庭、双性恋家庭、多民族家庭,更加依赖话语来定义自己的家庭,以此向家庭以外的人证明其家庭形式的合法性。家庭沟通研究的核心是家庭谈论自身存在的话语和过程,也就是家庭如何通过互动来维持、改变和迎接挑战。用于指导研究的一些理论是从更广泛的人际沟通学中引入的,一些来自相关学科,还有一些是从家庭沟通中总结而来的。

(二)代际沟通(Intergenerational Communication)

代际沟通是指来自不同年龄组的个体之间的互动,包括父母与子女或祖父母与孙子女之间的家庭互动。代际交流也可能发生在家庭之外。事实上,儿童与中老年人、年轻人与中老年人及中年人和老年人之间的任何交流互动都可被归类为代际沟通。日常生活中发生的许多互动,包括家庭、学校、工作场所和其他社会环境中的互动,都涉及代际沟通。因此,代际沟通无处不在,这当中存在很多沟通不畅或其他问题,因为不同年龄组的人不仅在生活经历上有所差异,而且在生命周期不同阶段的沟通目标、需求和行为方面也存在差异。

[①] GALLOIS, WATSON, GILES. Intergroup communication: identities and effective interactions [J]. Journal of communication, 2018(2): 309-311.

代际沟通是跨学科研究，涉及传播学、心理学、社会学和老年学等；同时，它也是来自世界各地的参与者进行的跨文化研究，这表明代际沟通学术研究的全球化性质。

（三）群体间沟通（Intergroup Communication）

群体间沟通学者认为，当个人彼此互动时，是他们突出的社会成员身份而不是他们的个人特征形成了交流。因此，群体间沟通研究人们的交流如何提供对社会中不同群体的认同信息，以及群体和群体成员的信息如何影响交流。虽然交流被公认为既是人与人之间的现象，也是群体间的现象，但群体间沟通学者指出，人们的大部分交流在某种程度上是群体间的（群体包括年龄、种族、性取向、政党等）。

群体间沟通学者认为，交流是动态的过程，即每个说话人的认知、情感和动机都会在互动中影响交流行为。这些过程是不同背景下人们交流的基础。群体间沟通还注重解释冲突和误传，特别是主导群体和从属群体之间的沟通。对群体间沟通的系统研究在社会心理学中有着坚实的基础。

（四）小组沟通（Small-Group Communication）

在传播学的学术研究中（大约在1910年），小组沟通是最早的焦点之一（仅次于公共演讲）。但在体制上（如专业协会），这种学术研究最初与人际传播的研究有关。关于小组沟通的学术研究在历史上一直以任务团体（具体而言，就是决策和解决问题的团体）的研究为先，最近又受到关于工作团体的组织沟通学术研究增长的推动。21世纪初，小组沟通被置于广泛的团体背景（如家庭、工作团体、支持团体、政治团体、社区团体等）下展开研究。

小组沟通研究包括：小组成员（至少三人）使用语言和非语言信息分享和创造有意义的结果（符号管理视角）；小组沟通过程和产品如何产生于信息活动（符号建构视角）。关于小组沟通的学术研究产生于团体动力学研究，因此它与社会心理学的研究有着重要联系。然而，与心理学对成员特质和认知过程的关注不同，小组沟通的研究方法探讨的是成员交流的内容和方式、各种因素如何影响交流以及交流的结果。

（五）跨文化交流中的同步性（Synchrony in Intercultural Communication）

在基于合作的互动，如跨文化的接触中，同步经常发生在语言和非语言交流中。它包括对话者交际节奏的适应、协调或趋同，因此也常在言语和交际适应理论及趋同理论的一般框架内出现。这些互动节奏是由语言和非语言行为产生的，包括在对话中适时作出反应，使对话顺利进行，并使自己的语音、词汇、句法和副语言与其他互动者相协调。这些因素决定了互动的进展并影响交流者对互动的满意度。它们有不同的功能，基于某些交际规范，通常与特定的文化价值观有关。同步可以是对称的，即对方的行为是镜像的；也可以是不对称的，即对方的行为是不一样的，但又是互补的。一个人对对方的行为和交流模式越熟悉，就越容易实现同步。因此，同步性经常被描述为成功的跨文化交流的关键。由于交际的节奏受到文化的影响，在多大程度上可以实现同步取决于互动者理解和适应对方的能力。同步性是一个多学科和跨学科的研究对象，可以被归为人际协调的一种类型，它的起源、表现、功能和影响已经在不同的学科中得到了证实，如跨文化交际、语言交流、人类学、神经科学和心理学等。

十、国际传播与全球传播

数字媒体，特别是社交媒体，正在从根本上改变政治领域，政治和传播之间的关系从来没有像当下这样充满活力。当相关研究进入国际层面或全球视野，就需要借鉴政治和国际关系、信息和通信、媒体和语言学领域的研究和专业知识，在一个跨学科的环境中探究新传播技术对社会、政治和个人生活的塑造。

（一）文化适应过程与沟通（Acculturation Processes and Communication）

文化适应过程与沟通是研究两个或更多文化相遇时沟通如何变化的领域。许多研究关注旅居者或移民如何调整他们的沟通方式以满足新的文化环境的要求；而另一些学者则对东道国文化或人民如何因与移民的交流和来自移民的文化而改变其原本的习惯感兴趣。从历史上看，人类学家从 20 世纪 30 年代就开始研究移民的文化适应性并提出了不同的模式和方法，如文化适应的 U 形曲线模型是指从蜜月期进入文化冲击再进入适应期；W 形曲线模型则将最初的入境文化冲击现象与重新进入母国时的反向文化冲击联系起来。传播文化适应的互动理论，是用传播学的方法研究文化适应。之后，研究者还提出了几种理论来研究传播在文化适应过程中的作用，融合、同化、分离或边缘化等策略理论框架已被广泛用于解释移民和东道国人民之间的沟通适应。

相关研究结果表明，在东道国文化中停留的时间、与东道国人民的社会接触、东道国语言的使用能力、东道国媒体的使用、对东道国文化的认同以及东道国人民的社会支持都有助于移民改善他们与东道国人民互动的态度和技能。有几个因素也被发现可以用于调节文化适应沟通，包括不确定性的减少、群体间焦虑的减少以及个人身份差距的缩小等。

（二）全球媒体机构（Global Media Organizations）

全球媒体机构非常多，而且在不断变化。全球媒体机构是指在全球范围内开展从内容制作到监管等活动的媒体机构。例如，迪士尼公司、索尼公司和福克斯娱乐集团等全球大型媒体公司，其文化产品的生产和传播是在全球范围内进行的，在媒体组织、全球化和跨国化中发挥着关键作用；其他国际政府或非政府组织，包括互联网名称与数字地址分配机构（ICANN）和联合国教科文组织（UNESCO）等，它们是全球媒体治理结构的重要组成部分。这些营利与非营利国际组织和机构的合作，构成了对人们生产生活产生巨大影响的全球媒体系统。

研究者要深入分析和探索这些全球媒体机构，就要有国际传播、全球化理论、媒体监管和媒体政策等方面的知识。为了了解全球媒体机构，研究者还需具备多个国家、地区和传播领域的广泛知识。

（三）全球本地化（Glocalization）

全球本地化作为一种全球战略，不强行打造标准产品或形象，而是根据当地市场需求量身定制。这种始自商业领域的概念，在地理学、社会学和传播学等诸多领域都有应用。自1995年以来，全球本地化的使用频率显著增加。

Glocal 和 Glocalization 是 1990—1991 年出现的新名词，通过将本地和全球这两个词合并成一个词以表示两者的融合。文献中对"Glocalization"有多种解释。这种多元性既说明了这个概念本身的启发式价值，也在一定程度上说明了对它的使用往往是由学科的性质决定的。

（四）全球媒介史（History of Global Media）

受人文和社会科学"全球转向"的启发，全球媒介史近年来已发展成为一个新兴的跨学科领域：不仅整合了不同学科和方法，而且涵盖了从媒体和传播研究到政治学再到历史学的广阔范围。

在一定程度上，全球媒介史意味着三件事：一是媒体作为全球化的连接器，促进了新闻、文本、图片、信息、思想和生活方式的跨国流动；二是关注西方以外的更大范围的大众媒体历史；三是政府和其他历史行为者利用媒体促进国际联系、信息互动的历史。因此，撰写全球媒介史旨在消除以欧洲和美国为中心的媒介史研究，丰富拉丁美洲、非洲和亚洲的媒介史学。关于全球媒介史的第一批研究出现在20世纪六七十年代，这些作品主要由社会科学家和传播学者根据政府或联合国教科文组织的需求撰写，叙述了拉丁美洲、非洲和亚洲国家的当代媒体环境及历史发展。这些作品的共同主题是对后殖民国家的媒体政策和文化帝国主义的指控。

关于全球大众传媒的真正的历史性著作从20世纪80年代中期才开始出现，最初的重点是研究外交和全球传播之间的关系。自2000年以来，全球媒介的历史研究范围逐渐扩大，与其他领域如帝国史、商业史、公共外交和宣传史，甚至海洋研究史都有很大的重叠，从而成为一个高度活跃和快速发展的领域。

（五）跨文化资本（Intercultural Capital）

自2006年以来，越来越多的学术出版物采用或提及"跨文化资本"的概念。与皮埃尔·布迪厄（Pierre Bourdieu）的具身化、客观化和制度化跨文化资本的形式类似，构思不同形式的跨文化资本在分析上是有意义的。外语技能、在国外生活的经历和跨文化友谊成为跨文化资本经验的体现；艺术、写作、科学、建筑和设计的产品以持久和有形的方式展示跨文化意义、联想或内涵，这些都是物化的跨文化资本的表现形式；制度化跨文化资本的例子包括官方发布的法律、指导方针、纪念日、交流计划、课程、教科书和或多或少具有明确跨文化观点的学术著作。

现有的跨文化资本研究涵盖了相当多的领域，包括学前教育、高等教育、移民、跨文化对话、旅游、社会工作和移民家庭等。关于在不同地缘政治和社会文化背景下、不同时间点的跨文化资本的具体经验，还有很多内容需要了解，我们需要从意识、获取和应用方面对跨文化资本实现过程进行更具理论依据的实证研究，将强调个人层面的因素与关注相关的背景力量和权力领域结合起来。

布迪厄的文化社会学是当前概念发展的核心，并可能为未来的理论发展打下基础。然而重要的是，虽然跨文化资本的概念位于布迪厄的概念框架内，但这位著名的法国社会学家并没有关注文化资本的跨文化维度。此外，布迪厄的作品并不排除在与其他相关概念，如"跨文化非字母主义""知识基金""社区文化财富"等进行富有成效的对话中探索跨文化资本的概念。

（六）跨文化交际（Intercultural Communication）

学者们将跨文化交际作为文化与交流之间的互动过程来研究，这是一个跨学科的领域。认识文化在传播中的作用，主要有两个途径：一是将传播实践和模式作为人类活动的组成部分进行跨文化比较。学者们将文化视为一种人类现象，将特定的文化或亚文化视为社会实体，他们试图找出文化形成和组成部分的共性，并揭示文化在各个层面的不同表现形式，从个人、组织到国家和全球。他们还研究传播如何反映、构成和改变一种文化和文化组织。二是在个人和团体层面，研究不同文化背景的人之间如何交流，文化如何与跨文化意识相互影响，以及如何减轻不利影响。

（七）跨文化冲突调解（Intercultural Conflict Mediation）

冲突调解是指第三方支持两个或两个以上的当事方建设性地调解他们的冲突。最初，美国的冲突调解是作为法院解决冲突的替代办法而引入的。调解的目的是产生令各方满意的结果。

20世纪80年代以来，部分学者认为，调解特别适用于跨文化环境中的冲突，其高度的灵活性有助于使这一概念适应其他文化背景。该工具的对话导向被期望给予所有参与者平等的声音，平衡因不同文化归属而产生的隐性权力不平等。这一基本假设为20世纪末跨文化冲突调解理念的出现奠定了基础，随之出现了多样化的研究方法。跨文化交际和跨文化能力的研究者将调解作为一种实践工具，以最终解决跨文化带来的问题。

（八）国际传播（International Communications）

国际传播是一个极其广泛的、跨学科的领域，涉及传播学、工程学、计算机学、政治学、经济学、社会学、人类学、新闻学、法律和公共政策等学科的知识。

国际传播涉及的角度和需要处理的问题非常多，比如基于政治经济学视野的内容，具有强烈的历史、理论、政策和治理色彩；基于信息和通信技术内容，包括跨越国界的内容传输、跨越大陆的基础设施和网络，以及将一切联系在一起的软件，再加上监管和治理等。

另外，国际传播还涵盖人际关系、大众传播、国际公共关系和公司传播，以及与国际通信有关的商业或技术问题，如标准制定、频谱分配和卫星通信等。

（九）和平建设与传播（Peacebuilding and Communication）

和平建设与传播是一个多样化的领域，包括许多刺激性和创造性的子领域，它们之间的相似之处在于所采用的理论框架，这些框架成为研究和实践的支柱。其中一些领域是新兴的学术领域，需要将现有的实践经验与探索中的概念模型结合起来。这一领域的灰色文献同样值得关注，包括非政府组织的报告和其他非学术机构的出版物。这一领域的研究借鉴了媒体研究、发展研究、和平与冲突研究、社会学研究、心理学研究和技术研究等。

（十）第三文化儿童（Third Culture Kids）

尽管每个特定的外籍人士群体（如传教士、外交官员、外籍教育工作者和企业人士）都有其特征，但这些群体都喜欢花时间社交，而不管文化或国籍如何。这种社会互动创造了一种只有外籍人士群体才能共享和理解的文化与生活方式，这是一种不同于家庭或东道国文化的文化，被称为"第三文化"，这些家庭的孩子即"第三文化儿童"（TCK）。

这些家庭的日常工作就是不断努力适应新的地方，同时兼顾工作和同事、文化、语言、学校、天气、环境、生活安排以及最艰巨的任务：结交新朋友。同时，TCK 家庭还必须应对思乡、失落和对以前居住国的怀念等情绪。在海外生活时，由于有类似的经历，TCK 家庭往往会彼此找到安慰，与其他外籍人士建立联系。

TCK 在成长过程中会接触到三种不同的文化。第一种是原初文化或遗产文化；第二种是他们生活的国家的文化；第三种是由 TCK 家庭及其他侨民社区共享与理解的文化和生活方式。

在 20 世纪 60 年代"TCK"一词开始出现后，社会科学研究者对这一独特人群表现出兴趣。

（十一）旅游与跨文化交流（Tourism and Intercultural Communication）

社会语言学和话语分析方面的学术研究表明，跨文化性是一种能在各种交际体裁和语境中观察到的话语建构现象。旅游业通过各种媒体和空间，利用传播来创造和表现旅游者与他者之间的文化差异。由于跨国流动和全球化，这种差异已经变得越来越小。

旅游传播重新定义了民族文化的刻板印象，而这种行为的动机往往是对他者文化真实性的追求。在理解跨文化交流的内容时，其理论方向也发生了转变。人们不再认为文化和跨文化性主要是由国籍或种族等变量决定的，而是由个人通过交流参与和执行的过程来决定的。尽管一些学者认为旅游中的跨文化交流是提高人们跨文化意识的积极力量，但最近的学术研究大多采用批判性的视角，即旅游被用来（重新）生产、维持和证明旅游者与当地人之间的不平等关系。对跨文化交流的批判性关注为我们理解当代旅游业及其在更广泛的社会权力和意识形态结构中的位置提供了重要的角度。

（十二）跨文化交际的世界观（Worldview in Intercultural Communication）

跨文化交际研究人员似乎认为世界观是一种结构稳定的基本文化模型，用于解释文化之间的交流和理解。跨文化交际中的世界观代表了最初来自人文科学和社会科学，特别是人类学和语言学的世界观研究的跨文化调整。这个概念指的是认知结构和整体信仰系统，通常由属于同一种文化的成员共享，被认为会影响一个人的生活空间，并与事件、关系、自然力量、神性、权力、社会等级和变化等方面相联系。其不仅解释一个人的认知地图，也解释关于当前经验和未来事件预测的交流。

一些学者将这一概念的使用追溯到19世纪洪堡对"Weltanschauung"和"Weltbegriff"这两个术语的使用，指的是定义一种文化或个人解释世界及与世界互动时的信念。总之，跨文化世界观是一种准形而上学的理论，影响着一个人的思考、行动、交流和对他人、自然、自我的辨别。

十一、人际传播

人际传播是通过语言和非语言手段在两个或两个以上的人之间交换信息、意义、感情和意见。人际沟通很重要，因为它是人们交流思想、发展关系、施加影响和赋予经验以意义的方式，是人们解决冲突的途径之一。

（一）沟通障碍（Communication Apprehension）

在讨论"沟通障碍"这一概念时，不能不提到学者詹姆斯·麦克罗斯基（James C. McCroskey）。麦克罗斯基在美国密歇根州立大学任教期间，与他的研究生一起创造了这个概念，并在1970年发表了第一篇使用这个术语的文章。沟通障碍通常被定义为人们对与他人实际或预期的交流所产生的恐惧或焦虑。沟通障碍一般分为特质论沟通障碍和状态论沟通障碍。当一个人在整个交流环境中对说话感到恐惧或焦虑时，他就有特质论沟通障碍；而当一个人只在一种情况或背景下对说话感到恐惧或焦虑时，就会出现状态论沟通障碍。换句话说，人们的特质论沟通障碍可能很低，但在某些情况下的状态论沟通障碍可能很高。例如，某人可能在与医生交流时，感到恐惧或焦虑（即高状态论沟通障碍），但在其他人际环境中交流没有任何恐惧或焦虑（即低特质论沟通障碍）。对沟通障碍的研究大多集中在减少个人沟通障碍的方法上，其通常被认为具有一种消极的属性。

（二）习惯与沟通（Habituation and Communication）

许多研究人员观察到，反复暴露在强烈的刺激下，人们兴奋的能力会减弱。此外，这种刺激效力的变化随着时间的推移持续存在，几乎没有反弹，这种现象被称为"习惯化"。习惯化被认为有助于那些必须在紧张或有潜在生命危险的环境中工作的人员，包括急救人员、紧急医疗人员和军人。

第一次乘坐过山车的人会发现他们的经历是令人振奋的，而安全检查员则认为这种游戏是乏味和无聊的。如何解释这些对同一刺激物的不同反应呢？显然，经常在同一个公园景点乘坐过山车会破坏人们兴奋的能力。这种认知和生物因素的相互作用引起了临床心理学家、言语焦虑研究者和媒体学者的兴趣，他们开展了习惯化对社会互动影响的研究。

（三）教学传播（Instructional Communication）

教学传播研究和传播教育研究不同。教学传播是一门以沟通在教学过程中所扮演的角色为中心的学科，与学生的类型、学习主题或教学环境无关。自1972年被国际传播协会正式承认为学术研究领域以来，教学传播的研究人员研究的内容包括教师的教学策略和偏好、学生的学习风格和方向、教师的课堂管理实践、教师和学生的特征及沟通关系的发展等，其不仅影响学生与教师的互动方式等，而且会引导学生对学习环境作出积极反应。

（四）人际沟通（Interpersonal Communication）

传播学者对公共话语的研究由来已久，如公共演讲和演说以及通过纸质、电子形式传达给公众信息等。然而，在20世纪60年代末，研究者意识到学界对更加私密和个人化的互动过程了解得相对较少。作为对这一空白的填补，人际沟通的相关研究产生了。人际传播学者发现，与公共话语相关的模型中很少有关于对话的内容，于是他们转向相关领域和学科的理论研究。因此，诸如符号互动主义、社会交换理论和关系语用学等理论从其他社会科学中被引入。随着 20 世纪 80 年代人际交流研究的蓬勃发展，与社会认知相关的社会心理学观点和关于话语生产及处理的语言学观点被采纳。在研究人员考察交流如何被用来启动、定义、维持和终止关系时，对关系过程的关注也出现了，并且占主导地位。传统上，人际沟通主要集中在面对面的互动上，而随着信息技术和社交网络的发展，许多学者的研究开始集中在以计算机为媒介的沟通上。

当前，由于很多传播系都开设了人际沟通课程，大多数都在讨论人际交往时采用的关系视角。关系视角假设人际沟通定义了关系的性质，并用于创建、维护和终止关系。

（五）社会认知（Social Cognition）

成功的沟通需要的不仅是发送和接收语言及非语言的线索，个人还必须至少拥有关于人们如何表达和解释意图的基本知识。社会认知的传播学研究者研究这种知识是如何发展和组织的，以及它如何影响人类行为。尽管传播学研究者早就认识到认知过程在创造和回应信息中起着关键作用，但直到 20 世纪 70 年代末，学者们才开始采用社会心理学理论来研究人们如何理解他人，因而才有了直接关注社会认知的研究。最初对社会认知的兴趣主要来自人际传播的研究人员，但随着时间的推移，社会认知的观点已经被用于说服、小团体决策、组织社会化、大众传媒效应、计算机辅助传播和跨文化传播等研究。尽管大多数社会认知理论仍然是由社会心理学家开发的衍生品，但一些传播学研究者已经开发了他们的理论，并且从其他领域和学科引入了一些观点。

（六）社会互动（Social Interaction）

对社会互动的研究包括仔细评估人们在各种（通常是）现实生活背景下的日常交流，如医生—患者交流、人机交流等。以这一领域为工作中心的学者往往分属于两条研究路线：一是专注于语言和非语言沟通的错综复杂的定性研究；二是使用各种方法，特别是社会科学方法来评估人们交流时涉及的结构和模式的研究。这些研究途径可能彼此非常不同，但都有助于让读者见证人类交往的复杂性。它们源自不同的传统，最明显的是社会学，其遵循符号互动主义；心理学，其关注人们在互动中的认知和情感交流过程；语言学，其关注语言实践和这种实践的后果。围绕这些重点产生了一些横跨研究背景的关键理论和方法。

（七）刻板印象（Stereotypes）

对刻板印象和传播关系的研究具有很强的跨学科性，不仅涉及许多领域的传播学者（人际传播、话语传播、组织传播、大众传媒、以计算机为媒介的传播等），还涉及社会心理学家、社会语言学家、心理语言学家和政治科学家。传播学者对刻板印象的关注和社会心理学家对传播的关注，有助于推进刻板印象作为认知对交际行为的影响的科学研究。来自传播学和心理学的研究主要将社会科学的理论和方法应用于刻板印象观念和传播的研究，为刻板印象观念作为一种人际传播过程提供重要的见解。在这个过程中，刻板印象的影响往往是隐性的，即在传播者的意识之外。媒体学者强调大众传媒反映和延续社会刻板印象的方式；而话语学者贡献了另一个重要的知识层，即展示作家和演讲者如何在文本与谈话中巧妙地暗示、体现刻板印象。所有这些方法——人际传播和心理学、话语和大众传媒——都考虑了刻板印象对个人和社会的影响、减少负面结果的策略，以及如何利用传播减少刻板印象。

十二、新闻研究

新闻学是一个独特的学术研究领域，它是为解决现实、当下和公众问题所产生的一系列方法论问题。新闻学研究与传播、媒体和文化研究等有着密切甚至是不可分割的关系。

（一）另类新闻（Alternative Journalism）

另类新闻指一种反对性的立场，是一种更具参与性的新闻实践模式，所报道的主题或其制作者站在主流媒体（无论是商业还是国家支持的）之外的立场。

另类新闻的定义因政治环境的变化和媒体机构本身的发展而变得复杂。曾经坚定的反对派媒体也可以被纳入主流，无论是由于政权的变化还是所有权的变化，等等。边缘媒体的记者可能同时渴望维护主流新闻价值，同时通过为边缘社区发声来暗中挑战既定秩序。

这类媒体的受众人数不多。这可能是由于政府或其他外部的控制，也可能是由于缺乏资金和传播渠道，无法接触到更多的受众。另类新闻的存在时间与新闻业本身一样长，但另类新闻受到持续学术关注的时间并不长，大多数文献仍然致力于案例研究或特定媒体组织的历史，很少强调更广泛的过程和趋势。不过，越来越多的研究试图提出一个理论框架来理解另类新闻。

（二）审查（Censorship）

数个世纪的审查制度研究显示，已知的文明都试图阻止令主流不快的材料、信息或表达。审查制度可以是制度性的，也可以是个人的。从全球范围来看，社会、国家、教会等的机构或代表，通常会压制其认为是危险、有害、不道德、敏感或不方便的表达。从学术史角度看，大多研究集中在政治和法律审查制度上，即政府对表达或传播某些内容进行限制。但企业和互联网审查制度近年来受到较多的关注。

（三）计算新闻学（Computational Journalism）

计算新闻学是以可用于算法计算的方式来为新闻的收集、制作和传播提供新的技术，可为受众提供不同的新闻体验，这些体验在新闻知识仅被解释为非结构化的自然语言时是不可能实现的。计算新闻学涵盖各种各样的技术、项目和产品，但没有成熟的理论基础。

计算新闻学的自动化或计算增强功能，主要体现在三大方面：大规模的新闻收集、新闻产品制作及新闻的个性化传播。另外，还有提供互动新闻体验的计算性对话代理和沉浸式技术等。不过，相关应用的可持续性较差，且新闻生态系统中的计算干预，如自动形式的事实核查或对错误信息、虚假信息的自动监测，也尚未在常规操作中显示出效用。

计算新闻学的研究与实践领域的发展轨迹类似。早期研究主要描述新的计算技术如何成为传统新闻业的奇特辅助手段。随着计算技术在新闻业的影响越来越大，学者们尝试将各种表现形式进行连贯的分类，其对受众和记者的影响也受到较大关注。

计算新闻业的文献部分归属于新闻传播学科，但主要集中在计算机科学、数据科学等相关领域。计算新闻学是在新闻业实践及其商业模式受到网络化传播的影响而面临日益严重的生存威胁的背景下出现的。因此，在实践和学术研究中，计算新闻学常常被描述为新闻业对这种计算型威胁的回应。

（四）嵌入式报道（Embedded Coverage）

为了改善与新闻界的紧张关系，美军在伊拉克战争时，安排记者"嵌入"部队在战场上进行报道，记者第一次"与部队同吃同住同战斗"。这大大改变了伊拉克战争故事的讲述方式——战争报道的语气和故事框架都为之改变。

一周七天、每天24小时的新闻周期和不断进步的技术使讲述伊拉克的故事变得更加复杂。研究显示，嵌入式记者对战争的描述更加积极，他们能够在遵守专业规范和标准的情况下，讲述发生在战争中的零散故事。

（五）新闻把关（Gatekeeping）

世界上每时每刻都在发生事件，但新闻媒体无法报道所有的事件，只有少数事件可以成为新闻。这个选择的过程被称为"把关"：在事件发生和作为新闻传播之间会有许多决策，决策点被称为"门"，决策者被称为"守门员"。决策过程是把关的核心。在处理和传达信息的过程中，"守门员"会自觉或不自觉地改变信息。传统上，把关人的角色是记者或编辑。

技术创新影响社会治理。当今时代，社交媒体打造的人际关系链和新闻信息链，融入并形成新的新闻业。其中，记者和监督者对信息流的控制比20世纪要少很多，此前把关过程中的线性、自上而下的路径，在21世纪发生了不可逆转的改变。

（六）解释性新闻（Interpretive Journalism）

解释性新闻是一种与描述性新闻并存的报道风格：在描述事实的基础上，通过记者的解释、评价、背景化或猜测，解释背景、事实、事件和声明的相关性及影响。因此，解释性新闻是一种以记者而非消息源为中心的报道风格。通过选择主题和为新闻报道增加新的意义，记者可以对内容有更多的控制。解释性新闻的形式可以是有立场的评论和分析，也可以是夹杂在直接的新闻报道中的新闻解释。西方学术界认为后者存在一定的问题，因为它为记者提供了在受众心中诱发某些想法或评价的工具，而没有明确说明或提醒这些是记者自己的解释；一些批评者认为，它在新闻报道中引入了主观性和党派（及其他）偏见，会使记者和新闻业失去信誉。

解释性新闻在新闻业萌芽阶段就已经出现。"新闻周刊"是公认的最早的解释性新闻的形式之一："每日新闻"提供事实，而"新闻周刊"提供解释。在当下复杂的媒体环境中，解释性新闻可能会增加，因为社交媒体时代任何人都可以发布信息。

（七）调查性报道（Investigative Reporting）

20 世纪 70 年代中期，"调查记者和编辑"（Investigative Reporters and Editors，IRE）在美国诞生。随之，"调查性报道"作为一种新闻体裁而产生，新闻学、政治学和社会学开始将其作为一种独立的体裁进行研究。调查性报道不同于日常的新闻报道，它是由记者主动向公众披露曾经被隐藏的、不为人知的重要信息的新闻报道，旨在揭露腐败、政治上的渎职或失职、侵犯公民权利、滥用权力或其他带来伤害的作为或不作为。

19 世纪中期，调查性报道成为美英报纸的常规内容。19 世纪后期，调查性报道甚至成为报纸的主要内容。在 20 世纪的前 20 年中，以"扒粪文章"（Muckraking Articles）为代表，调查性报道在美国到达了一个新的高点。不过，直到 20 世纪 60 年代，调查性报道大多是在较小的出版物上刊载的。20 世纪 70 年代初的"水门事件"标志着这种报道的流行。当时，《华盛顿邮报》和其他新闻机构的记者揭露了尼克松政府的窃听行为，高层政治腐败曝光所带来的巨大影响使美国、加拿大和英国的调查性报道大为活跃。20 世纪 80 年代，调查性报道在新闻编辑室中逐渐制度化。之后，调查性报道传播到世界各地。

在 21 世纪初，传统的日报和电视机构较少进行调查性报道，而非营利性新闻机构为全球媒体提供的调查性报道却蓬勃发展。21 世纪，调查性报道最重要的发展是由全球合作的新闻组织和自由职业者进行的全球调查，如 2017 年公布的揭露全球富人和大公司如何隐藏资产以逃避税收的"天堂文件"。

（八）新闻与创伤（Journalism and Trauma）

将新闻和创伤相结合是一个独特的实践、教育和研究领域。在 20 世纪 90 年代，密歇根州立大学和华盛顿大学都教导学生，在对受害者和幸存者进行报道时要谨慎和准确。其中，1991 年密歇根州立大学发起的开创性的受害者与媒体项目、1994 年华盛顿大学创立的新闻与创伤培训项目，在美国新闻教育和学术研究的重大转变中占有突出地位。1999 年，华盛顿大学成立了达特新闻和创伤中心。改善新闻采集、新闻叙事和创伤新闻影响的教学与研究迅速发展，并形成了一个由记者、教育工作者和心理健康专家组成的国际网络。

除了这些基于大学项目的研究进展，1990—2010 年，一系列自然和人为悲剧进一步推动了对新闻创伤教育与研究的需求。在美国，记者们需要找到有感染力和同情心的方式来讲述全国性的悲剧故事，包括 1995 年 4 月的俄克拉荷马城爆炸案、1999 年 4 月的科伦拜恩高中枪击案、2001 年 9 月 11 日的恐怖袭击，以及 2005 年的卡特里娜飓风。在国际上，中东地区的起义和动乱、巴以冲突、斯里兰卡冲突、阿富汗战争和伊拉克战争，以及诸如 1995 年东京地铁沙林毒气袭击、2005 年巴厘岛和伦敦爆炸案、2011 年 7 月 22 日挪威大屠杀等恐怖行为，都给当地和非当地记者带来了职业与情感挑战。印度尼西亚、海地、智利、日本的破坏性地震和海啸等自然灾害，也是新闻创伤学的研究内容。

迄今为止，很多涵盖新闻创伤各个方面的著作，都强调了学生和在职记者需要创伤培训计划。例如，记者虽然接受过收集信息和撰写有关悲惨事件的叙述的培训，但他们通常没有接受过关于理解情感创伤、识别压力迹象或以敏感和有效的方式与受害者合作的培训；年轻记者通常也没有接受过识别、承认或处理自己对悲剧的情绪反应的训练。

（九）新闻伦理（Journalism Ethics）

新闻学和传播理论研究的规范性转向，使得学术界对新闻伦理问题重新产生了兴趣。新闻伦理作为新闻传播者的价值取向、道德表现以及行为规范的总和，是新闻生产质量的根本保障，在新闻生产和传播之中发挥着重要作用。[①]

21 世纪以来，应用伦理学对职业责任和行为后果的关注被推得更广。新闻伦理已成为新闻媒体机构和新闻从业者的整体道德规范与行为准则。

优秀记者的职业实践为思考新闻业在社会中的作用提供了资源。大多数新闻伦理学家认为，自由和理性个体的启蒙想象不足以作为良好实践的指南，通过服务国家、社区、公共生活和社会正义等理论，伦理学也与批判社会学和文化研究有了更好的联系。媒体道德与媒体伦理的全球化，已经远远超出了单个组织或个人决策的范围。在全球局势动荡加剧的情况下，新闻伦理学与发展中国家命运、构建人类命运共同体等理念有更广泛的关联。

---

① 尹梦曦. 在新闻伦理建构中注入人文关怀[N]. 中国社会科学报，2021-12-09.

（十）扒粪新闻（Muckraking）

"扒粪新闻"是调查性报道的近义词，涉及对社会具有重要意义的主题，如暴露政治的腐败、经济的堕落及社会生活各领域的违法犯罪行为、"揪出坏蛋"等，意指记者通过自己的主动调查，报道对读者、观众或听众具有重要意义而报道对象不希望被披露的事项。

20世纪初，美国一个最初由大约15名记者组成的核心小组为《麦克卢尔杂志》撰稿，对企业权利、大信托公司和政府腐败进行调查和抨击。这些进步时代的记者之所以被称为"扒粪者"，是因为西奥多·罗斯福总统指责他们像《朝圣者的进步》中的人物一样四处扒粪给人看。他在1906年的一次演讲中说："拿着耙子的人往往是社会福祉不可或缺的；但前提是他们要知道什么时候停止耙子。"因此得名的"扒粪新闻"的理念与实践不仅成为当时社会改革、社会转型的助推器，也成为现代新闻伦理秩序建构的基础。

作为最知名的"扒粪者"聚集的平台，《麦克卢尔杂志》成立于1893年，总部位于美国纽约市。在公众对政治腐败和大型托拉斯支配地位普遍不满的时候，"扒粪"式的揭露紧抓公众想象力、激起社会改良运动。21世纪初，"扒粪新闻"的定义已经发生了改变，美国非营利组织"调查记者和编辑"网站将"扒粪新闻"拓展为在世界各地进行的调查性报道。

（十一）和平新闻（Peace Journalism）

战争时期，敌对双方对同一事件的报道往往是完全相反的。和平新闻可以被描述为对战争与冲突提供更平衡观点的新闻，它寻求敌对双方之间任何可能的一致领域。和平新闻旨在报道来自各方的现实并揭示战争和暴力内在的原因与影响，如人员死亡和残疾的代价、社会秩序和机构破坏带来的民生艰难；同时避免将敌人非人化，并试图为解决冲突提出些许建议。

虽然学者们长期以来一直在研究媒体如何报道战争，但学术界对和平新闻的关注却相对较晚。和平新闻产生于20世纪70年代，并在20世纪90年代开始蓬勃发展。

（十二）新闻摄影（Photojournalism）

在一定程度上，新闻摄影意味着视觉报道。在20世纪中叶，新闻摄影主要是指在报纸、杂志上刊登重大或有趣的事件和人物的静态照片，并附上口头报告或简短的解释性说明。随着新闻媒体采用视频和音频等形式，如视觉新闻、视觉报道和多媒体新闻这样的组合词得到普及。

摄影记者面临的更加复杂的挑战是，他们需要查找并了解与视觉证据有关的文献。一些学科的学术研究有时会直接涉及新闻摄影，并能为新闻摄影的研究提供参考，如在艺术领域、英语和比较文学领域、哲学领域、社会和自然科学领域。探讨新闻摄影的学术研究通常集中在视觉传播动态的一个或多个部分：图像制作者（摄影师、摄像师、平面小说家、编辑、设计师）；谁或什么被成像（人、时刻、事件、地点、时代、社会问题）；图像如何被管理和传播（编辑、设计、平台、营销、归档）；图像如何被观看和记忆（受众、眼睛、大脑）。从跟踪读者的眼睛在报纸版面上的移动这样的实际问题，到现实的本质或记忆如何改变我们的感知及信仰这样的复杂问题，越来越多的文献增强了人们对视觉报道在调解、影响甚至塑造公众对人、事件等问题的感知和反应中的作用的认识。

（十三）小报新闻（Tabloid Journalism）

艾尔弗雷德·哈姆斯沃思（Alfred Harmsworth）[①]于1896年用"小报新闻"来描述《每日邮报》的状态。早期的小报因紧凑的尺寸和简化的新闻内容而被非精英读者所接受。

在西方，就新闻信息的风格和内容层面来看，小报适用于所有的新闻媒体。虽然每日小报与主流媒体共享新闻议程的某些要素，如政治故事和选举活动，但小报更强调丑闻、体育和娱乐。一些关于小报新闻的早期研究是受19世纪末公共知识分子和精英记者的批评启发：小报是一种腐败的力量，玷污了新闻业为公众提供信息的神圣使命。这种论断，得到了一些早期研究者的呼应。不过，这种道德恐慌并未持久。后来的文化研究学者将小报视作合法的文化产品，一些学者的定量研究证实小报可能有助于而不是阻碍公民的知情权，小报作为文化价值的象征和信息工具有一定价值。

（十四）小报化（Tabloidization）

随着新闻市场竞争的日益激烈，主流新闻媒体也发生了巨大的变化。"小报化"

---

① 艾尔弗雷德·哈姆斯沃思（1865—1922），第一代诺思克利夫子爵（北岩爵士），英国现代新闻事业奠基人，被称作"舰队街的拿破仑"。

这个词表明，主流媒体正在借用小报的技巧来吸引受众的注意力。许多与小报化有关的文献指出，这一过程因降低了新闻的档次而对受众和新闻价值产生了负面影响；不过，也有研究认为，这个过程可以对消费者产生积极的影响，使他们更密切地关注新闻。

（十五）针对记者的暴力行为（Violence against Journalists）

新闻一直是一个充满冲突的领域，人们在新闻史的每个节点都能发现暴力。尽管一般意义上的暴力无处不在，但暴力的形式和强烈程度却与社会的一般暴力水平相对应，也与新闻媒体的社会政治角色变化及新闻发展规范相对应。例如，在党派新闻时期，攻击会随着政治冲突而加剧，目的是压制不同意见者；在有强大的新闻组织支持的专业化新闻时期，攻击往往是试图使新闻系统容纳非主流立场。

有时，暴力是某些国家媒体控制的延伸，是对其他形式审查的补充。在涉及不具备政治性质的冲突时，暴力被认为是对荣誉或名誉的轻视作出反应的一种方式。由于它是如此多样和多变的现象，区分各种常见的暴力侵害记者的形式是很必要的。

十三、语言与语言学

（一）世界英语（World Englishes）

目前，全球约有 75 个地区将英语作为第一语言（L1）或在政府、法律和教育等领域将英语作为非正式或制度化的第二语言（L2）。我们很难确定世界上讲英语国家的总数，因为英语的变体一直在不断开发和被发现之中。1988 年，在夏威夷檀香山举行的英语教师会议上，国际世界英语语言研究委员会（ICWE）成立。1992 年，ICWE 在美国伊利诺伊大学举行的"今日世界英语"会议上正式发起成立世界英语语言国际协会（IAWE）。两个专门研究这一主题的学术期刊分别是 1980 年创刊的《世界范围内的英语》（*English World-wide*）和 1982 年创刊的《世界英语》（*World Englishes*）。

英语的全球性传播，是一个由殖民主义、帝国主义、资本主义、新自由主义、流行文化和技术进步等共同作用的过程，它为学者们提供了一系列跨学科研究机会。例如，英语的全球传播产生了一些本地化的语言种类，使得对英语的使用和理解变得复杂。相关研究包括英国英语、美国英语、澳大利亚英语及其他国家和地区的英语的发展和使用,尤其是在那些受英国或美国影响的地区发展起来的英语。

对世界英语的研究确定了世界各地不同社会语言环境中使用英语的多样性,并表明社会语言历史、多元文化背景和功能环境影响了世界不同地区的英语。语言学是世界英语研究体系中的一个关键项,但需要一个更加跨学科的方法,毕竟对世界英语的研究超出了对语言种类的调查,涵盖一些社会学和文化现象。这些现象揭示了英语是如何被传播、争论和重新想象的。例如,英语的全球传播在很大程度上基于殖民主义和帝国主义的历史,这些历史塑造并继续影响着个人构建语言意识形态。

(二)邻近学(Proxemics)

关于特定文化背景下社交距离的研究经常出现在全球化场景中。比如,20名留学人员聚集在一所国际大学参加会议,学生们按国籍分批到达,并在会议前花了一些时间交谈。日本学生在房间的一个角落里轻声交谈,虽然他们站得很近,但他们小心翼翼地与对方保持距离;相比之下,美国学生则站得较分散,大声交谈,热情地打着手势;一些意大利青年用拍打、紧握手和拥抱来问候对方,一些人甚至在谈话中相互靠在一起。当这三组人开始打成一片时,出现了一些尴尬的现象:一个日本学生被一个美国人洪亮的声音吓到了,另一个美国人因为一个意大利人侵犯了他的个人空间而退后,一个意大利人竭力想听清楚一个日本女孩说话。会议结束时,处理邻近学的问题已经让所有的学生都疲惫不堪。

作为一种非语言沟通理论,邻近学解释了人们如何感知和利用空间来实现沟通目的。该理论由美国人类学家爱德华·T. 霍尔(Edward T. Hall)在20世纪60年代提出,源自对动物行为的研究。霍尔认为,相对于动物使用尿液和身体姿态来定义其领地,人类则使用个人空间和具体物品。

因此,邻近学是指将空间的感知和使用构建为传播。对此,人类学、建筑学、传播学、语言学、心理学和社会学等领域的学者都作出了重要贡献。早期关于邻近传播的研究通常集中在文化或环境如何塑造邻近沟通上,出现了诸如"个人空间""人际距离""领土""拥挤"等概念。如今,学者们还研究了邻近学如何在人际关系、小组和计算机媒介传播中发挥作用,及如何使用它来发送与说服和社会支持相关的信息。

(三)符号学(Semiotics)

符号学是一门研究符号和符号系统的意义、用途及功能的学科,也有一些研究者将其称为分析工具或批评方法。符号学的现代创始人之一,美国哲学家查尔斯·桑德斯·皮尔斯(Charles Sanders Peirce)称之为"学说"(Doctrine),即一套原则的意思;它也被另一位现代创始人费迪南·德·索绪尔(Ferdinand de Saussure)称为"符号学"(Semiology);维多利亚·维尔比(Victoria Welby)创造了"Significs"(符号学)和"Sematology"(语义学)两个术语。"符号学"(Semiotics)一词在1969年被国际符号学研究协会采用,成为指代该学科的主要术语。

如今,符号学的科学属性及研究对象范围(非人类和人类符号系统)仍存争论,这种争论甚至导致了"生物符号学"的出现和崛起。

十四、大众传播

大众传播是与大量受众分享信息的过程,是通过大众传媒等能够向大量人员发送信息的渠道完成的。大众传播的目的包括娱乐、教育和政治宣传等,其工作领域涵盖市场营销、公共关系和新闻学等。大众传播的研究领域非常广泛,包括大众传媒的生产、部署、消费方式等,还涉及法律和道德问题,大众传媒对消费者的最终影响及其他相关政治、社会和文化问题。

大众传播是一个复杂的现象,对社会产生了重大影响,不仅塑造了文化规范和价值观,而且塑造了人们对世界的认知和互动方式。大众传媒内容的制作者有能力通过决定哪些问题应得到关注来设定公共讨论议程。因此,社会治理部分依赖于对大众传播的有效利用。

文字的发明使大众传播成为可能,但真正广泛的大众传播是在15世纪随着古腾堡印刷机的使用而开始的,这使得以相对较低的成本生产书籍、小册子和其他印刷品成为可能。古腾堡的创造不仅促进了信息的传播,也促进了教育的传播。1844年,塞缪尔·莫尔斯(Samuel Morse)部署完成的第一条大规模电报线,实现了信号长距离的快速传输。这一系统促进了第一批新闻机构的发展,如美联社能够在几分钟内收集和传播来自全球的新闻。

20世纪初,大众传播变得无处不在、瞬息万变,彻底改变了新闻、音乐、政治和娱乐的方式。名人文化、消费文化和现代社会的其他方面都开始以今天仍可识别的方式表现出来。

随着互联网和数字媒体在21世纪的发展，大众传播的每个方面都再次发生巨大的变化。曾经，只有报纸、电台和电视机构拥有影响大众舆论的手段，但现在任何人都可以通过社交媒体和其他在线平台参与公共讨论。这种更加多样化、分散化的媒体格局使更多的声音和观点得到了传播。

然而，信息时代也令人产生对错误信息和"假新闻"传播的担忧。信息可以在网上分享和传播，这使得错误信息更容易被迅速、广泛地传播。只有提高媒体素养，才能够使人们更好地辨别所接收的信息的可信度。

（一）广告（Advertising）

广告通过网络、电视、广播、报纸和杂志等大众媒体，以付费方式向受众传递相关信息。此外，一种由普通人而非专业人士创造的广告形式也被认可。

广告有别于市场营销和公共关系等促销工具。促销是组织用来暂时改变一个品牌价值的激励措施；优惠券、竞赛、奖励和价格折扣都是促销的形式；市场营销指的是为推广一个品牌所做的一切；公共关系通常被定义为加强公司和其利益相关者之间的关系而进行的管理活动。广告也是营销的一个子类别，系四类说服性工具之一。

（二）受众细分（Audience Fragmentation）

"碎片化"的定义比较广泛，可以用来描述人口从一个由任何媒体产品的少数大型受众组成的群体过渡到另一个由更多的小型受众组成的群体。在使用产品的人数不改变的情况下，碎片化是由于人们的可选择项大幅增加而产生的。受众碎片化是一种现象。随着时间的推移，受众在整体媒体消费方面变得更加多样化。媒体消费者将其注意力分散到越来越专业的内容上。

碎片化涉及受众的产生。随着受众规模越来越小，其内部异质性也越来越小。但实际情况可能并不一定如此。细分可以用来描述内部同质化的零散的受众。媒体生产者通常认为细分受众对于广告商分组是可取的。媒体机构能够通过产品、渠道和内容的专业化，对受众进行细分。

（三）有线电视（Cable Television）

有线电视也叫电缆电视，是由无线电视发展而来的，最初出现于1950年的美国宾夕法尼亚州。在美国，有线电视既指一类电视娱乐和信息节目，也指提供节目的技术手段。在有线电视的发展历程中，用途、内容、行业结构和监管框架等方面经历了一系列的转变。

如今，有线电视本身与一些非常类似的多频道传输技术竞争，包括直接广播卫星、IPTV 等技术。

（四）儿童与广告（Children and Advertising）

随着大众传媒的发展，广告已经渗透受众生活的每一个角落，广告对人们的影响被人们愈加重视，而其中的重中之重就是广告对儿童的影响。

20 世纪 70 年代以来，围绕广告如何影响儿童的争论一直不休。一些研究者认为广告为儿童提供了所需的信息，使他们能够有效地发挥消费者的作用；而另一些研究者则认为，广告误导了儿童对产品和品牌的认识，导致他们作出次优的购买决定；也有人认为，尽管广告在传递信息方面有潜在的积极作用，但儿童没有能力有效地处理这些信息。相关的争论会伴随技术创新与社会变迁而继续存在。

（五）公共传播活动（Public Communication Campaigns）

公共传播（Public Communication）是一个颇显另类但却极具拓展潜力的概念。就构词形制而言，公共传播与自我传播、群体传播、跨文化传播、健康传播、大众传播、网络传播等同属传播类概念。但目前关于公共传播仍没有统一的概念。

公共传播活动包括对大量人群的知识、态度和行为产生影响的策略，涉及政治、亲近社会、环境和健康等各个领域。公共传播活动可以被广义地定义为有目的的尝试，即通过有组织的传播活动，如大众媒体和在线/互动媒体，并辅以人际支持，在相对明确的大量受众中告知、说服或激励行为改变，通常是为了个人或整个社会在特定时间段内的非商业利益。

（六）跨工具和跨媒体效应（Cross-tools and Cross-media Effects）

劝说性信息的效果取决于信息本身的内容和传递劝说性信息的媒体或工具。如今，几乎所有的活动都使用了多种媒体或宣传工具。因此，研究所谓的跨工具和跨媒体效应很重要。跨工具和跨媒体效应研究主要集中于广告和营销领域。

在跨媒体活动中，营销人员通过利用不同广告媒介的独特优势（如电视和互联网广告），力求使预算效益最大化。在跨工具活动中，营销人员将多种促销工具或营销传播形式如广告、宣传、直接营销等结合起来。跨工具效应是整合营销传播领域的一个重要组成。跨工具和跨媒体活动的最终目标是诱发协同效应，即多种营销活动的综合效应超过单个效应的总和。

（七）教育媒体（Educational Media）

关于电子媒体对儿童影响的讨论往往只集中在消极方面，如暴力电视节目或视频游戏的影响，这种研究对相关国家的政策和立法产生了重要影响。不过，精心制作的教育电视节目也可以对儿童在语文、数学、科学、社会研究和（学龄前儿童）入学准备等领域的知识、技能和态度产生积极影响。

教育电视的长期积极影响已被发现可以持续多年。互动新媒体因为出现时间短，相关研究文献特别是关于长期学习效果方面比较少。然而，越来越多的证据表明，电脑游戏和其他互动媒体至少可以为儿童提供一个获得学术知识和锻炼技能的环境。

（八）娱乐（Entertainment）

娱乐研究的目标是：批判性地观察和解释娱乐性媒体消费的效果；研究如何将娱乐作为教授知识和传达事实的手段；使受众熟悉规范和价值观并帮助传播社会信息。

为了实现这些目标，解释娱乐体验本身一直是研究的重点。在一些非学术背景下，娱乐表示为了娱乐观众而进行的某类型内容的商业生产，它包括但不局限于电影、电视连续剧、书籍、电脑游戏和杂志等。在更多的学术研究中，娱乐被用来描述对媒体内容的积极处置和对这些内容的愉悦体验，并且可能导致知识的获得或态度的改变等效果。

（九）娱乐－教育（Entertainment-Education）

将娱乐作为社会变革策略的做法，可以追溯到有组织的社会之初。拯救生命的信息、共同的价值观和信仰及社会可接受的做法通过讲故事的形式代代相传，将大众娱乐与学习结合起来。在21世纪高度中介化的文化中，媒体和艺术从业者积极利用娱乐形式教育受众。

1999年，"娱乐－教育"这一术语得到确定并被传播学者普遍采用。作为传播策略的"娱乐－教育"，意在通过将教育内容融入娱乐产品来加强或改变受众的态度、价值观、信仰或社会实践。

"娱乐－教育"传播策略有五个基本要素。第一，利用娱乐来教育或说服观众。所有娱乐都提供信息并具有影响力，但"娱乐－教育"必须是有目的的，在创造娱乐时应考虑到预定的教育或说服效果。第二，"娱乐－教育"是有理论基础的，如传播学、社会心理学、社会学和政治科学理论等。人类传播研究通常被认为是一个多学科的学术领域，它从许多理论传统中汲取营养，因此"娱乐－教育"的传播策略借鉴了许多不同种类的理论。第三，"娱乐－教育"寻求以高质量娱乐促进受众学习。它要求将娱乐价值与教育内容相融合，使受众在娱乐的同时学习。第四，"娱乐－教育"是一种基于调研的传播策略。在媒体、艺术产品或表演产生之前，涉及对潜在受众的形成性研究和总结性研究，以衡量其对目标受众的影响。第五，"娱乐－教育"需要媒体从业者和变革者的合作，如健康和发展专业人士及创造教育和社会变革目标的媒体学者之间的合作。

（十）敌对媒体效应（Hostile Media Effect）

当某一问题的支持者或反对者认为对该问题公正、平衡的新闻报道对自己一方有偏见时，就会出现敌对媒体效应。但不持立场人士会认为同样的内容是相对没有偏见的。敌对媒体效应体现了积极的媒体受众概念，表明受众不是被动地接收媒体内容，而是根据自己的价值观和倾向性进行有选择的解释，持有立场的人士有动机将中立的内容视为怀有敌意的偏见。

敌对媒体效应，也被称为敌对媒体感知和敌对媒体现象，由相关学者于1985年在以巴冲突的背景下首次以实证方式进行证实。随后的研究使用实验和调查方法记录了各领域的媒体敌意，包括基因改造、全球变暖等。这些研究大多集中在确定敌对媒体认知发生的条件和解释这些认知的心理机制。敌对媒体效应对公共舆论的感知、新闻消费模式、政治话语和参与都有影响。

（十一）媒体角色认同（Identification with Media Characters）

传播特别是大众传播为人类提供的优势之一，就是使受众能够通过与他人和媒体的交流来体验许多地方、事件、风景，使受众产生情感共鸣，以创造更有意义的媒体体验。

认同主要发生在那些邀请受众采用角色视角的叙事性文本中，而不是那些直接面向受众或以其他方式提醒受众的类型。然而，认同也可能发生在体育、真人秀或游戏节目等非叙事性文本中：受众会投入情感并在某个角色或选手身上代入其视角、目标和情感。认同提升了受众对故事的情感反应，通过创造新的理解来扩展人的精神视野，并提供了获得许多新体验的机会，所以它是娱乐的一个关键组成部分。而通过代入一个角色的视角和身份，人们也从日常世俗生活中脱离出来，从而成为娱乐的另一个关键部分。

因此，认同感是受众参与电视、广播连续剧、电影和电子游戏的重要组成部分，是这些媒体得以对受众产生影响的重要因素。

（十二）信息娱乐系统（Infotainment）

信息娱乐可以通过多种方式来理解：传统新闻变得具有娱乐性，或者包含政治信息的娱乐。在政治、公民和媒体的三角关系中，信息娱乐已经越来越普遍了。传统新闻的消费有所下降，娱乐性新闻的重要性迅速增长。软新闻、政治讽刺、政治小说和娱乐脱口秀等节目形式都属于信息娱乐的范畴，其共同点是都提供娱乐和政治信息，但两者的比重可能有很大不同。

信息娱乐是一个多方面的概念。关于信息娱乐的概念，有关学者已经发表了许多文章。信息娱乐是对民主的威胁还是辅助，个别研究和学者对这个问题的答案有很大分歧：这在很大程度上取决于人们所关注的信息娱乐的类型，或者是对信息娱乐的内容特征、媒体效果或受众特征的调查。

（十三）整合营销传播（Integrated Marketing Communications）

在营销传播领域，整合营销传播强调协调传播学各学科，以便在一个活动中产生最大的影响。

随着互联网的出现，这个概念因为新的（和不断增长的）数字媒体及平台的发展而得到了普及。越来越多的受众转移到网上，媒体组织和广告公司都已意识到需要一个高层规划系统，以整合线下、线上媒体，从而更好地直达目标受众。这意味着需要了解如何更好地操作、优化和评估各种渠道组合，以有效开展活动。这导致了跨媒体研究和评估方法的兴起。

购买行为也随之发生变化。消费者可以通过多种渠道获取产品信息，并对产品进行咨询或对不良服务进行投诉。要高效协调多项业务，就必须建立一个组织结构和操作流程。为此，整合营销传播也包括了这项战略业务功能。

（十四）国际广告（International Advertising）

国际广告是广告和国际营销的一个子领域，旨在研究不同国家广告的差异和相似性，以及一个国家的海外广告如何影响另一个国家。国际广告因研究范围的不同而有不同的概念。从国家中心主义角度看，国际广告可以简单地定义为本国以外的任何广告。尽管该定义相对片面，但在研究分类中，其被作为一个相当普遍的概念来使用，强调了解其他国家广告实践和消费者行为对于了解各国广告的重要性。

另外还有"全球广告"和"多国广告"的概念，前者没有特定的国家作为重点，而后者通常以特定国家为重点。在最精练的术语中，国际广告中的"国际"，是指国与国之间，而"广告"则决定了所涵盖的主题范围，如研究国际品牌如何在各国进行产品投放和维护口碑。国际广告可以是营利性或非营利性的。

（十五）媒体偏见（Media Bias）

媒体偏见，又称媒体偏颇或新闻偏见，是指新闻主播、记者或编辑等传媒工作者偏于某一方的见解，无法秉持中立、客观和理性的态度报道新闻。在西方的政治、经济环境中，新闻媒体是否存在偏见，一直是个公共领域争论的话题，并引发了普遍的关注。不过，有偏见和无偏见的报道的区分，在概念和方法上是有争议的；同时，也正是由于缺乏共同认可的标准，限制了一个连贯研究传统的发展。

相关学者在讨论媒体偏见时，意识形态偏见及常被作为替代解释的结构性和消极性偏见，是经常触及的层面。传统上，传播学和政治学领域一直在主持对媒体偏见的调查，但用计量经济学方法研究媒体偏见的路径也日益成熟。

（十六）媒介融合（Media Convergence）

媒介融合最早出现于 1983 年，由美国传播学者、马萨诸塞州理工大学伊契尔·索勒·普尔（Ithiel De Sola Pool）教授提出。媒介融合是将以前不同的媒体合并或联合起来以创造全新的通信表达形式。"融合"是一个相当有弹性的术语，根据时间、应用和背景的不同而有不同的含义，其所涵盖的问题至少包括媒体和信息技术的数字化、世界范围内的放松管制趋势、技术引发的变化、兼并和收购活动及对新市场的寻求。

融合是当今数字媒体革命的核心，包括互联网、电子商务、智能手机技术、数字电影动画、DVD 音乐和 HDTV 及电子游戏系统等技术与软件应用。一些驱动力促使公众将注意力集中在此问题上，包括媒体和信息技术的数字化、媒体的并购活动、技术的变化（最明显的是互联网）、旧媒体被重新利用为新媒体形式及社交网络和虚拟社区的日益重要等。

（十七）媒介公信力（Media Credibility）

媒介公信力是指新闻媒体在长期的新闻传播实践过程中所形成并不断累积的赢得受众的普遍信赖的程度或能力，是衡量媒体权威性、信誉度和社会影响力的标尺。媒介公信力与制度资源、权力资源和经济资源等一起构成媒介资产。

一般来说，"公信力"概念研究的是受众对新闻媒体的看法。1950年在耶鲁大学进行的关于媒体公信力的早期研究操纵了传播者的公信力，并测量了这种操纵对受众说服力的影响。20世纪70年代，学者们才开始把公信力作为受众的动态感知而非媒体静态特征。作为媒介公信力的一个主要研究方向，"敌意媒体感知"现象发生在对某一问题持相反意见的人群中，他们认为同样的、看似客观的报道对他们各自的观点有偏见；其他的研究方向则考察了受众公信力认知的基本因素及其对各种社会现象的影响。

（十八）媒介依赖（Media Dependency）

媒介依赖理论于1976年被首次提出，主要解释社会中媒介依赖关系如何影响认知、情感和行为。该理论解决了20世纪六七十年代传播研究的缺陷——这些研究要么关注个人使用媒体的微观或心理层面，要么关注宏观层面的强势媒体效应假设。媒介依赖理论从生态学和多层次的角度解释了个人、群体、组织、社会系统和媒体系统之间的关系。

媒介依赖理论不是诉诸强弱媒体效应，而是关注影响媒体效应的因素及媒体力量变化的背景。媒体的力量受到媒体是否为特定个人和社会组织的专属重要资源的影响。

（十九）媒介效应（Media Effects）

媒介效应是一个可以影响新闻报道的传播效果和影响力的重要概念。媒介效应通常被定义为个人、双人、小团体、组织或社区因接触、处理或以其他方式作用于媒介信息而产生的社会、心理、思想或行为等方面的反应。如果某种社会状况因为媒体而长期存在，则可认为是一种媒介效应。媒介效应既可以是短期的，也可以是长期的。这些影响可能是信息来源有意为之，也可能是无意为之，其后果包括变化或维持现状。

媒介效应研究源起于 1920 年，但到了 1950 年才作为一个学术领域出现。在最初的一部分公众对大规模媒介效应的担忧之后，传播研究的主流范式认为媒体对受众的影响有限。在 20 世纪七八十年代，随着强调媒体重大影响新理论的出现，学界呼吁重新回归大规模媒体影响研究。这些新理论摆脱了接触媒体可立即、直接影响人们态度和行为的观念，强调了接触媒体可能只是间接地影响决策和行动的更复杂而有限的过程。近几年来，研究重点不再是媒介影响是"微小"或"巨大"，而是研究影响更大或更小的条件，以及位于接触和接触引起的变化之间的现象。

（二十）媒介伦理（Media Ethics）

媒介伦理是关于职业传播者在可能对他人产生消极影响的情况下，应如何行动的指导方针或者道德规则，其主要围绕着准确性或真实、公平与处置责任以及媒体主体的隐私。作为整个职业道德的一部分，媒介伦理学分为元伦理学、规范性伦理学和描述性伦理学三部分。元伦理学涉及理论的有效性、媒体节目中善与恶的本质、普遍性问题、相对主义问题及世俗时代道德的合理性。规范性伦理学将实践与原则结合起来，涉及专业人员生活的最佳方式和要提倡的标准，专注于社会和机构的公正或不公正。描述性伦理学使用社会科学的方法来报告道德决策在新闻、广告、公共关系和娱乐业的实际运作。

（二十一）媒介事件（Media Events）

媒介事件是个一直存在的现象，但作为概念和理论，它在媒体研究中相对较新。其起源于 1992 年出版的经典著作《媒介事件：历史的直播》（*Media Events: The Live Broadcast of History*）。该专著定义并确立了"媒介事件"为媒体研究中的一个主要概念。该专著关注的是对预先计划好的仪式活动的电视直播，这些活动使社会成员在共同的观看体验中聚在一起，仪式性的媒介事件是大众传播的盛大节日，而非"被媒介扭曲的奇观"。该专著将仪式的人类学应用于公共生活的媒体场合，强调在一个主要被过程和效果的统计研究所吸引的、强调"平均和普通"的学术领域，特殊的、奇异的和神奇的事物有特别的力量。

在该专著作者的严格分类法中，满足下面 8 个要求的事件才有资格被纳入"媒介事件"：（1）通过电视直播；（2）造成日常生活和日常广播的中断；（3）预先计划并有脚本;(4)被大量观众观看;(5)观看是强制性的;(6)一种虔诚的、充满敬畏的叙述;(7)促进社会整合;(8)主要基调是和解的。基于这些标准,媒体活动的三个基本脚本是比赛(例如世界杯、奥运会和竞选辩论)、征服(如登月)和国礼(如大国领袖的葬礼、著名皇室成员的加冕礼及婚礼)。

该专著使学界对于媒介事件有了真正的新理解,激发了进一步的理论发展和实证研究。美国"9·11"恐怖袭击等创伤性事件的发生,促使许多学者修改了"媒介事件"的概念,将战争、灾难和恐怖袭击等非仪式性的计划外事件纳入其中。

(二十二)媒介素养(Media Literacy)

媒介素养(媒介修养、媒介涵养),最早是英国传播学者出于抵抗电影的传播带来的流行文化对传统教育的冲击而提出的概念。此后,由美国传播学者继续对其进行发展。美国媒体素养研究中心对媒介素养的定义是:人们在面对不同媒体中各种信息时所表现出的信息的选择能力、质疑能力、理解能力、评估能力、思辨性应变能力及创造和制作媒介信息的能力。

世界各地关于媒介素养的书籍、文章和网页不计其数。作者包括关心世事的公民、家长、消费者、教育家和来自学术界几乎所有研究领域的学者。如此广泛的作者来源,导致对于媒介素养的定义及如何提高媒介素养有很多不同的看法和做法:认为是教育问题的,会撰写课程设计和学生评估方面的内容;认为是家庭责任的,会撰写父母如何帮助孩子处理与媒体接触风险的内容;认为是个人责任的,会构建媒体影响个人的理论并提供实用的指导方针,以调控影响;认为是媒体本身问题的,会对媒体企业的价值观、行为和信息进行批判等。

虽然对媒介素养的思考存在很大的差异,但其本质已得到所有人的认同:媒介素养关注的是使个人能够更好地理解大众传媒,并利用这种增强的理解来更多、更好地控制自身媒体接触习惯,以更仔细地分析媒体信息,从而保护自己免受潜在的负面影响。

(二十三)信息特征与说服力(Message Characteristics and Persuasion)

说服者自身的特点会影响说服效果。说服性信息是指能够引起人们兴趣、提供信息、使人信服或号召人们采取行动的核心信息。人们经常从理性与感性的角度来讨论说服性信息。每条信息都由可信度、激情、热情、逻辑和理性等因素构成。

信息特征在说服中的作用是一个值得关注的研究对象,因为信息特征的变化可以使信息的说服力产生差异。说服性信息是吸引、告知、说服或呼吁采取行动的信息，通常从可信度、激情、热情、逻辑和理性等角度来讨论。

（二十四）叙事参与（Narrative Engagement）

叙事讲述的是一个或多个事件的故事。在通常情况下，叙事有某种形式的复杂性和解决方案，并涉及人、拟人化的动物或卡通人物等。叙事通常以电影、电视节目或小说的形式出现，也会在广播剧及讲故事的人在睡前或在篝火旁呈现。叙事参与是指人们被"拉入"故事世界、暂时失去对自己和现实世界环境的意识的体验与感觉。叙事参与的程度，与故事影响读者、听众或观众的潜力有关。

区分叙事话语和故事是很有用的。叙事话语可以概念化为存在于文本中的文字或电影院里呈现的声音和图像，是以任何顺序和许多不同方式对事件的讲述与呈现；而故事则是受众根据其对文本中呈现的叙事话语的解释，对事件或事件的理解。受众参与叙事时会激活"寻找模式"：认知和解读对信息的回应，具有主动性和目标性。

（二十五）叙事说服（Narrative Persuasion）

叙事可以影响信仰、态度和行为，每一代的受众都受到那个时代的电影、纪录片或其他文本形式的戏剧性情感故事的影响。人们在试图说服他人时，可能倾向于使用叙事。

然而，令人惊讶的是，在过去的一个世纪里，除了宣传之外，叙事说服受到的研究关注相对较少。叙事与非叙事有着本质区别。在理解叙事时，受众必须关注人物和事件，而不是论点和证据，以构建一个连贯的故事。这明显与理解论点和证据的过程不同，它需要受众自己的认知资源，并涉及不同的心理机制。

20世纪90年代中期，以叙事说服为重点的学术研究取得了快速发展。在此期间，研究重点已从比较叙事和非叙事形式的有效性转向探索叙事说服的机制、中介效果的过程及可能使受众更易或不易受影响的个体差异。由此，学界对叙事的性质和影响进行了更系统的探索，进而从社会科学的角度对"叙事"影响背后的心理过程进行了理论建构和严格测试，传播学、健康学、心理学和其他学科的跨学科学者都参与其中。

（二十六）产品植入（Product Placement）

产品植入近年来取得了强劲增长，随着产品植入的营销支出和范围不断扩大，世界各地受众对植入的接受、认可或容忍度都在增加。植入式广告是将产品及其服务具有代表性的视听品牌符号有偿纳入大众传媒节目中，给受众留下印象以达到营销目的。

植入整合了广告和宣传信息的关键因素，具有一种混合的特征：广告信息能识别品牌赞助商且是付费的；宣传信息不识别品牌赞助商且是免费的；而混合信息是不识别品牌赞助商但要付费。这种混合特性使植入对品牌赞助商很有吸引力：付费的特性允许品牌赞助商对信息在内容、格式和呈现方式等层面进行控制；没有品牌赞助商的标识，提高了受众对信息来源的信任度，从而使受众对该信息的处理不具有过高的防御性。

（二十七）公共关系（Public Relations）

公共关系是指某一组织为改善与社会公众的关系，促进公众对组织的认识、理解及支持，达到树立良好组织形象、促进商品销售等目的而进行的一系列公共活动。

关于公共关系的定义有许多不同解释。西方对其广义的定义包括媒体关系、政府公共事务、劳资关系调解、危机沟通、冲突管理、投资者和财务关系、公司沟通、内部/雇员沟通、筹款和捐助者关系、保健和公共卫生传播、公共事务、游说及形象声誉管理等。

（二十八）公共服务广播（Public Service Broadcasting）

公共服务广播作为一种理念和机构，在提供各种文化、教育、新闻、时事、儿童节目和纪录片方面，取得了显著的成功。从20世纪20年代到20世纪末，它是全球广播的主导形式。

进入21世纪，在数字革命和大力强调市场力量的时代，公共广播服务的提供是否仍然必要，是广播公司、政府和学术界存有争议的一个基本问题。现如今，如何将公共服务价值映射到有线电视、卫星和互联网等新的数字平台上，仍是一个挑战。

（二十九）广播研究（Radio Studies）

近年来，无线电研究领域经历了某种程度的复苏。音频媒体，尤其是广播，在视觉媒体越来越广泛普及的同时，不仅得以生存而且在蓬勃发展。

20世纪五六十年代，广播从新的电视服务中脱颖而出，在个人媒体播放器或移动手机中再次出现。广播的移动性是一种决定性的品质，在广播接收器和听众之间产生了个人式的亲密关系。新的音频格式如互联网流媒体、播客和音乐下载，与传统广播一起，模糊了特定媒介的界限，听众可从直播、广播电台、流媒体内容和录制的节目中进行收听。随着广播和音频媒体的快速变化，原始广播媒体的悠久历史被带到了现在。

（三十）视频缺陷（Video Deficit）

自20世纪90年代以来，婴儿和儿童一天中使用屏幕媒体的时间急剧增加。这主要是因为针对这一群体的电视节目和光碟的推出，以及移动触摸屏设备（如智能手机、平板电脑）的普及。

不过，有研究表明，婴幼儿很难从屏幕媒体中学习。视频缺陷指的就是这样一种现象，即学步儿童通过老师的现场演示学习的效果比通过视频学习的效果更好。虽然视频缺陷一般是在幼儿15至30个月大时观察到的，但也有一些证据表明，在稍大的儿童中，当他们完成更具挑战性的任务时，也会出现视频缺陷。

（三十一）媒介暴力（Violence in the Media）

围绕媒介暴力问题的争论一直存在。针对此问题的研究涉及传播学、心理学、社会学和公共卫生等领域。媒体心理学融合了心理学和传播学的观点，为媒介暴力对个人思想、态度、情绪和行为的影响提供了富有成效的见解。

媒介暴力有三个主要影响：学习攻击性、变得麻木不仁及感到恐惧。媒体行业虽然为解决暴力问题而进行了关键变革，如建立评级以表明暴力和其他潜在不良媒体内容的存在等，但其在一定程度上仍依靠自我监管。

（三十二）视觉传达（Visual Communication）

视觉传达是一个兼收并蓄、新近形成的研究领域，其边界仍然不明确。视觉传达研究是多学科的，包括艺术史、艺术哲学和美学等；图表、图解和制图的发展及使用；平面设计和排版的历史及理论；摄影、电影和电视研究的历史及理论；视觉理解的感知生理学和认知心理学；新视觉技术（包括数字化、多媒体和虚拟现实）的影响；视觉素养的概念和教学及围绕视觉表现实践的问题等。

图像是视觉交流的众多形式中最明显的一种，它超出了图片或图标的范围，进入了人类用来交流经验的抽象符号、索引信号、设计和想法的领域。不过，视觉图像的概念也是松散的，它包含了从意象、梦境和记忆中感知的精神再现到图像材料的物理创造等。

十五、传媒与传播政策

受全球权力转移、全球性问题频发、全球政治觉醒等叠加的大变局的影响，在ChatGPT等革命性技术与后真相时代等社会新现象构成的背景下，媒体和传播业呈现出不断变化的政策和制度建构，涵盖领域包括下述多个层面。

（一）媒体捕获（Media Capture）

近些年来，西方社会部分研究人员对"媒体捕获"问题的兴趣有了极大增长。早在19世纪，公众对媒体偏见及媒体所有者和广告商的影响就非常担忧。试图塑造公众舆论的政府的崛起及许多媒体机构面临的财务问题，使得寡头们更容易和更便宜地收购陷入困境的媒体，从而产生了媒体捕获。这导致人们越来越担心：客观的新闻报道对民主至关重要，而被捕获的媒体会严重扭曲集体决策。

媒体捕获是一种跨越政治经济学和产业组织的复杂现象。分析媒体、政府和选民之间的互动关系需要产业组织和政治经济学的概念，而"媒体捕获"一词恰恰是21世纪初由一小群经济学家首次定义的。伦敦政治经济学院的政治学家阿丽娜·蒙吉乌-皮皮迪（Alina Mungiu-Pippidi）提出了一个被广泛使用的媒体捕获的定义：新闻媒体"被政府直接控制或被与政治联网的既得利益者控制"的情况。① 在这个定义中，我们不仅要关注"政府"，还要关注"既得利益者"。经济学家玛丽亚·彼得罗娃（Maria Petrova）则将媒体捕获定义为"富人在经济中争夺资源时用来攫取利益的一种可能的制度颠覆形式"。②

---

① MUNGIU-PIPPIDI A. How media and politics shape each other in the new Europe [J]. Romanian journal of political science, 2008（1）: 69-78.
② PETROVA M. Inequality and media capture [J]. Journal of public economics, 2008（1）: 183-212.

（二）通信法（Communication Law）

通信法是法律的一个分支，侧重于规范通过计算机、互联网、电缆、卫星、电话和无线通信的信息传输。通信法涵盖了与个人和媒体表达有关的法律及监管决定，包括有关公共通信的法律和法规，如报纸、互联网和有线电视，以及人们通过电话、电子邮件和短信进行私下交流的机制。随着通信技术的快速发展，尤其是云计算的迅速崛起和移动设备的使用，关于通信法的争议愈演愈烈。

（三）传媒经济学（Theories of Media Economics）

传媒经济学构建于不同的经济学理论和分析方法之上，致力于经济和金融力量如何影响从事传播的组织和行业的研究。报纸、电视、电影、杂志、书籍和广播等传统的大众媒体，一直是媒体经济学家大部分学术研究的焦点；电信和数字通信及广告等相关行业则是新的研究热点。

作为传媒经济学研究基础的宏观经济理论，大部分来自政治经济学：解释经济力量是如何塑造新闻和娱乐等媒体内容的。因此，市场结构、媒体组织行为及媒体组织的所有权和政府监管，也是该领域重要的研究方向。

（四）媒体管理（Media Management）

作为一个跨学科的研究领域，媒体管理致力于研究媒体组织如何利用稀缺资源来满足特定的社会需求和愿望，它是传播和商业两个不同社会科学的学术交叉点。从管理的角度来看，所有的职能领域都是该学科的兴趣所在，包括战略、人事、运营、营销、金融和创业等。除了在欧美，媒体管理研究在拉美、亚洲和非洲也正在崛起。

目前，关于媒体管理者能力的相关研究较少，而诸如领导力、激励、决策、计划和道德标准等方面仍待研究者更多的关注。

（五）媒体政策与治理（Media Policy and Governance）

在现代社会，作为最重要机构之一的媒体，受互联网快速发展、移动平台基础设施化及数字整合等的影响，在过去几十年中经历了巨大的转变。

在西方，监管机构和政策制定者不得不重新审视长期存在的媒体政策原则，如言论自由、合理使用、普遍获取、多样性、公共利益和思想市场等；并且，数字化、融合和全球化的通信技术，日益模糊了传统的技术和监管的区别，电信、通信、信息技术政策甚至文化政策等领域的界限正变得越来越模糊。

（六）传媒监管（Media Regulation）

传媒监管是指将一系列包括法律、规则和程序等有约束力的工具应用于媒体系统和机构，以实现既定的政策目标。世界各地的媒体使用指南和监管原则各不相同，监管目的也多种多样，如进行干预以保护公共利益、促进竞争和有效的媒体市场形成、建立共同的技术标准等。大众媒体监管的对象包括新闻、广播和电视节目，以及电影、录制的音乐、有线电视、卫星、存储和分发技术（磁盘、磁带等）、互联网、移动电话等。

监管可以是积极的，也可以是消极的，如为了实现特定的目标或阻止不良的内容等。传媒监管传统上因部门而异，对印刷媒体和电子媒体实施不同的规则。随着互联网等数字技术的发展，具体部门的监管逐步被融合形式的监管所取代。

（七）电信历史/政策（Telecommunications History/Policy）

关于电信历史/政策的研究，多采用全球视角。从一开始，电信就是潜在的无国界的，一系列的理论和实践可以而且经常被理解为全球性的。作为理解电信历史/政策的核心组织模式，对于未来有关电信历史/政策的研究，全球方法的中心地位在主题和组织上是可持续的。

有三个全球监管领域值得重视和研究：始于1865年的国际电报联盟，旨在促进国际电报网络之间的合作，后改为国际电信联盟（ITU）；1947年ITU并入联合国，成为负责信息通信技术事务的专门机构；以及互联网名称与数字地址分配机构（ICANN），主要负责互联网全球监管的非政府部分。

欧洲国家成立国际电报联盟，总部设在瑞士，主要是为了应对电报国际化出现的问题，包括跨国界的技术标准冲突、跨国界的电报计费方式以及电报新技术发展等。20世纪初，其成员范围扩大到欧洲以外。二战对国际电报联盟产生了重大影响，包括驱逐德国和日本等国的行为。自1947年被纳入联合国系统后，它现在仍然是联合国的一部分。

ICANN创建于1998年。与国际电报联盟不同的是，ICANN主要由民族国家组成。作为一个私营的非营利性公司，它主要参与有关互联网域名系统的政策问题和技术挑战应对。此外，其他全球监管机构和非政府组织也对电信历史/政策产生影响，如世界贸易组织和互联网治理论坛等。

十六、组织传播

组织传播是指在一个特定的环境或情境中，相互关联的个人之间发送和接收信息，以实现个人或共同的目标。组织传播具有高度的背景性和文化依赖性。

（一）老龄化与组织沟通（Aging and Organizational Communication）

世界各国老年人数量和占比呈上升趋势。人口老龄化始于高收入国家，但低收入和中等收入国家也同样经历巨大的变化：世界卫生组织预计，到2050年，世界三分之二60岁以上人口将生活在低收入和中等收入国家。沟通和老年人的心理健康之间存在着公认的联系。老龄化与组织沟通相交的研究，在管理、营销、法律、政策、健康、媒体、接触、文化、社会心理学、刻板印象、老年学等各种文献中都有涉及。

传统的跨文化老龄化研究将亚洲描绘成一个长者的"交流绿洲"，认为他们被年青一代以一种尊重和双方都愉快的方式对待。但现有的证据表明，尽管存在地区差异，东方文化中对长者的诋毁可能比西方文化中更明显。加速的老龄化、城镇化、快速的工业化及诸如孝道等文化传统受到侵蚀，可能部分地解释了这个结果。

（二）跨国组织中的沟通与文化（Communication and Culture in Multinational Organizations）

为了应对国际团队、全球倡议和合资企业变得很普遍而导致的全球环境中组织复杂性的增加，关于跨国组织沟通的学术工作和研究持续增长。跨国组织是组织沟通研究中的一个明确的重点。

跨国组织沟通的概念化包含三种不同方式：一是强调组织沟通的发展是一个专门的领域，各部门和协会都围绕着其进行组织；二是将沟通视为存在于组织背景中的现象；三是将沟通视为解释组织的一种独特模式，相关研究对组织进行了心理学或社会文化方面的解释。

（三）传播和非政府组织（Communication and NGOs）

非政府组织是指名义上独立于政府并对追求共同利益感兴趣的具有自愿性质的

团体。它们可以在地方、国家和国际等不同层面就一系列问题开展工作。

对于传播学者来说，明确非政府组织与传播之间的关系，对于理解行动主义的组织基础、新闻媒体对宣传信息的开放程度及新技术在宣传材料的制作和传播中的作用都很重要。

（四）传播管理（Communication Management）

传播管理是指在组织环境中沿着分析、计划、组织、执行和评估指导沟通过程，为组织目标和价值创造作出贡献。传播管理问题在代表不同理论和学科角度的传播学者中引发了无数的讨论、不同的解释方式，并且它在整个文献中的概念使用也不一致：其一，所有类型目标导向传播的总称，包括公共关系、公司传播和战略传播等；其二，公共关系一词的等同物或替代品；其三，管理功能主义传统中针对传播领域的研究。

传播管理的学术特点是以管理研究为理论导向，实证反映传播专业人士如何管理组织与利益相关者和公众的沟通。传播管理是一种嵌入实体的整体治理和指导中的组织功能，其方向是确保所有活动的效率和效益及组织价值的持续增加。

（五）企业社会责任与沟通（Corporate Social Responsibility and Communication）

目前，企业社会责任已经被欧盟、联合国、经合组织等广泛认可和推广。企业社会责任代表了与企业在社会中发挥重要作用这一概念相关的思想、活动和研究，关注企业与社会特别是不同利益相关者的关系。

来自商业、管理、社会学、政治学和传播学等领域的学者从不同的角度和传统来研究企业社会责任，使用了大量的理论和方法来解释企业社会责任的概念。越来越多的学者认为，企业社会责任是一个具有高度背景性的依赖于制度环境的概念。作为关注企业社会责任的最重要的利益相关群体之一，消费者往往通过购买行为和积极性来表达他们的期望。找到吸引消费者及其他利益相关者的方法，是企业社会责任与沟通研究的重要内容。

（六）组织传播（Organizational Communication）

组织传播主要关注信息、媒体、意义及象征活动在构建和塑造组织过程中的作用，以及组织成员之间的沟通、联系及信息流动的性质和模式。

狭义而言，组织是人们为实现共同目标而各自承担不同的角色分工，在统一的意志之下从事协作行为的持续性体系；广义而言，组织是任何由若干不同功能的要素按照一定的原理或秩序形成的同一整体。组织传播要解决的关键问题包括：组织过程中内部和外部沟通的整合；个人与组织之间的紧张关系；行动和结构的相互依存关系及多种声音在组织过程中的作用。

（七）战略传播（Strategic Communication）

战略传播是一个统称，它探讨所有组织，包括公司、非营利组织和政府从事有目的的传播的能力。这种研究方法的特点在于强调战略，注重从整体上理解传播。

在全球数字社会日益复杂，对组织参与长期战略规划能力提出挑战的情况下，这种方法对于各组织在区分由不同职能部门适当拥有的传播活动方面尤其具有价值。从学者和实践者的角度看，关键在于探讨组织内的专业传播者在多大限度上参与战略制定、传播实践与组织战略的一致性、传播战略和活动的有效性及组织和利益相关者在社会中的作用等。

战略传播的研究借鉴了组织传播、管理、军事史、大众传播、公共关系、广告和市场营销等众多学科。从一个统一的知识体系的角度对其进行连贯的探索尤为重要。

（八）组织变革与组织变革传播之间的接口（The Interface between Organizational Change and Organizational Change Communication）

组织变革是指组织根据内外环境变化，及时对组织中的要素（如管理理念、工作方式、组织结构、人员配备、组织文化及技术等）进行调整、改进和革新的过程。组织变革可能是组织研究和管理文献中被提及最多的话题。在这些相互交叉的文献中，没有人认为组织的稳定性或连续性是可能的或者是可取的，这表明人们普遍接受组织变革的不可避免性。组织的稳定性通常被认为是不现实且无法实现的，是组织停滞不前的标志。

这就形成了一种观点，即变革可以而且必须被管理。变革组织传播通常被认为是实现这种变革管理的手段。组织变革传播不只是在变革中发生的，还是与变革紧密相连的。组织变革传播是组织变革的背景、手段和结果。

（九）吹哨人（Whistle Blowing）

"吹哨"是指一个人或一小群人提供证据，证明他们所属或了解的机构、组织内发生了重大不法行为，然后在内部或外部进行投诉，通常要付出巨大的个人代价。这一个人或一小群人就是"吹哨人"。"泄密"是一些"吹哨人"使用的策略，即发布私人信息，通常是向记者或宣传团体。

早期关于"吹哨"的研究多来自商业管理和道德出版物。2010 年，美国前陆军士兵切尔西·曼宁（Chelsea Manning）提供的文件被维基解密披露后，相关研究出现上升趋势。值得注意的是，来自全球的研究表明，"吹哨"可能有文化上的局限性，而且在一些国家还保留着负面内涵。

十七、政治传播

政治传播[①]的概念有广义和狭义之分。广义上的政治传播指一切与政治有关的消息、思想和态度的扩散；狭义上的政治传播指基于政治行为的传播主体与客体以符号和媒介为传播介质，达到宣传、说服目的，或者为获得特定传播效果而进行的政治信息扩散行为和过程。政治传播的构成要素包括主体、对象、内容、途径、效果五大方面。从政治传播的形态来看，政治传播可以划分为政治宣传、政治沟通、政治营销。

政治传播中的叙事、讲故事和神话般的"深层故事"在动员选民方面的作用已经得到实证，由此形成的具象的传播框架在各党派的受众中播下了不信任和怨恨的种子。但这些叙述构成的总体传播框架，具有可以促进民主制度完善化的作用，包括政治传播参与制度主体的构建；政治传播促进政治共识的形成；政治传播影响民主实践的效果。同时，也可以培育民主价值内生化，包括在公民维度上，政治传播助力公民意识发展；在政府维度上，政治传播有助于将权力转化为合理的权威。

这一新兴领域的实证研究主要来自政治学和传播学，因此借鉴了许多不同的理论，但并不是该领域的所有研究都具有明确的理论基础。

（一）社区依恋（Community Attachment）

社区依恋的概念可以追溯到 19 世纪城市化和工业崛起之时，是指居民对彼此和所生活地方的认知或情感联系的程度。当时，新移民涌入快速发展的城市，农业社会的政治、经济体系被打乱。对这些离开家庭和家园的居民在新城市中无根性的

---

① 普林斯顿大学对政治传播的介绍是：政治传播是传播学和政治学的一个分支领域，其研究信息如何传播并影响政治、政策制定者、新闻媒体和公民。

关注，引发了一些社会学家的思考，对城市和传播关系的思考也被带到对社区新闻的研究中。

伴随全球化和工业化的发展，社会流动性不断增强，社区依恋的问题受到很大关注，如促使一个社区的居民留下来，参与该社区的公民和政治活动，并对该社区产生责任感的因素有哪些。在传播学科中，对社区依恋的研究通常侧重于与大众媒体的关系，而非人际互动。

（二）网络政治（Cyberpolitics）

大众传媒系统和人际传播中的认知与规律，在数字媒体环境中并不能完全成立。因此，网络政治学侧重于信息技术在政治生活中的作用的调查研究。研究网络政治，首先要关注的是政治行为者以何种方式、方法使用新技术；其次是新技术的二向性：一些主体使用数字媒体增进对公共事务的了解，另一些则使用同样的媒体来限制新闻和信息的流动。

（三）电子政务（E-Government）

目前，电子政务的多学科研究领域已经围绕一些主题形成，并在与公共领域的交叉点产生了一个相当大的和备受推崇的知识体系。这些主题包括：公共行政、信息和信息技术，以及个人、团体和机构利益相关者在这个特定背景下的需求与愿望。该研究领域的定义跨越了公共管理、政治科学、管理信息系统研究、信息科学、计算机科学和人机交互研究等。

（四）假新闻（Fake News）

鉴于假新闻对多个部门、公共领域和日常生活的影响，它已成为各领域迅速研究的对象。作为大众传播领域的重要组成，假新闻的相关研究和分析可以分成不同类别。政治假新闻的目的是误导和影响，是宣传形式的一种，如国与国之间的战略网络战可能包括通过社交媒体账户传播由机器人撰写的虚假信息；商业假新闻以点击诱饵的形式吸引广告并结合用户数据交易获取经济收益。

假新闻的独特影响是破坏了主流新闻媒体的稳定，引发了受众对新闻业的信任危机，导致了公共话语的两极化和歧视性传播的增加。对假新闻和更广泛的"信息紊乱"的研究内容包括：作为宣传的假新闻；技术、算法和数据驾驭在假新闻传播中的作用；假新闻对新闻业造成的生存威胁；假新闻对民主进程的破坏和挑战；以验证或"事实核查"工具防止假新闻及通过媒体素养发展针对错误信息复原力的教育方法等。

（五）新闻框架（News Framing）

框架研究是政治问题在新闻报道中的呈现方式。在20世纪七八十年代，政治传播研究将注意力集中在议题的报道量上，较少研究问题的描述方式。20世纪90年代之后，新闻中问题框架的构建及对受众的影响成为关注点。

新闻框架是文章中直接或隐含地暗示问题是什么、如何解决及谁负责解决这些问题的语言和视觉信息。新闻对问题的描述很重要，而框架缘于记者对构成新闻主题和政治现实的信念，缘于对问题进行具体解释的人和团体，也缘于具体事件和文化背景。在框架的概念化和研究方式、框架对受众影响的理论解释及框架和其他过程之间的潜在关系方面，框架研究也有多样性。这种知识上的多样性引人担忧，不过，对于一个可以为传播领域提供如此多东西的研究领域，这种多样性或许是可取的。

（六）规范性分析（Normative Analysis of Political Communication）

分析包括描述性、预测性和规范性三个分支。规范性分析指预测用于规定（或建议）下一组要做的事情，以在未来趋利避害。

政治传播的规范性分析是指将对传播现象的经验性调查与规范性调查联系起来的研究。两者的联系在政治传播学中一直存在，不过研究者们越来越意识到需要有系统的程序来连接经验性和规范性。规范性分析有三个组成部分：一套完善的判断政治传播质量的标准，在实证研究中使用这些标准的合理程序，以及产生的与此标准相关的实证数据。规范性分析非政治意义上的内在规范性，其能够在任何特定社会的政治传播的规范性理论和经验研究之间进行结构化的双向交流。

（七）民意调查（Opinion Polls）

民意调查是衡量民意、了解公众舆论倾向的一种社会调查。它通过运用科学的调查与统计方法，如实地反映一定范围内的民众对某个或某些社会问题的态度倾向。自20世纪初在美国产生以来，民意调查在全球获得了迅速的发展，在政治、经济及社会管理等领域发挥着重要作用。

民意调查可以由商业公司、高校、社会智库及新闻机构进行。但有组织的利益集团或党派团体也收集和报告有偏见的数据，以期将这些数据纳入新闻流，从而影响公众舆论。了解公众舆论并评估其来源，必须了解公众心理学基础及收集舆论所用方法的细节。民意调查文献特别关注和强调选举民意调查的研究，因为根据选举的实际结果可以验证从这些调查得出的选举结果。

由于调查研究人员采用的技术会快速变化，民意调查所用的方法也会随之不断变化和改进。

（八）政治广告（Political Advertising）

政治广告的研究领域广泛，主要包括研究政治候选人、政党和利益集团等如何使用大众媒体信息来说服选民、政策制定者和公众，以使他们的观点在竞争中优于所有反对派的观点。政治广告是美国领导候选人的主要沟通形式，也是世界各地民主政体国家所采用的重要政治宣传形式之一。

在美国，政治广告通常必须由赞助商购买。此前政治广告研究对象主要集中在总统选举对电视媒介的应用上。当然，也包括通过广播、报纸、直邮、海报和其他公共展示形式等。进入21世纪，尤其是自奥巴马竞选美国总统时开始，互联网的信息传播成了研究的主流。大多数研究都关注政治广告信息的内容及其影响。政治广告效果的测量，主要看其影响信息传递的程度，对候选人、党派和问题的认知与评价，以及对参与投票或其他行为结果的影响。

（九）政治营销（Political Marketing）

政治营销受到市场营销、政治学和传播学三个学科的影响。早期的著作将政治营销与选举活动紧密联系起来，这种联系也意味着对以候选人为导向的美国政治制度或英国的得票最多者当选投票制度的强烈关注。

自2000年以来，越来越多的学者和专家将注意力集中于政府、执政党的政治营销和政治游说。学术界也有大量关于"永久竞选"（Permanent Campaign）的论文发表、书籍出版，逐渐形成了政治营销在选举和执政两方面的理论格局。

（十）政治丑闻（Political Scandals）

政治丑闻是大众传播和社会科学中的一个特殊研究领域，新闻选择、记者角色、新闻框架和媒体等领域的实证研究有时会使用符合丑闻标准的问题进行。丑闻是公共传播中的问题之一，在特殊条件下演变，了解参与者的特定角色，为他们提供某些反应选择，并遵循典型的轨迹。

丑闻指的是对社会规范的违反或越轨行为，以及有时由违反行为引发的一种特殊类型的公共传播。从传播学的角度来看，必须将这两种含义分开，因为并不是所有公开的越轨行为都会产生丑闻，而丑闻也不一定基于事实上的越轨行为。传播研究中的丑闻研究的基本问题出现了：一个社会选择哪些越轨行为（社会问题、故障、不当行为）作为丑闻，而哪些是它所忽视或容忍的？谁在丑闻选择中发挥作用？出于什么动机制造丑闻？制造丑闻的机会有多大？哪些手段在制造丑闻方面是有效果的？丑闻如何能被控制或终止？由此，我们可以将"丑闻"定义为关于一个真实的或想象中的，可能涉及违法、不道德行为，导致公众强烈反感的公共传播。

（十一）政治社会化（Political Socialization）

政治社会化是人们获得其政治态度、信仰、意见和行为的过程，是一种正式的和非正式的、有意的和无计划的政治学习，存在于生命周期的每个阶段，不仅包括明确的政治学习，还包括相关社会态度的学习。[①] 作为政治社会化的结果，个人获得了关于政治制度及其运作方式的知识，对政治文化、政府运作的共同价值观和意识形态体系有了一定的了解。社会化过程使书面和非书面规则代代相传。人们通过了解社区的习俗和传统，建立对社区的归属感和对政治世界的个人认同。

政治社会化研究起源于20世纪初出现的对公民身份的正式培训的研究。这些研究假定了一种分层的学习结构，在这种结构中，如父母和教师等权威人士，向儿童灌输政治制度的规范和价值观。20世纪90年代，这一领域衰落，许多理论假设（如对系统稳定性和公民对权威的默许的关注等）都受到了质疑。近年来，政治社会化研究得到了重振，学者们开始研究早期研究中被忽视的领域，包括非选举参与的规范和行为层面及大众传媒对社会化进程的影响。互联网和数字技术的出现，为调查开辟了新的途径；而传播学研究提出的理论和分析框架则为政治社会化研究的振兴提供了助力。

（十二）公共外交（Public Diplomacy）

公共外交是指国家、非国家行为体和组织通过影响外国公民来创造支持性舆论，进而影响该国的政策沟通过程，以采取友好政策。

---

① GREENSTEIN F I. Personality and political socialization: the theories of authoritarian and democratic character [J]. The annals of the American academy of political and social science, 1965 (1): 81-95.

公共外交是通过宣传、媒体关系、文化和体育外交、对外援助、国际交流、国际广播、国家品牌、侨民关系、国际公共关系和企业/商业外交等在内的手段实现的。公共外交是现代学术中涉及最多学科的领域之一。其核心学科包括政治学、国际关系、历史和传播；其他学科和子学科包括心理学、社会学、公关、市场营销、外交研究及文化、修辞和互联网研究。信息和通信技术已然改变了公共外交：社交媒体和移动通信的结合在人类历史上首次创造了全球性连通，这不仅挑战了公共外交，也为更有效和创新的实践创造了机会，提供了许多新渠道。

（十三）公共领域（Public Sphere）

公共领域通常被认为是表达不同意见的社会空间，人们讨论普遍关注的问题，并通过交流制定集体解决方案。因此，公共领域是社会交流的中心舞台。在大规模的社会中，大众媒体和在线网络媒体支持并维持公共领域的沟通。在传播研究中，"公共领域"的概念已被应用于政治和文化传播。这个术语同时具有描述性和规范性的内涵。公共领域的规范性理论通常规定了公共传播的理想特征，以及有利于形成这些特征的条件，并帮助批判性地评估现有的传播。

尤尔根·哈贝马斯（Jürgen Habermas）在《公共领域的结构转型》（*The Structural Transformation of the Public Sphere: An Inquiry into a Category of Bourgeois Society*）一书中，提出了关于公共领域消亡的著名论点。这直接引发了对公共领域的现代研究。该研究在英语世界的接受程度反映在克雷格·卡尔霍恩（Craig Calhoun）的《哈贝马斯与公共领域》（*Habermas and the Public Sphere*）中，这是美国和英国主要作家的批评文章集。该书的最后一篇文章，哈贝马斯在"对公共领域的进一步反思"中，对最初的论点进行了意义深远的修改，承认了一些批评者的看法，同时坚持他在看待现代媒介传播时的批判规范观点（Critical-normative Perspective）。

（十四）电视辩论（Televised Debates）

电视辩论是20世纪中期在西方国家新兴的一种政治传播手段。在短短几十年的发展中，电视辩论从美国扩展到德国、意大利，再扩展到拉美国家如巴西、智利、墨西哥等地。世界上许多国家都开始运用类似手段。

电视辩论是一种极其重要的竞选媒介，许多选民观看辩论或者直接从新闻、与其他选民的讨论中了解辩论情况。1976年以来，每一次美国总统竞选都至少有一次辩论，其他民选职位的辩论也变得越来越普遍。辩论可以让选民直接了解候选人。

辩论的面对面对抗还可以产生直接的思想冲突，帮助选民了解更多信息。尽管候选人为辩论做了准备，但候选人通常不能将准备好的笔记带到辩论现场，这意味着，来自对手的意外问题或评论可能会引起更多坦率的回答，而不是在大量的剧本或演讲稿中探寻。

（十五）电视政治广告（Televised Political Advertisements）

1950年，美国康涅狄格州参议员威廉·本顿（William Benton）发布第一个电视政治广告。两年后，共和党人德怀特·戴维·艾森豪威尔（Dwight David Eisenhower）击败民主党人阿德莱·尤因·史蒂文森（Adlai Ewing Stevenson II）时，第一批总统电视广告播出了。如今，电视政治广告已经成为与选民沟通的一个重要的手段，特别是对于较高级别的职位候选人而言。

一直以来，电视政治广告的重要性在于：（1）候选人可以完全控制这些信息的内容，而新闻却要选择并经常解释候选人的信息，并且在同对手的电视辩论中，候选人可能需要面对他们希望避免的问题；（2）电视政治广告还可以通过选择在哪个市场播放、在哪个节目中播放来实现信息的针对性。尽管对竞选兴趣不大的公民越来越容易避免接触电视政治广告，但电视政治广告最有可能接触到那些不寻求竞选信息的选民。

第二章 经验性研究：技术革命、社会变迁与新型全球化中的新闻传播学

从技术创新革命推动社会变迁转型的宏观视角，以及全球化最新趋势的空间维度，结合"结构"（Structure）、"（复杂）局势"（Conjuncture）和"事件"（Event）这三个时间层面的分析，本章将对新闻传播学前沿研究的偏好特征、发展脉络与主题切换进行概括性的梳理、总结与趋势预测。

就本部分研究的资料来源而言，高被引论文（详见第三章相关统计数据）构成了关键的数据基础。通过持续追踪全球顶尖的科研与学术论文，我们深入分析了论文的引用模式与聚类现象，特别是那些高被引论文集群，这些为我们揭示了研究的前沿动态。进一步来说，对这些前沿论文的深入分析，使我们能够洞察该领域的最新研究进展和未来发展方向。同时，对相关领域重要期刊的摘要通读和内容精选，也为我们的分析提供了宝贵的素材。

一、"万物皆媒"与新闻传播业

在漫长的人类传播历史中，大众传播是随着新兴传媒技术的崛起，为满足特定社会发展需求而诞生的独特现象。随着互联网技术的飞速发展，我们迎来了一个"万物互联、全时在线"的"微粒化"社会传播现实。在这个现实下，学术与实践领域不断对大众传播理论、机制与模式进行挑战、验证和超越，这实际上标志着传播边界、传播主体、传播形态和渠道搭载技术的一次全新升级与回归。

当前，人类正置身于一个"万物皆媒"的媒介环境之中，这一环境的核心驱动力是革命性的技术，如人工智能（AI）、区块链（Blockchain）、云计算（Cloud）、大数据（Big Data）等的快速发展。这些技术不仅开启了一个新的技术周期，而且

带来了媒介环境的结构性、生态型变革。

在这一系列令人瞩目的技术创新中，OpenAI 研发的 GPT 人工智能模型无疑是 2023 年初最具革命性的进展之一。对于这项技术，微软公司创始人比尔·盖茨（Bill Gates）给予了高度评价，将其称为自 1980 年首次看到图形用户界面（Graphical User Interface）以来，最具革命性的技术进步。这一发展与微处理器、个人电脑、互联网和移动电话的诞生同样重要，它有望深刻改变人们的工作、学习、旅行、医疗保健以及沟通交流的方式。

（一）新闻传播学的西方之石

基于互联网的革命性技术带来的应用创新和场景爆炸，对人类交际、交往和交流方式与信息生产、分发和获取方式都产生巨大冲击，形成了全球社会变迁的巨大不确定性。社会大变革为学术研究提供了内容，为学术大发展提供了可能。一段时间以来，国际学术界对与此相关的重大场景和关键问题进行了研究，初步形成了学科上的前沿、方法上的创新和理论的雏形，在一定程度上改变了知识的构成结构和认知的规范秩序。作为与社会脉动密切相关的学科，新闻传播学的前沿观念、理论和实践，也随之快速发展。

剖析当下和未来，伴随作为世界底层架构的互联网技术与作为社会神经系统的社交媒体的发展，新闻传播已经成为人类认知活动和社会行为的重要焦点之一。框架维度的历史与现实、全球与地方、观念与制度、阶级与民族涉及诸多方面；内容维度的传播叙事及其症候，是解锁文化价值观、全球史叙事、国际舆论战、意识形态分歧等热点问题的钥匙；形式维度的新闻媒介及其运行逻辑，则越来越作为一种社会的元过程，形塑了政治、经济、文化、社会等诸多方面；技术维度的创新与创意模糊了复杂劳动与简单劳动的界限（ChatGPT）、模糊了真实与杜撰的分野（深度造假技术）、搅动了真实民意与民粹主义的浊水（剑桥数据公司"主导"的英国脱欧）等。基于此，新闻传播学与其他学科的"相遇"就是一件自然而然的事；但这种相遇可能并非交叉学科、跨学科或超学科的，它可能是以问题为导向的"反学科"的学术态度和研究方法——当然，强大的学科是问题研究的重要基础。

著名的传播学者威尔伯·施拉姆（Wilbur Schramm）在 1963 年出版的《人类传播学》（*The Science of Human Communication*）一书中指出："传播学不是一个我们称谓物理学或经济学那样的学科。传播学更像是一门十字路口上的学科，有很多学科穿插其中，并且没有停下来。"

20世纪90年代以来，互联网已将整个世界都连在一起，这是传播对社会资源的重新架构和重新组织。受技术创新的影响，传播学科呈现出多点突破、交叉汇聚的总体趋势，其对社会性议题的广泛关注在近两年呈现愈加清晰的态势。技术进步不但能改变人们的生活习惯，还对人们的思维方式和价值取向产生影响。这些对于新闻传播学的转向和升级是非常重要的。面对数字时代传播样态和新闻业的快速发展变化，西方新闻传播学研究体现出鲜明的数字转向，形成全新的学科定位、研究边界和知识疆域。

由于数字技术革命带来的改变，经由智能化的泛众传播，技术所连接的对象已经从物理达到生理和心理，这就决定了对媒介的界定和理解必须有一个非常大的、革命性的改变。

在此情形之下，传播学的研究理论、研究内容和研究方法也与当前社会的"快速变化""转型""发展"等不同形态紧密相连，尤其是传播学跳出了只研究传播自身的范畴，越来越多地与社会的发展和变革相结合。

这也影响了高校科研的方向与内容。科睿唯安2022年发表的《期刊引证报告》（*Journal Citation Reports*）显示，在当年新闻传播学期刊的排名中，科技传播领域期刊《科学传播》（*Science Communication*）成为榜单的第二名，影响因子从4.108飞跃至7.441，几乎翻倍。《科学的公众理解》（*Public Understanding of Science*）期刊的影响因子排名也有所上升，并在科学哲学史中排名第二。这两本代表性期刊学术位置的急升显示科技传播方向正在异军突起。当然，强调新技术的重要与重视传统并不矛盾，比如，《告知公众：政党传播如何构建机会结构》（*Informing the Public: How Party Communication Builds Opportunity Structures*）一文强调，政党的传播组合不应忽视传统的工具，因为这些工具也能为政党支持者提供机会结构（opportunity structure）[①]。

因此，非西方的新闻传播研究需要跳出"画地为牢"般的学科内卷和形式桎梏，直面社会大问题、国家大战略和国际大变局，从独特视角和学科范式增进学界及公众对相关问题的理解与判断。面向21世纪第三个十年，在众多的社会科学的门类当中，传播学可以说是触及面最广、横断面最大的一门跨学科的学科。

当然，其他人文学科、社会学科也可以借助新闻传播学的理论和视角，在这样一个深度媒介化的社会语境中，针对战略前沿问题开展更富于层次感和更具有现实

---

① POPA S A, FAZEKAS Z, BRAUN D, et al. Informing the public: how party communication builds opportunity structures [J]. Political communication, 2020 (3): 329-349.

性的研究。由于传播是人的一种基本社会功能，凡是研究人与人之间的关系的科学，如政治学、经济学、人类学、社会学、心理学、哲学、语言学、语义学和精神病学等，都与传播学相关。

需要指出的是，前沿和全新并非等价同构更非包含关系。另外，本研究将新闻学与传播学结合讨论，主要是出于文本阐述的结构性需求和学科特色要求。新闻学是传播学的前身与源头之一，而传播学一旦成为独立的学科以后，与新闻学形成相互交叉、相互渗透的关系。

（二）中国式新闻传播学的探索

中国哲学社会科学体系正在以中国特色社会主义和中华优秀文化为根基逐渐成为意识形态的主体。然而，这并不排斥向全球优秀学术成果的学习——了解西方社会和学界对新闻传播学的深刻思考，既是纯粹的知识互鉴，也是为了形成具有在地特色、全球视野和人类价值的中国式新闻传播学，以更好地认识和改造世界。在此过程中，研究者需要把握平衡，绝不能脱离中国现实。

就新闻传播学而言，中国研究者可关注的层面包括：立足于现实的强烈的批判性——真正的批判精神，是学术研究的思想和灵魂；基于专业化的跨学科导向——超越既往技术与社会所形成的惯性基础和现实学科的割裂，强调相似性与互联性；强烈的现实性——对"学术与政治、认识世界与改造世界"的关系问题进行深入反思；建立一种全球视野的价值关怀和共同体意识——既要用中国理论透视中国实践，也要有全球化视角，主动思考中国学术与其他地区学术的交互关系。

文化需要互鉴。在摆脱既往成果积累之累的基础上，思考新闻传播学科"从哪里来，要到哪里去"的问题，有助于促进中国新闻传播学术界培养学术研究中的深刻历史洞见、尖锐问题意识和关联性思维方法，建立一种适应时代需要的思考与分析框架。

由此，中国新闻传播学科的教学和研究，就可以社会和实践的向度，坚持以人民为导向的原则、观照人类命运共同体的实践，通过了解、借鉴、融通中外学术，针对本土问题，形成具有中国特色的理论思考和学术话语体系。在此过程中，方向比速度更重要。中国的新闻传播学研究要想赶上世界的水平，需要在学科建设上避免短期的浅层探讨，而应进行有效突破，推进长期、整体的布局与规划；同时，应当保持研究体系持续创新，拓展多学科研究视点，理论建设和实证研究并重，构建学术研究与实践共同体，以缩小国际差距，进而构建具有中国特色的新闻传播学。

二、结构：革命性技术形成的实践起点

就新闻传播的理论与实践而言，技术革命会导致传播重构与学科发展，它会与政府规制、市场产业和社会稳定一起，构成影响传媒业发展的四大基本维度。不同于3D等改良型技术针对单一层面的完善与调适，大数据、人工智能、5G等革命性技术若能成功整合资源，会带来社会根本性的再造与重构，包括发展目标、基本结构、运作逻辑等方面，甚至是个人生理和心理层面。

人类历史发展的一个重大错位与落差是制度文明的惰性无法跟上制度文明的活性，当前亦处于这个错位与落差引起大量矛盾的时期。技术文明领域大数据、区块链和人工智能等新技术不断涌现；制度文明则依然秉持此前时代的规范。两者的碰撞导致了一系列可能引发社会动荡或制度变迁的标识性事件。

（一）大数据与算法

在一个数字化的世界里，消费者每天的交流、浏览、购买、分享、搜索等行为，形成了巨大的数据轨迹。"这个数据层是一个阴影。它是我们生活方式的一部分，它总是在那里但很少被观察到。"[1] 伴随计算处理、机器学习、算法和数据科学的快速发展，企业、政府和研究人员能够更容易地浏览与分析公共生活的这个影子层：通过数据的收集、分析和表述，在计算和量化技术的驱动下，在媒体、技术和社会的交叉点深耕细作。

媒体所津津乐道的"大数据"其实并非科学概念。如果描述数据量非常大，应该用海量数据（Massive Data）；如果描述数据非常多样，就要用异构数据（Heterogeneous Data）；如果描述数据既多样量又大，可以用海量异构数据（Massive Heterogeneous Data）。其实，大数据和深度学习一样，都是让艰深的计算机概念得到公众认可的有效尝试，无论是"大"字还是"深度"一词，都非常形象直观地展示了这些研究课题的挑战和意义，虽然这些研究课题在相关研究领域早已被探索了几十年。

数据是新时代的石油。数据挖掘（Data Mining）技术的日益成熟，可以为人类提供战略决策（如宏观决策和长远规划等）和战术决策（如实时营销和个性化服务

---

[1] BELL E. Journalism by numbers [J]. Columbia journalism review, 2012 (3): 48–49.

等)的双重支持。在如今的社会经济层面,大数据显现的惊人效益并不亚于石油或煤炭的效益;同时,大数据对国际政治的影响也不亚于石油或煤炭的影响。

1. 大数据时代的新闻学

数据新闻奖(Data Journalism Awards, DJA)于2012年创设,为全球第一个表彰数据新闻领域优秀工作的专业奖项。在大数据的背景下,新闻业的文化权威和技术实践在不同地区和不同业态内部正发生变化。这种变化是与新闻受众、故事形式、组织安排、传播渠道、新闻价值和道德规范等相联系的。大数据以其规模性(Volume)、多样性(Variety)、高速性(Velocity)和有价值(Value)等特点建构了有特色、有创新的底层逻辑和应用场景。大数据技术建立在Web 2.0背景下的数据挖掘基础上,其核心是对以关系为纽带的社会网络的识别、发掘和利用,其对社会生活的广泛嵌入性和自动化、规模化处理信息的快捷性,将传播学研究的工作范围和创造性提升到新的水平,带来了传播学研究模式、逻辑和手段的新变化,有效地辅助新闻传播更加及时、精准和高效。大数据叠加计算探索与算法强调(Computational Exploration and Algorithmic Emphasis),给新闻传播行业带来革命性的变革:大规模的数据集及其收集、分析和解释,对于理解数字信息并从中获取价值作用突出。描述、解释、组织和最终理论化数据新闻学,无疑需要一套混合的理论、实践和批评,学者们可以在这个重要的、不断扩大的新闻、媒体和传播领域开展研究。

有学者提出,应通过认识论、专业知识、经济学、伦理学这四个概念视角来理解大数据对新闻业专业逻辑和产业生产的影响。这些截然不同但又相互关联的概念方法,显示了如《大数据与新闻学:认识论、专业知识、经济学和伦理学》(*Big Data and Journalism: Epistemology, Expertise, Economics, and Ethics*)所说,"记者和新闻媒体组织如何寻求对大数据的理解、采取行动并从中获取价值",大数据的发展可能对"新闻业的认识方式(认识论)和行动方式(专业知识),以及其价值(经济)和价值(道德)的谈判产生变革性的意义"。随着量化新闻成为新闻业专业核心的核心,以及计算和算法技术与支持新闻业的商业模式相联系,关于大数据、新闻业和媒体工作的社会物质关系的关键问题将不断涌现。

随着算法在新闻发布中的应用越来越多,研究者也担心这可能对新闻媒体和新闻受众之间不断变化的关系产生负面影响。为了了解新闻个性化策略对用户的意义,《用户对新闻个性化过程的看法:作为基石的代理、信任和效用》(*User Perspectives on the News Personalisation Process; Agency, Trust and Utility as Building*

Blocks)[①]一文调查了用户如何体验个性化新闻、如何看待自身在个性化过程中的角色，并设想通过为用户提供更多代理和培养信任来增加个性化新闻的效用。研究团队与德国的在线新闻读者进行了四次焦点小组讨论。研究发现：（1）用户无法区分新闻个性化和商业定位，这可能会对他们的看法产生负面影响；（2）用户认为自己是这个过程的积极参与者，但又缺乏行使代理权的手段，这两者之间存在着矛盾；（3）用户关注的问题不仅仅是隐私，还包括他们收到的信息和他们的个人自主权——解决这个问题需要向用户提供动态调整其"新闻兴趣档案"（News Interest Profiles）的手段；（4）虽然新闻个性化战略为在媒体-受众关系中引入互惠提供了新的机会，但协商新闻、个人和算法策划的竞争逻辑仍是一个挑战。

近年来，中文互联网上兴起了所谓的"电子包浆"网络亚文化，以小像素、低分辨率、大量叠加水印为特征的图片表面看起来是类似于实体物的物理或化学包浆。对此，章戈浩、章倩砺《电子包浆：时间性痕迹或尺度式差异》一文指出，这并非时间性的痕迹。产生电子包浆的算法磨损与算法污渍彰显了作为数码物的图形物的鉴证物质性与形式物质性，而数字绿锈则体现出图形物的分布物质性特征。从新兴的尺度理论视角来看，电子包浆所体现出的数码物之间的差异在相当程度上只是屏幕本质主义带来的错觉。数码物之间的同异本质上只是一个尺度问题，而实体物与其数字化之后的再生数码物之间同样存在尺度意义上的差异。文章的结语语近义远，颇具启发意义："近年来，虚拟现实、增强现实、数字孪生乃至元宇宙等概念甚嚣尘上，人类似乎来到一个物质世界与虚拟世界高度融合与联通的临界点，仿佛推开一扇门就能通向充满无限想象的未来，而这一切的关键在于实体物的数字化。如果我们拉长时间的尺度，这个场景似乎并不陌生。当万维网诞生之初，互联网兴盛之始，信息高速公路等概念就曾将人类带到这扇门口。当然尺度还可以拉得更远，当无线电波将全世界相连之时，当卢米埃尔兄弟（Auguste Marie Louis Nicholas Lumière，Louis Jean Lumière）在屏幕上用光影再造出一个想象世界之时，当达盖尔（Louis-Jacques-Mandé Daguerre）用银盐记录下世界的形象之日，甚至当人类第一次学会文字书写之初，当智人第一次画下岩画之际……类似场景早已上演。从这个意义上来说，当下最时尚的元宇宙，恐怕也早就布满了人类想象力的包浆。"[②]

---

① MONZER C，MOELLER J，HEIBERGER N，et al. User perspectives on the news personalisation process: agency, trust and utility as building blocks [J]. Digital journalism，2020（9）：1142-1162.
② 章戈浩，章倩砺. 电子包浆：时间性痕迹或尺度式差异 [J]. 福建师范大学学报（哲学社会科学版），2022（5）：57-63.

2. 数据作为资本形式

进入21世纪，由于互联网平台公司的快速发展及大数据和人工智能等新兴技术的成长，一个新的"工业"景观出现了，这与工业时代马克思关于劳动价值论及生产资料的资产阶级所有者与无产阶级的划分的洞察产生了距离。在过去10年里，互联网平台公司的崛起更使得这种关系发生了变化：数据和信息成为新的生产要素，拥有互联网接入已成为新的动力源泉。伴随数据成为新的资本形式，再叠加生产链和利益链的全球分布，形成了全球范围内各层级之间的剩余价值向上贡献与资本运作风险向下转移的机制。其中，"新经济"经过一系列制度安排、社会经济关系与文化价值的共同作用被生产出来；同时，各国在其中的不平等社会关系被巩固并强化。[1]

《反思马克思主义关于大数据、人工智能（AI）和资本主义经济发展的观点》 [*Rethinking of Marxist Perspectives on Big Data, Artificial Intelligence (AI) and Capitalist Economic Development*][2] 一文称，驱动经济发展与社会变革的人工智能和大数据并非意识形态中立的科学知识。人工智能是资本主义的一种工具，它在技术奇点的环境中改造我们的社会，这有助于资本主义经济发展模式的扩张；而这样的发展过程导致了劳动力的不稳定。该文强调了传统马克思主义学说中劳动、价值、财产和生产关系概念的局限性，并主张从马克思主义视角重新思考人工智能引领经济发展，重点是对信息驱动、基于数据的社会中的资产阶级和无产阶级进行新的概念性解释。该文在结论中对作为"新资产阶级"的互联网公司和作为"新无产阶级"的数据提供者的结构、关系与互动进行了描述：随着平台互联网公司继续其不可阻挡的指数增长轨迹，并且随着它们获得更高水平的数据所有权和人工智能能力的不断提升，现在社会各阶层以及政治和监管机构（尤其是在欧洲）的成员将"新资产阶级"平台互联网公司的新精英形式与数据提供者的"新无产阶级"劳动力之间的关系视为一种剥削，这与马克思最初的劳动力理论没有什么不同。

3. 数字经济的权力重置与责任追究

数字经济的蓬勃发展引发了不少令人不安的现象，其中之一就是它加剧了现

---

[1] 项飙做过一个案例研究：基于在印度、澳大利亚和马来西亚长达两年的参与式观察，以政治经济学视角调查分析了IT产业中的"猎身"体系——一个以印度为中心的为适应全球资本快速流动而构建的高度灵活且富有弹性的劳动力市场的劳动力配置和管理体系。项飙. 全球"猎身"：世界信息产业和印度的技术劳工 [M]. 王迪，译. 北京：北京大学出版社，2012.

[2] NIGEL W, NAYAK B S. Rethinking of Marxist perspectives on big data, artificial intelligence (AI) and capitalist economic development [J]. Technological forecasting and social change, 2021（3）：192-199.

有劳资之间的权力失衡状况,造成企业责任的缺失。学界对此问题进行了系统性的反思。英国新经济基金会组织了该基金会的邓肯·麦肯(Duncan McCann)、罗毕·瓦林(Robbie Warin)和米兰达·霍尔(Miranda Hall)三位研究员于2018年撰写和发表了主题为"数字经济的权力和责任"的系列研究报告。该系列由四篇研究报告组成:由麦肯撰写的《数据独裁的崛起:数据收集》(The Rise of the Data Dictatorship: Data Collection);由瓦林和麦肯撰写的《谁在监控工人? 数据、算法与工作》(Who Watches the Workers? Data, Algorithms and Work);由麦肯、霍尔和瓦林撰写的《由计算控制? 算法的兴起》(Controlled by Computation? The Rise of Algorithms);以及由麦肯撰写的《数字权力者:技术垄断的问题与权力》(Digital Powers That Be: The Problems and Power of Technopoly)。

《谁在监控工人? 数据、算法与工作》[①]一文认为,数字技术和ICTs正在改变世界各地劳动者的工作和生活体验。但新技术的实施方式和实际效果在很大程度上取决于当地特定的政治、经济、社会和文化条件。该研究报告的主要结论有以下几点。其一,劳动监控具有广阔的时空延伸能力,创造出一种"全景式监控"。在由数字监控设备构成的无边无际的监控牢笼中,劳动者惴惴不安。而根据美国彼得森国际经济研究所马丁·阔赞帕(Martin Chorzempa)的研究结果,在工作场所中,劳动者因他们的心理反应及其所感受到的不确定性而变得愈发顺从。其二,算法加剧了劳动者的工作压力,使他们愈发焦虑和缺乏安全感。这在女性群体和移民群体中表现得尤为明显。其三,越来越多的企业将算法作为一种手段,来掩盖它们正在作出的具体决策;与此同时,算法天然的"黑匣子"性质使得劳动者对企业决策提出质疑变得越来越难,这极易导致企业加速"去责任化"的进程。其四,尽管人们希望数据和算法可以消除个人偏见,但在现实场景中,算法往往对数据中存在的"偏见"视而不见,如在企业的招聘过程中,机器学习算法很少会记录失败的求职者的相关信息。消除算法偏见,促进算法的"透明可释",这既有助于企业消除招聘过程中的不公平现象,又是引导算法"科技向善"的重要途径。

在此基础上的研究汗牛充栋,也广泛涉及不同地区。《如何理解亚洲的数字经济? 批判性评估和研究议程》(How Should We Understand the Digital Economy in

---

① WARIN B, MCCANN D. Who watches the workers? data, algorithms and work [J]. The new economics foundation, 2018(2): 80-95.

Asia? Critical Assessment and Research Agenda)①一文认为,亚洲国家发展数字经济的原因是需要改造传统的商业流程,广泛的技术创新,政府对经济增长的支持政策,以及数字创业的高能力;新的研究方向是由大数据分析、人工智能、平台经济、数字贸易、金融科技创新及社会和经济的可持续性决定的。

4. 大数据与政权组织形式

大数据及其传递是有社会意义的,其与社会生活和政治有密切的关联。目前,大数据对新闻传播的影响及这对于公共生活意味着什么,尚未确定。

任教于耶路撒冷希伯来大学的尤瓦尔·赫拉利(Yuval Harari)教授在其《21世纪的21堂课》(*21 Lessons for the 21st Century*)中认为,技术的发展变化深刻地塑造着个体和共同体,新的无用阶级可能随之产生。技术将权力由普罗大众导向部分精英群体,普罗大众可能会被边缘化。"反边缘化"将成为21世纪的重要特征。反边缘化之于21世纪,就如同反剥削之于20世纪。不同的是,反边缘化的斗争可能更加困难。他同时认为,数据将是21世纪最重要的资产,而21世纪的政治将是关于数据流控制权的斗争。人工智能革命最大和最骇人的影响可能与民主国家和独裁政权的相对效率有关。从历史上看,独裁政权面临着创新和经济增长的巨大障碍。世人倾向于将民主与独裁之间的冲突视为两种不同道德体系之间的冲突,但它实际上是两种不同数据处理体系和机制之间的冲突。20世纪后期,民主国家通常比独裁统治表现更好,因为它们在信息处理方面要好得多:民主分权处理信息并由多人/机构决策,而独裁统治将信息和权力集中在一个地方。如今,人工智能将优势转向后者:超强的人工智能也许可以使权力集中者避免精力、知识、阅历和视野上的缺陷并将效率发挥到最大。

对此,西方学界是比较担忧的:在肯定大数据分析可以帮助政府和组织通过提高效率、效力和透明度来支持民主进程的同时,认为也需要对与大数据分析相关的隐私威胁及由此对民主产生的影响进行充分讨论。《电子政务和电子民主应用中的大数据分析:隐私威胁、影响和缓解措施》(*Big Data Analytics in E-government and E-democracy Applications: Privacy Threats, Implications and Mitigation*)②一文,以隐私的民主价值为重点,确定了在电子政务和电子民主应用中使用大数据对公民的隐

---

① LI K, KIM D J, LANG K R, et al. How should we understand the digital economy in Asia? Critical assessment and research agenda [J]. Electronic commerce research and applications, 2020(44): 101004.
② MAVRIKI P, KARYDA M. Big data analytics in e-government and e-democracy applications: privacy threats, implications and mitigation [J]. International journal of electronic governance, 2022(14): 58.

私威胁。该文分析了电子政务的挑战，认为自动决策可能导致歧视并损害平等这一基本民主价值；隐私威胁对电子民主的挑战在于隐私的减少会促进操纵、分化和虚假信息的产生；增强隐私保护的技术解决方案，允许公民自由分享、访问和讨论不同立场的信息与内容，在保护民主方面可能发挥重要作用。

当前，公共部门、私营企业、商业界和民间社会正在产生大量的、真实的和实时的数据。公共管理部门将这些大数据视为"新石油"，由此形成的政府大数据生态系统（the Government Big Data Ecosystem，GBDE）是需要关注的一个研究领域，即公共管理部门实施以数据为中心的政策来收集、生成、处理、共享、利用和保护数据，以提升治理水平、透明度、创新的数字服务和公民对公共政策的参与程度。尽管人们对这个大数据生态系统非常感兴趣，但对它缺乏明确的定义，各种重要的政府数据类型仍然模糊不清，不同的行为者及其作用没有得到很好的界定，而对关键公共管理部门的影响还没有得到深入的理解和评估。这样的研究和文献空白对更好地理解、利用 GBDE 构成了障碍。为此，《政府大数据生态系统：定义、数据类型、参与者和角色以及对公共管理的影响》（Government Big Data Ecosystem: Definitions, Types of Data, Actors, and Roles and the Impact in Public Administrations）[①]一文试图填补上述空白，把从扩展的系统文献回顾中得到的发现整理成一个框架，以应对上述挑战，更好地理解 GBDE。

5. 大数据的治理

从广义的传播学来讲，数据治理是迫切需要研究的内容。大数据治理是广义信息治理计划的一部分，是制定与大数据有关的数据优化、隐私保护与数据变现的政策。

大数据是很复杂的。《揭开大数据新闻库使用的面纱：抗议事件分析的记录与批判性讨论》（Lifting the Veil on the Use of Big Data News Repositories: A Documentation and Critical Discussion of A Protest Event Analysis）[②]对免费大数据存储库的处理、可靠性和影响进行了批判性的讨论。该文认为，大数据不仅是科学分析的起点，也是一长串看不见或半看不见的任务的结果，而这些任务往往被所谓的赋予大数据有效性的规模迷信所掩盖。研究通过说明 7 年来从欧洲 6 个国家的全球事件、语言和语

---

① SHAH I H, PERISTERAS V, et al. Government big data ecosystem: definitions, types of data, actors, and roles and the impact in public administration [J]. Journal of data and information quality. 2021（13）：1-25.

② HOFFMANN M, SANTOS F G, NEUMAYER C, et al. Lifting the veil on the use of big data news repositories: a documentation and critical discussion of a protest event analysis [J]. Communication methods and measures, 2021, 16（4）：283-302.

气数据库（GDELT）中提取抗议事件数据的过程来解读这些概念。为了经得起严格的科学审查，研究通过计算手段收集了更多的数据，并进行了大规模的神经网络翻译任务、基于字典的内容分析、机器学习分类任务和人工编码。在对这一过程的记录和批判性讨论中，研究不可避免地将数据集的不透明程序呈现出来，并表明这类免费提供的数据集如何需要大量的额外知识、劳动、资金和计算能力资源。该文的结论是，虽然这些过程最终可以产生更多有效的数据集，但不应该相信所谓的"免费"和"随时可用"的大数据库的表面价值。

各种形式的在线跟踪是数字化的一个支柱，但它对隐私的挑战引发了人们的恐惧。它为用户和企业提供了新的机会，因为它可以定制个性化的内容；同时，它对经常不知情和不了解情况的用户的全面跟踪，以及数据处理的不透明做法，已经引起了各方的批评——如何才能更好地理解并积极主动地塑造新兴的追踪社会？《新媒体与社会》(New Media & Society) 试图从不同的角度和学科来阐明这些问题。[①]《追踪基础设施：绘制欧盟顶级网站第三方服务生态图》(Infrastructures of Tracking: Mapping the Ecology of Third-party Services Across Top Sites in the EU)[②] 一文指出，网站现在都以模块化的方式运作，将用户的监控、数据化及安全功能和视频托管等都外包给外部公司。这些第三方服务（Third-party Services，TPS）在功能和用户活动的货币化方面作为网络的关键推动者发挥作用。从关键数据研究和媒体系统分析出发，该文通过将这些服务置于更广泛的市场、文化差异和监管环境中，为理解 TPS 基础设施作出了贡献。该文还通过对 28 个欧盟国家的 150 个顶级网站的研究，展示了 TPS 的使用在欧盟不同地区和不同类型的网站是如何变化的，并将这种变化追溯到语言、监管传统和在线业务的差异问题。这些见解通过将用户行为数据的不同形式的商品化与更广泛的社会和文化结构联系起来，为当前关于监控资本主义和大数据的辩论提供参考。

《斯诺登事件的寒蝉效应和股市反应》(Chilling Effects and the Stock Market Response to the Snowden Revelations)[③] 一文，研究分析了爱德华·斯诺登（Edward Snowden）披露美国国家安全局（NSA）对全球互联网通信的监控活动后，个人互联

---

① KÖNIG R, UPHUES S, VOGT V, et al. The tracked society: interdisciplinary approaches on online tracking [J]. New media & society, 2020（11）: 1945–1956.
② HELLES R, LOMBORG S, LAI S S. Infrastructures of tracking: mapping the ecology of third-party services across top sites in the EU [J]. New media & society, 2020（11）: 1957–1975.
③ ROSSO M, NASIR A, FARHADLOO M. Chilling effects and the stock market response to the Snowden revelations [J]. New media & society, 2020（11）: 1976–1995.

网搜索行为和经济变量的变化。该研究团队将2013年6月斯诺登揭露后开始的个人搜索行为的突然变化称为"斯诺登效应"。然而，对包括最大的网络安全公司的股票价格在内的进一步分析表明，市场对斯诺登揭秘的反应平淡无奇；而网络安全支出数据表明，网络安全服务购买者的机会成本增加，导致了经济损失。

《追踪社会中的脆弱性：结合追踪和调查数据，了解谁会成为哪些内容的目标》（*Vulnerability in a Tracked Society: Combining Tracking and Survey Data to Understand Who Gets Targeted with What Content*）[1]一文认为，虽然数据驱动的个性化策略正在渗透在线通信的所有领域，但对个人和整个社会的影响仍未得到充分理解。该文以Facebook为例，结合在线跟踪和自我报告的调查数据，评估谁会成为什么内容的目标。该研究测试了用户特征（即社会人口学和个人认知）与其在Facebook上接触到的品牌内容之间的关系。研究结果表明，社交媒体使用复杂的算法来针对特定的用户群体，特别是在性别定型观念和健康方面；与健康有关的内容主要针对老年用户、女性用户、对网络公司有较高信任度的用户及健康状况较差的用户。这项研究首次表明，不公平的定位强化了陈规定型观念并造成不平等，建议重新思考算法定位在创造新形式的个人和社会脆弱性方面的影响。

《获取和共享数字痕迹数据的实际和道德挑战：协商公私合作伙伴关系》（*The Practical and Ethical Challenges in Acquiring and Sharing Digital Trace Data: Negotiating Public-private Partnerships*）[2]一文认为，数字设备无处不在，用户与它们的互动也越来越频繁，这就产生了大量的数字痕迹数据。公司利用这些数据来优化它们的服务或产品，但这些数据也是研究人类行为的研究人员感兴趣的。由于这些数据大多为私人公司所有，收集这些数据需要遵守其服务条款并获得用户许可，因此对数字痕迹数据的研究往往需要某种形式的公私合作。私营公司和学术研究人员各有自己的利益，其中一些是共同的，而另一些则可能有冲突。该文探讨了不同类型的公私合作关系，以便对数字痕迹数据进行研究。基于一般的考虑和一个链接数字痕迹数据的研究项目的特殊经验，该文提出了在这些关系中识别和有效协商共同与冲突的利益的策略。

关于全球数据平衡，《来自南方的大数据：超越数据通用主义》(*Big Data from*

---

[1] BOL N, STRYCHARZ J, HELBERGER N, et al. Vulnerability in a tracked society: combining tracking and survey data to understand who gets targeted with what content [J]. New media & society, 2020 (11): 1996-2017.

[2] BREUER J, BISHOP L, KINDER-KURLANDA K. The practical and ethical challenges in acquiring and sharing digital trace data: negotiating public-private partnerships [J]. New media & society, 2020 (11): 2058-2080.

the South (s): Beyond Data Universalism)[①]一文呼吁对关键数据研究进行去西方化操作，以促进对认知不公正的赔偿。它将"来自南方的大数据"研究议程定位为认识论、本体论和伦理学计划，并概述了塑造这一议程的五个概念性操作。第一，它建议超越与我们对数据化的解释相关的"普遍主义"；第二，它主张将"南方"理解为一个复合和复数实体，超越地理内涵（即"全球南方"）；第三，它假设了对非殖民化方法的批判性参与；第四，它主张将代理权置于我们分析的核心；第五，它建议拥抱从"南方"出现的数据化想象、从边缘思考数据的方式。

（二）元宇宙

2021年是元宇宙元年。具有破圈能力、矛盾集中、凝聚共识的元宇宙概念的诞生与发展是全球数字化转型加速的结果。维基百科把"元宇宙"（Metaverse）定义为"一个集体虚拟共享空间，由虚拟增强的物理现实和物理持久的虚拟空间融合而创造，包括所有虚拟世界、增强现实和互联网的总和"。在作为人类关系连接的媒介领域，元宇宙的热度（图2-1）也不遑多让。元宇宙被公认具有四大核心属性：与现实世界的同步性和高拟真度、开源开放与创新创造、永续发展、拥有闭环运行的经济系统。[②]

"游戏"与各类"互联网科技"构成了当下网络平台对于元宇宙的社会想象

国内网民眼中元宇宙的"弄潮儿"
数据区间：2021年1月1日—2022年1月4日

图2-1 元宇宙热度

---

① MILAN S, TRERÉ E. Big data from the South (s): beyond data universalism [J]. Television & new media, 2019（4）: 319-335.
② 尹沿技，张天，姚天航.元宇宙深度研究报告：元宇宙是互联网的终极形态？[EB/OL].（2021-06-07）[2023-01-05]. https://new.qq.com/omn/20210607/20210607A06CJV00.html.

基于元宇宙巨大的发展潜力，众多互联网大厂已经开始布局并且规模化投入相关领域。2021年10月28日，Facebook在Connect 2021开发者大会上宣布，未来将致力于打造新一代的元宇宙社交世界，并把公司名称更改为Meta（超越）。公司CEO马克·扎克伯格（Mark Zuckerberg）表示，元宇宙是下一个前沿领域，"下一个平台和媒介将是更加身临其境和具体化的互联网，你将置身于体验之中，而不仅仅是作为旁观者，我们称之为元宇宙"。由此，Facebook开始了从一个社交媒体网络转变为一家"元宇宙公司"的进程。在2021年世界VR产业大会云峰会上，虚拟现实产业联盟副理事长、百度副总裁马杰在主题演讲中表示，百度希望成为元宇宙的"基建狂魔"，利用强大的AI技术做好元宇宙基建工作；作为"下一代互联网"的曙光，元宇宙将重塑人与人之间的关系，重塑虚拟和现实的关系并很有可能重塑未来的经济关系。

作为对现实问题的理论反思，中国新闻传播学界自2021年9月出现第一篇以元宇宙为研究对象（关键词）的期刊论文以来，当年共发表12篇学术论文（含网络首发一篇）及一篇会议综述（为了更好地跟踪最前沿内容，元宇宙相关论文数据截止到2022年3月）。

喻国明[①]认为，传播技术的发展和媒介形态的变革是社会进化的关键部分，每一种新技术都给社会连接带来规模、速度、范围及传播模式的演进；从"场景时代"到"元宇宙"再到"心世界"——媒介进化的本质就是帮助人们不断打破既有的限制，将"人体的延伸"的自由度不断沿着"向外"和"向内"两个方向突破。喻国明、耿晓梦[②]还对此观点进行了进一步的发挥，认为元宇宙是媒介化社会的未来生态图景。元宇宙是集成、融合现在与未来全部数字技术于一体的终极数字媒介，它将实现现实世界和虚拟世界连接革命，进而成为超越现实世界的、更高维度的新型世界。本质上，元宇宙描绘和构造了未来社会的愿景形态。媒介是人体的延伸，不同于分割感官以致传播权力外化的模拟媒介技术，数字媒介以再造"数据躯体"具身的新型主体方式实现了传播权力向个人的回归。个体的赋能赋权是数字时代媒介技术进化的根本逻辑。以此为原点研判未来传播的发展与格局，可以发现，在互联网技术完成对传统社会深刻解构（即"去组织化"）的同时，其孕育的下一

---

① 喻国明.未来媒介的进化逻辑："人的连接"的迭代、重组与升维——从"场景时代"到"元宇宙"再到"心世界"的未来[J].新闻界，2021（10）：54-60.
② 喻国明，耿晓梦.元宇宙：媒介化社会的未来生态图景[J].新疆师范大学学报（哲学社会科学版），2022（3）：110-118+2.

代数字媒介的使命在于重新构建社会形态的"再组织化",以建立一个全新的数字化社会。其中,区块链技术是实现去中心化的分布式社会中人与人之间信任、协同的技术基础;而以 VR/AR/MR 为代表的交互技术持续迭代升级,为元宇宙的世界提供从物理世界到生(心)理世界,从现实空间到虚拟空间的全面无缝连接;而游戏范式则是元宇宙的运作方式和交互机制;网络及计算技术的不断升级夯实了元宇宙网络层面的连接力与效率。可见,元宇宙是对于各项互联网相关技术的全面融合、连接与重组,由此构建未来互联网终极发展的目标愿景。就推动互联网相关要素全面融合的关键抓手而言,去中心化的扩展现实(XR)是推进元宇宙构建的重要着力点。

陈姝元[1]则从媒介深化的视域进行了解读,认为元宇宙在互联网业界迅速掀起的飓风显示,虽然元宇宙的概念尚处于混沌状态,却伏藏着人类生存维度革命性突破的潜质。元宇宙是精神世界的思维模型,也是人类转向内在精神世界的现实投影。精神世界正是通过媒介的表达向外延伸,并在现实世界中不断迭代升级的。杜骏飞[2]则从"数字交往"的角度进行了解读,他认为元宇宙系统带给这个时代的真正的震荡,不在于产业的热浪,而在于它被赋予了文明演化的意义,甚至被称为人类的下一个百年叙事;元宇宙的理论叙事尚在萌芽之中,产业、技术演进也还有待观察,但可以预见,一种建立在"虚拟-现实"相混合、甚或相平行的生活,将召唤人类前行,而它的基础,也必然是人类数字传播行为的突变。

不过,在一切元宇宙的喧嚣之中,批判的声音也提供了重要的思想补充。许鑫、易雅琪、汪晓芸[3]认为,元宇宙宣扬的未来图景存在人类的主体性丧失、媒介的全局性替代、场景的远距离模拟等泡沫风险,此类潜在风险可总结为"不自知的空泛噱头、不健康的竞争格局、不辩证的科技排斥、不均衡的供需结构、不持续的激进扩张、不节制的盲目崇拜、不理性的享乐主义七宗罪"。

2021 年 11 月 10 日,清华大学国家形象传播研究中心组织的国家形象传播研究系列沙龙第 12 期暨"元宇宙与国家形象塑造和传播"研讨会召开。与会者[4]认为,元宇宙是基于虚拟现实技术和互联网技术的下一代情景式的社交与生活场域,需要

---

[1] 陈姝元. 媒介演化视域下"元宇宙"概念的解读 [J]. 新闻研究导刊,2021(11):1-3.
[2] 杜骏飞. 数字交往论(1):一种面向未来的传播学 [J]. 新闻界,2021(12):79-87.
[3] 许鑫,易雅琪,汪晓芸. 元宇宙当下"七宗罪":从产业风险放大器到信息管理新图景 [J]. 图书馆论坛,2022(1):38-44.
[4] 清华大学国家形象传播研究中心课题组. 元宇宙在国家形象传播领域的应用前瞻:"元宇宙与国家形象塑造和传播"研讨会综述 [J],对外传播,2021(12):60-63.

从国家、企业和个人三个维度重视和规划：国家层面，重视法律法规的建立、技术标准的制定和相关政策扶植，将已有的国际传播矩阵升级到元宇宙的维度；企业层面，重视自主研发技术与多场景应用，在数字伦理和隐私等方面进行自束，警惕数字中心主义和网络"巴尔干化"的不良影响；个人层面，转变平台思维来适应虚拟社交对现实的冲击，通过元宇宙技术和平台来提升工作和社交效率并遵守相关法律法规。

2021年9月16日，清华大学新闻与传播学院新媒体研究中心发布了《2020—2021年元宇宙发展研究报告》。这篇报告由"理念篇""产业篇""风险篇"三部分构成（图2-2），聚焦于2021年大热的"元宇宙"概念，通过对其的概念梳理、理论构建、行业分析，全面解读这一互联网行业新风口的深刻内涵，并研判其发展趋势和潜在风险。

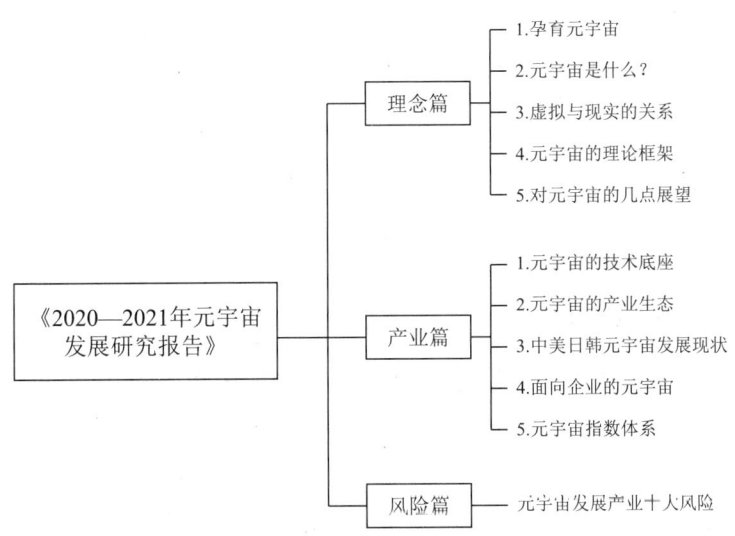

图2-2　2020—2021年元宇宙发展研究脉络

关于元宇宙在新闻实践当中的应用，薛静宜[①]认为，广电行业正处于转型升级的关键时期，推进广播电视与元宇宙相关新媒体、新技术、新业态融合发展，是转型的关键一步。广电行业将以数字化的方式建立全媒体、全生命周期动态复制体，其可基于丰富的历史和实时媒资数据，并结合先进的算法模型实现对媒体对象的高保真度数字化表征、模拟试验和预测。史安斌、杨晨曦[②]认为，元宇宙是一种未来

---

① 薛静宜.元宇宙在广电行业的探索与应用[J].广播电视网络，2021（10）：102-103.
② 史安斌，杨晨晞.从NFT到元宇宙：前沿科技重塑新闻传媒业的路径与愿景[J].青年记者，2021（11）：84-87.

媒体传播的愿景，在传统的媒体技术下，新闻受众只能接收"片面真相"和"间接体验"，而元宇宙能够提供几乎与现实社会一模一样的场景，因此人可以借由各类感官接口进入元宇宙，在其中获得身临其境的体验，不再需要借由记者的描述或是观看图片和视频，而是借助头戴设备通过"沉浸式体验"进入新闻现场，获得最为真实直观的专属新闻体验。通过这种方式，用户把握了新闻消费的主动权和内容的阐释权，成为全知全能的"产消者"（Prosumer），而非被单向操控和灌输的对象。这一技术的转向使得未来的新闻媒体会将新闻生产进一步全感官地由第三人称的"原画复现"向第一人称的"沉浸+参与"转变。从学理上看，这一转向也符合由"客观新闻学"向"对话新闻学"的演进趋向。

刘建明[①]认为，虚拟现实是媒体描绘、塑造的空间，属于第二性的意识环境，人与社会作为第一性的东西永远不会进入第二性的场景。阉割这个唯物主义常识，把人类的意识反映和物理世界混为一谈，编造超虚拟空间的神话，只有迷恋梦幻的人才能相信。他甚至断言："'元宇宙'这种乌托邦，就是竹篮打水一场空的玩物丧志。"

（三）区块链

区块链既不是一个系统更不是一个产品，而是一套协议，一个权力分散并且完全自治的生态，更是一种全新的经济体系和写作方式。区块链技术又称为"分布式记账"（Distributed Ledger）技术，被认为是确保数据储存和移动安全的最新方式——它不是将数据存放在一个中心化的地方，而是将其"化整为零"后分别存放在全球互联网络中的数以千计的节点（电脑）上，同时使用一种强大的加密技术将这些数据相互锁定在一起，从而能够确保数据的完整性和安全性。

西方国家新闻业面临着"政治和资本操控所带来的信任危机"与"收入来源枯竭而导致的经济危机"两个问题，区块链在新闻传播领域的使用，可以在一定程度上缓解这两个问题。区块链技术对新闻业的价值体现在四个方面：确保数据采集的真实性，纠正报道者的刻板印象和"媒介的偏向"；确保报道的安全性，抵御政治和技术力量的干预；准确跟踪内容流向，保护内容版权；利用虚拟货币获得新的众筹商业模式。2020年以来，美国新闻业和其他内容产业越来越关注区块链技术，相关初创项目也越来越多。

[①] 刘建明. "元宇宙"臆造的新式乌托邦——展望下一代互联网的终极形态[J]. 新闻爱好者，2022（2）：4-9.

由打赏费用和内容订阅费用构成的新型内容付费形式，可以调动内容生产者的积极性，增强平台用户的参与度；在信息共享上，去中心化的推荐引擎和去中介化的资源共享平台打造基于区块链技术的共享空间，可以实现过滤、共享和精准推送的三位一体，使信息能够无障碍地传播；在工业4.0要求的定制化和智能化生产的背景下，商家需要使用更有效的传播方式来代替传统的大规模广告投放方式，基于区块链技术设计的程序，可在一定程度上实现用户数据库和产品数据库的精准营销与广告的精准投放，如结合用户数据和大数据技术，通过用户画像分析实现广告精准投放；在虚假信息管控中，通过身份验证、共识算法和加密系统等手段，有效采用区块链技术实现虚假信息的甄别与管控。区块链的强背书所形成的大数据具有极高的含金量，如极强的结构性和高度精准性，可以作为网络舆情分析技术的绝佳切入点，从内容分析升级为数据分析，以实现舆情应对的精确与高效。

隐蔽通信能够以不可察觉的方式实现隐蔽的信息传输，防止通信行为的暴露。关于区块链与隐蔽传播的关系，可以说基于区块链的隐蔽通信突破了隐蔽性、可靠性和反追踪性的限制，在敏感数据传输和僵尸网络中都显示出良好的应用前景。由于流量分析技术的不断完善，传统的网络隐蔽渠道已经变得不安全。区块链作为一种与加密技术、共识算法、P2P网络相结合的新兴技术，具有去中心化、可追溯性、不可更改性、匿名性、透明性、安全性等特点，这使得区块链成为隐蔽通道和隐蔽通信的理想平台。区块链用于隐蔽通信的优势包括访问范围广、大容量隐蔽通道、身份匿名和信息隐蔽、通信渠道稳健等方面。

不过，关于基于区块链的隐蔽通信的研究，仍然缺乏系统的调查。《区块链与隐蔽通信：一项调查》（Blockchain Meets Covert Communication: A Survey）[1]一文对渠道建设进行了全面的研究，并通过信息嵌入、交易过滤和交易混淆来调查其核心技术；通过总结评估指标更好地分析了基于区块链的隐蔽通道；讨论了隐私问题及七个未来的方向。《区块链中的隐蔽通道和基于区块链的隐蔽通信：概述、最新技术和未来方向》（Covert Channels in Blockchain and Blockchain Based Covert Communication: Overview, State-of-the-art, and Future Directions）[2]一文，则从区块链的层结构对区块链中的隐蔽通道进行了系统分析。隐蔽通道存在于数据层、网络

---

[1] CHEN Z, ZHU L, JIANG P, et al., Blockchain meets covert communication: a survey [J]. IEEE communications surveys & tutorials, 2022（4）: 2163-2192.

[2] ZHANG T, LI B, ZHU Y, et al. Covert channels in blockchain and blockchain based covert communication: overview, state-of-the-art, and future directions [J]. Computer communications, 2023, 205: 136-146.

层、激励层和合约层，如区块结构、交易结构、密码学方案、P2P 网络、交易费用和智能合约。区块链应用的不同层面也有各种隐蔽通道。该文对区块链应用中的隐蔽通道和基于区块链的隐蔽通信方案进行了文献回顾——相关研究主要集中在基于区块链的加密货币，包括比特币、以太坊、Zcash 和 Monero；也有一些探索将区块链与图像相结合，以实现更大的隐蔽通信的通道容量。最后，该文讨论了基于区块链的隐蔽通信的公开挑战和未来方向。

（四）人工智能

人工智能的核心是机器学习，是使计算机具有智能的根本途径，其应用遍及社会生产的各个领域，主要使用归纳、综合而不是演绎。机器学习（Machine Learning，ML）是一门多领域交叉学科，涉及概率论、统计学、逼近论[①]、凸分析、算法复杂度理论等，专门研究计算机怎样模拟或实现人类的学习行为，以获取新的知识或技能，从而重新组织已有的知识结构以不断改善自身的性能。

阿尔法围棋（AlphaGo）是第一个击败人类职业围棋选手、第一个战胜围棋世界冠军的人工智能机器人，由谷歌旗下 DeepMind 公司戴密斯·哈萨比斯（Demis Hassabis）领衔的团队开发。阿尔法围棋能否代表智能计算发展方向还有争议。但比较一致的观点是，它象征着计算机技术已进入人工智能的新信息技术时代（新 IT 时代），其特征是大数据、大计算、大决策三位一体。它的智慧正在接近人类。阿尔法围棋的主要工作原理是深度学习。深度学习是指多层的人工神经网络和训练它的方法。一层神经网络会把大量矩阵数字作为输入，通过非线性激活方法取权重，再产生另一个数据集合作为输出，这就像生物神经大脑的工作机理一样，通过合适的矩阵数量，多层组织连接在一起，形成神经网络"大脑"进行精准复杂的处理。

ChatGPT 的全球火热流行更是造就了人工智能的现象级热点。这款由 OpenAI 公司在 2022 年 11 月底推出的聊天机器人，在推出仅仅 2 个月后，月活跃用户估计已达 1 亿，成为历史上用户规模增长最快的消费应用。与之对比，TikTok 达成 1 亿月活目标耗费了 9 个月，而 Instagram 则耗时两年半。ChatGPT 引发人工智能奇点是否降临的思考：GPT-4 的发布标志着奇点的早期阶段，在这个时间点上，技术发展如此迅速，以至于超越了人类的理解；随着我们一步步接近这个事件的地平线，我们必须考虑人工智能的影响和它对社会的影响。

---

① 逼近论是数学的一个分支，研究如何用较简单的函数，如多项式、三角多项式等来代替（逼近）较复杂的函数。

1. 人机交互心理学

算法新闻是运用智能算法工具自动生成的新闻。它是 21 世纪新闻传播领域一场全新的范式革命，不仅是对传统新闻传播方式的颠覆，更是对新闻传播观念的重要突破。人工智能的兴起使得研究人机交互心理学（the Psychology of Human-AI Interaction，HAII）成为热点，相关论文正呈蓬勃喷发之势。

《机器代理的崛起：人机交互心理学研究框架 (HAII)》[*Rise of Machine Agency: A Framework for Studying the Psychology of Human-AI Interaction (HAII)*][1]一文，探究了人机交互心理学的理论框架、逻辑过程和学术边界。文章认为，个性化算法及其他机器学习应用的进展，极大地提升了媒体与通信的便利度，但这些也增加了关于机器隐私、透明与人类控制其操作方面的忧虑。而缓解机器代理与人类代理的紧张关系，在人工智能时代是重要的。因为媒介体验主要由算法决定。理论与研究应调整对人类的总体算法经验和人类心理的理解，尤其是人机交互心理学。此文建议使用交互式媒介效果理论（the Dual-process Framework of the Theory of Interactive Media Effects，TIME）的双过程框架来研究人工智能驱动媒介的丰富性对使用者观念、经验的象征性及赋能强化效果。

2. 数字虚拟人及数字生态

随着人工智能技术的发展和元宇宙概念的火爆，数字虚拟人应用场景加速落地。《人与机器：人类对虚拟 AI 主播的反应和社会临场感的作用》（*Man vs. Machine: Human Responses to an AI Newscaster and the Role of Social Presence*）[2]一文提出，技术进步使虚拟 AI 主播成为现实。世界各地的一些新闻台已经使用虚拟 AI 主播来播报新闻。当下研究者对于 AI 与新闻业关系的研究更多是停留在机器写作等方面，而对于人类面对虚拟 AI 主播时的反应的研究较少。因此，该研究在提供天气新闻广播的背景下，调查对比了人们对虚拟 AI 主播与真人主播的看法，同时探讨了更高的社会临场感在其中可能发挥的作用。

《我喜欢我的关系型机器讲师：在线教育中 AI 讲师的沟通方式和社会临场感》（ *I Like my Relational Machine Teacher: An AI Instructor's Communication Styles and*

---

[1] SUNDAR S S. Rise of machine agency: a framework for studying the psychology of Human-AI Interaction（HAII）[J]. Journal of computer-mediated communication, 2020（1）: 74-88.

[2] KIM J, MERRILL K. Man vs. machine: human responses to an AI newscaster and the role of social presence [J]. The social science journal, 2022（4）: 1-13.

Social Presence in Online Education)①一文认为，技术的进步使基于人工智能的 AI 讲师成为可能。尽管目前采用率很低，但在可预见的未来，高校可能将 AI 讲师的某些方面（如人工智能、机器人）纳入课程。然而，当前对于如何构建有效的 AI 讲师教育却缺乏研究。因此，该研究作为一项探索性研究，检验了 AI 讲师的沟通方式是否会影响学生对 AI 讲师的看法，以及其中社会临场感变量可能发生的作用。

人工智能伴侣（如社交机器代理、社交机器人）正变得越来越普及。考虑到人工智能伴侣可以为寻求陪伴或关系的个人带来好处，关于人工智能伴侣的社会和关系方面的研究逐渐兴起。为了了解人们对人工智能伴侣的看法，《孤独者的人工智能伴侣和社会存在的作用》(*AI Companions for Lonely Individuals and the Role of Social Presence*)②一文通过一个在线实验研究了人工智能伴侣的社会存在意义及其作用。该文主要研究结果表明，非实体的人工智能伴侣的社会存在促进了人们对人工智能伴侣更多的感知，并愿意为孤独的人推荐人工智能伴侣。总体来说，这项研究强调了社会存在对无实体的人工智能伴侣的重要性。

社会存在影响着社会互动在网上的展开方式，并影响着学习和社会成果。然而，"社会存在"究竟是什么一直处于争论之中，目前存在着大量不同的定义和衡量标准。为了解决这个问题，《社会存在：概念化与测量》(*Social Presence: Conceptualization and Measurement*)③一文回到了由传播学研究者 Short 等人（1976）设计的最初的社会存在理论，以表明尽管他们对社会存在有一个清晰的概念——互动中其他人的"真实性"，但其定义是模糊的，不可操作的，对社会存在的测量也是有问题的。因此，该研究对他们的社会存在理论进行了拆分：(1) 重新界定了"社会存在"，使其可操作性与之前的社会存在概念相一致；(2) 脱离了社会存在的技术决定论；(3) 确定了与社会存在密切相关的另外两个结构，即社会性（作为媒介属性）和社会空间（作为群体属性）。通过重新定义社会存在，并将其与社会性和社会空间联系起来，该文希望为社会存在的研究提供一个更连贯的思路，以更好地理解在网络环境中共同学习和工作时的人际沟通、小组学习和小组动态。

---

① KIM J, MERRILL K, XU K, et al. I like my relational machine teacher: an AI instructor's communication styles and social presence in online education [J]. International journal of human–computer interaction, 2021 (6): 1-11.
② MERRILL K, KIM J, COLLINS C. AI companions for lonely individuals and the role of social presence [J]. Communication research reports, 2022 (2): 93-103.
③ KREIJNS K, XU K, WEIDLICH J. Social presence: conceptualization and measurement [J]. Educational psychology review, 2022 (1): 139-170.

一篇题为《存在感：研究综述》（*Presence: A Review*）[①]的论文对虚拟数字人研究关键变量"presence"进行了阐述。首先，文章针对目前研究中 presence 概念多种多样的定义进行了优劣势比较，并最终指出本文对于 presence 的定义：指某物（环境、人、物体或任何其他刺激）似乎存在于与观察者相同的物理世界的程度。虚拟存在是 VR 技术中最重要的心理现象，是研究人员用 VR 技术研究的大多数现象的主要组成部分。其次，文章指出虚拟存在的两个维度：维度一为空间存在（Spatial Presence），指一种主观感觉，即一个人的物理位置在感知的环境中，并成为其中任何物理后果的主体；维度二为社会临场（Social Presence，国内另有其他常见翻译如社交存在、社会存在等），指另一个有生命的实体似乎与用户在同一环境中共存的程度。在 VR 环境中，社会临场的体验需要自己和其他存在被搭配在一个共享的虚拟空间，所有实体似乎都是有意志的行动者。文章还指出，虽然目前还不存在一种被广泛接受和验证的虚拟存在的衡量标准，但是研究人员普遍采用四类测量方法，即主观、行为、生理和神经测量，其中主观测量最为常用。主观测量依赖于用户明确要求的有意识反馈，最常见的为沉浸式问卷调查。调查要求受试者在接触 VR 环境后，对他们的虚拟存在感进行评分，通常使用李克特量表。行为测量依赖于观察者或机器记录用户对 VR 环境的公开行为或反应，包括姿势稳定性、对社会规范的遵守、任务完成时间、错误率、面部表情、指向反应和反射行为等。生理测量记录了用户在 VR 环境中的生理变化，如心率的波动、皮肤电传导和体温等。神经测量使用功能磁共振成像、经颅多普勒监测和脑电图等技术记录用户在 VR 环境中的大脑活动。最后，文章指出了虚拟存在由外部因素和内部因素二者共同决定。其中，外部因素包括 VR 显示的特征等，来自内主体变量，可以由直接影响感官的感官变量（如显示视野）或影响 VR 环境主题的内容变量（如叙事）组成；内部因素包括用户特征，来自主体之间的变量，可以由心理变量（如控制点）、人口统计变量（如性别）或文化变量（如文化背景）组成。

《从信息到数字生态：智能算法下生命形式的嬗变》[②]一文认为，在智能算法之下，我们需要考虑的问题不是人工智能对人类的取代，或者人工智能会形成一种与人无关的智慧类型，而是在智能关联主义的背景下，重新思考人与非人的系统关系。在大数据时代中，所有的数据根据不同的需要被赋形，从而成了明确的信

[①] FELTON W M, JACKSON R E. Presence：a review［J］. International journal of human–computer interaction, 2022（1）：1-18.
[②] 蓝江. 从信息到数字生态：智能算法下生命形式的嬗变［J］. 国外社会科学前沿，2022（9）：3-15.

息；而不能赋形的信息会耗散沦为噪音。在赋形的信息基础上，当代人工智能技术基于解释性路径，形成了与人类和其他行动元的关联，并在这个关联基础上形成了更为宏大的数字生态的信息层。人与非人、真实与虚拟、自然与社会的行动元都是在这个信息层上运行和展开的。于是，这些行动元构成了数字生态下的物体系，这个物体系不断构造出新的关联，而新的智能关联又进一步促成了人与智能体的共同进化。

3. 算法决定的新闻顺序会影响政治偏好

进入21世纪第三个十年，中高收入国家的大多数民众从社交媒体平台接收新闻，传统媒体的影响力迅速下降。与传统媒体的结构化叙事不同，平台媒体通过算法来决定新闻呈现的顺序，部分依靠文章的受欢迎程度（即喜欢、分享和评论的数量）来决定其排名。按受欢迎程度排序的新闻在多大程度上影响了人们对政治的态度？《新闻排序：按受欢迎程度排名如何使我们的政治两极分化》（Sorting the News: How Ranking by Popularity Polarizes Our Politics）[①]一文，通过两个大型的、具有代表性的成人样本和一个新的实验设计发现，按受欢迎程度对新闻文章进行排序会产生不同的影响，这些影响取决于排名所依据的群体的党派构成。总的来说，算法排序加剧了"喜欢"符合参考群体主导观点的新闻的倾向。例如，当这个群体在意识形态上志同道合时，"喜欢"中的党内偏见就会形成自我循环，即态度一致的文章会保持在资讯的顶端。当参考群体由党外人士组成时，政治上不一致的文章就会上升到顶部。虽然这有助于让读者接触新的信息，但他们会从阅读和分享政治新闻中脱离出来。研究对将社交媒体作为政治信息的传播渠道如何影响甚至分化受众的政治偏好具有重要意义。

4. 人工智能对不同人群的影响差异

技术的进步不仅使自然科学领域发生巨大变革，同时也会推动人的发展和社会的进步。以人工智能为代表的一系列高科技的应用，在推动经济社会发展的同时，也必将对人的发展产生广泛而深远的影响。作为新的生产要素，人工智能的发展影响着人们的生产方式、生活方式、思维方式及交往方式等。不过，对于不同的人群，人工智能的影响是不同的。

为了评估大学生对人工智能系统的伦理意识，《大学生对人工智能的伦理认识》

---

① SHMARGAD Y, KLAR S. Sorting the news: how ranking by popularity polarizes our politics [J]. Political communication, 2020（3）: 423-446.

（Moral Awareness of College Students Regarding Artificial Intelligence）[①]一文作者对日本立命馆大学的152名日本学生和315名非日本学生（共467名学生）进行了调查。学生被要求从10个问题中选出未来人工智能应用中最重要的伦理问题，并就此写一篇文章。结果表明，大多数学生（n=269，58%）认为失业是与人工智能相关的主要伦理问题；部分学生（n=54，12%）关注与情感人工智能相关的伦理问题，包括人工智能对人类行为和情感及机器人权利和情感的影响；相对较少的学生提到人工智能的社会控制风险（6%）、人工智能歧视（6%）、不平等加剧（5%）、隐私丧失（4%）、人工智能错误（3%）、恶意人工智能（3%）和人工智能安全漏洞（3%）。计算两种总体比例的z分数表明：日本学生对人工智能控制社会的担忧较小（-3.1276，$p<0.01$），他们更关注歧视问题（2.2757，$p<0.05$）。该研究得出结论：大学生对人工智能技术的伦理意识相当有限，建议将人工智能伦理学纳入课程设计。

5. 讨论：与机器人有关的精神世界

人类历史上从来没有一个技术像人工智能那样，不但给人的日常生活带来了前所未有的变革，而且对哲学、社会学、心理学、人类学、媒体研究等领域产生了重要影响，给人类既有的知识秩序和精神生活带来多重挑战。而机器人现象，在人工智能话题中居于核心位置。

数字媒介远不只借助技术假体去克服人类生理缺陷那么简单，它在政治、社会和心理等层面都给人类造成了多重影响，值得学者们拿出真诚的努力和有勇气的思考，以广阔的智识趣味和敏锐的思维能力去不断探索和评价，超越既有领域或国别的语境，"越界"进入全球化的层面。

（五）数字人文主义

温纳（Langdon Winer）在《鲸鱼与反应堆：高科技时代的极限探索》（The Whale and the Reactor: a Search for Limits in an Age of High Technology）一书中将技术描述为"重塑人类行为及其意义的强大力量"[②]。从历史视野来看，技术的发展是不断向前的，数字技术也在不断塑造社会秩序，社会科学的相关研究具有广阔的

[①] GHOTBI N. Moral awareness of college students regarding artificial intelligence [J]. Asian bioethics review, 2021 (1): 421–433.

[②] WINER L. The whale and the reactor: a search for limits in an age of high technology [M]. Chicago: University of Chicago Press, 1986: 11.

空间。

所谓数字人文（Digital Humanities），就是研究数字文化和社会，探索在人文研究中使用先进技术的相关方法；它主要分析人文主义如何帮助我们批判性地理解数字技术塑造社会和人类。数字人文方法是将数字技术应用于人文研究的一种新兴研究方法。它以人文主义为灵魂，保留人文研究者的人文感性和批判性思维；以计算机技术为路径，通过信息检索、超文本、多媒体、计算机统计分析、数据可视化和数字地图等数字方法，延伸人文学科研究的时空范围和纵深程度。数字人文方法是一个具有"跨越"意义的方法，它不仅跨越了不同学科，也跨越了纯理论与应用、定性与定量、理论与实际分析。数字人文方法的使用强调合作性原则、生产性原则、批判性原则和包容性原则。数字人文平台以终端用户为中心的性质，一反传统人文平台的单一性和封闭性，强调社交性和交互性，预示了知识生产的"去中心化"发展趋势。这对于深化社会学研究和优化社会学研究方法具有重要的意义。

2022年9月，由国际知名传播学者、德国帕德博恩大学媒体研究系教授克里斯蒂安·福克斯（Christian Fuchs）所著的《数字人文主义：一种21世纪数字社会的哲学》（Digital Humanism: A Philosophy for 21st Century Digital Society）[1]一书正式出版。该书聚焦于探索人文主义如何帮助我们批判性地理解数字技术塑造社会和人性的方式，并为读者介绍了数字时代的人文主义的内涵。福克斯介绍了数字人文主义的方法，并概述了激进的数字人文主义的基础，分析了学术界的非殖民化和对数字、媒体及通信的研究意义；机器人、自动化和人工智能在数字资本主义中的作用，以及死亡和死亡的交流是如何被数字技术、资本主义的死亡权力及数字资本主义调整的。为了拯救人类和社会，福克斯认为现在需要激进的数字人文主义。

从学科建设的角度看，自1992年成立以来，伦敦国王学院的数字人文系一直在计算机、人文科学和社会科学领域引领发展，在数字信息管理和数字研究方法领域具有很大的影响力。如今，数字人文也成为中国跨领域、交叉学科和人文社科发展的研究热点。为积极引导高校开设国家战略和区域发展急需的相关专业，中国教育部2023年4月公布的21种本科新增专业之中就有数字人文。中国人民大学信息资源管理学院数字人文专业的培养目标是：培养了解人文领域，掌握数字记忆理念、数字人文理论、人文数据构建与可视化、数字人文应用技术等方面知识、技能和方法，能够服务国家和社会重大战略需求的高级数字人文人才。

---

[1] FUCHS C. Digital humanism: a philosophy for 21st century digital society [M]. Bingley: Emerald, 2022.

数字人文主义针对的是数字社会。近期，互联网行业增长放缓并趋近于传统行业。这个态势如何影响社会、影响传播，学者如何理解和分析这种态势，是未来研究的重要方向。

三、局势：全球性趋势开创的逻辑起点

单一事件都是突发的，但其却受到所处局势（situation）的型塑和引导。当前全球的五大趋势成为影响全球局势的逻辑起点。

一是北美、西欧、东亚之间，因经济体量和军事实力消长的影响出现全球性的权力转移与平衡。自1500年到冷战时期，在外部层面，西方通过欺诈、征服和掠夺，创造了前所未有的优越的物质生活。但这种优越的格局缺乏正义，既非历史的必然，亦非历史的常态。面向21世纪非西方国家崛起导致的权力转移、财富分散和制度重构，西方国家已无法仅依靠对高科技或既有全球地位的垄断来赚取高利润、维持高福利。二是互联网快速发展、连接扩散和经济不公平导致的全球政治觉醒与抗争。三是作为全球新边疆的互联网日益普及化。在传统媒体时代，普通民众多数情况下只是乌合之众，但社交媒体改变了这一切。四是人类的频繁接触与互动以及经济粗放型增长导致的全球性问题，包括传染病、毒品和气候变暖等。五是因人类科技创新而形成的如深海、极地、外太空和网络空间等全球新边疆。

以上五大趋势导致传统全球化动力的失调，并引发全球体系的急剧变动和高度不确定。在大格局和大趋势的影响下，新的动能正在酝酿之中。传播作为当前世界结构形成和变迁的核心要素，在其中扮演着关键角色。在此背景下，全球新闻传播呈现出不同的样态，全球信息地缘政治也在发生显著变化。传播技术与传播方式的变迁会在这些全球趋势规定的舞台中"跳舞"，甚至将现实关系投射进网络空间。《数据殖民主义：反思大数据与当代主体的关系》（*Data Colonialism: Rethinking Big Data's Relation to the Contemporary Subject*）[①] 一文认为，数据关系将日常生活自然地转换成数据流，基于连续追踪，为社会歧视和行为影响提供前所未有的条件，创造了一个新的社会秩序。这实际上是通过数据殖民使人类的生活无限资本化。将全球趋势与传播态势进行结合，学者可以在确定的研究框架和边界条件下，推动研究议程和设计朝着更加互动、系统的方向演变。

---

① COULDRY N, MEJIAS U A. Data colonialism: rethinking big data's relation to the contemporary subject [J]. Television & new media, 2019（4）：336-349.

（一）权力变迁与聚焦中国

长期以来，西方国家与中国的关系随时间而不断变化。

作为西方社会的"他者"，中国在近几年的西方传播学术圈受到了大量的关注。但对于中国经济和政治趋势如何在西方媒体所表述的中国形象中得到体现，目前尚缺乏相关的纵向研究[①]。《从合作伙伴到竞争对手：2000年至2019年德国平面媒体对中国报道框架的变化》(*From Partner to Rival: Changes in Media Frames of China in German Print Coverage Between* 2000 *and* 2019)[②]一文对德国传统媒体2000—2019年关于中国的报道进行了研究。结果显示，以2016—2017年为界，之前中国被描述为一个有价值的经济伙伴，此后则是竞争框架开始占主导地位；这一转变是伴随着媒体关注度的大幅提升而产生的。

《"新军备竞赛"？在人工智能新闻报道中塑造中国和美国的形象：〈华盛顿邮报〉与〈南华早报〉的比较分析》(*A 'New Arms Race'? Framing China and the U.S.A. in A.I. News Reporting: A Comparative Analysis of the Washington Post and South China Morning Post*)[③]一文研究了《华盛顿邮报》和《南华早报》两个主流新闻媒体如何描述中国与美国在人工智能创新方面领导地位的竞争。结果显示，两家媒体在对人工智能的潜力和多功能性的看法上有相似之处，但对风险和冲突的描述上有明显的文化差异：《华盛顿邮报》对人工智能的批评更多；但《南华早报》将该技术定义为经济增长和全球影响力的驱动力。该文为理论媒介化、技术趋势、文化差异和国际政治之间的关系研究提供了一个起点。

随着经济的发展，中国与非西方地区的联系已经非常紧密，这遭到了西方政治圈的妖魔化，类似"新殖民主义"和"债务陷阱"等抹黑行为非常频繁。对此，学术界也多有研究。

《美国和中国媒体在非洲扩张中的新闻叙事：讲述非洲新闻故事的意义》(*Journalistic Narratives amid the US and Chinese media expansion in Africa: What it Means to Tell an African Journalistic Story*)一文的摘要显示："随着拜登政府致力于重

[①] 所谓纵向研究，是针对一个对象进行反复检查，以检测一段时间内可能发生的任何变化。纵向研究是一种相关研究，研究人员在其中观察和收集一些变量数据，而不试图影响这些变量。

[②] HUFNAGEL L M, VON NORDHEIM G, MÜLLER H. From partner to rival：changes in media frames of China in German print coverage between 2000 and 2019［J］. International communication gazette, 2022（5）：1.

[③] NGUYEN D, HEKMAN E. A 'new arms race'? Framing China and the U.S.A. in A.I. news reporting：a comparative analysis of the Washington Post and South China Morning Post［J］. Global media and China, 2022（1）：58–77.

新制定针对非洲和中国的政策和战略，非洲记者是否有机会在三边关系中讲述非洲叙事的问题变得更加明显。本研究探讨了非洲新闻范式建设性地报道非洲意味着什么。尽管面临压倒性的挑战，如果非洲媒体严肃地质疑其新闻教育系统；侧重于深入报告而不是追求效率和便利，以及重视本地化内容，那么非洲媒体就可以讲述非洲叙事。"

近年来，中国和美国之间的贸易摩擦不仅成为全球经济关系中最重要的危机之一，也是国际政治议程中最重要的危机。由于中国和美国之间贸易流的重要性，贸易摩擦也涉及不同国家。因此，作为世界主要大国之一的俄罗斯也受到这场贸易摩擦的影响，并试图对双方发展自己的政策和经济关系。《战争新闻还是和平新闻？俄罗斯媒体对中美贸易摩擦的报道研究》(*War or Peace Journalism? Study of Media Coverage by Russian Media Outlets of the Trade War Between China and the USA*)[1]一文在内容分析的基础上，分析俄罗斯媒体对中美贸易摩擦的报道，并将目前俄罗斯媒体中存在的结构性差异暗示为战争与和平新闻范式。

不过，赵月枝教授认为，我们需要超越那些主要关注国家间权力平衡变化的主导性"权力转移"话语。因为这一视角忽视了权力在全球劳工与跨国资本间的转移态势，也忽视了社交媒体在社会动员中的作用。后者的突出表现标志着权力从固化的体制结构向网络化的个体和大众转移的可能性[2]。需要指出的是，这些有关全球权力转移的不同主张并不是互相排斥的，相反，它们以非常复杂的方式紧密相连，并通过多层面影响权力态势在不同国家和阶级之间的平衡。

为此，学术界要批判性地分析全球传播的新老问题，包括：对传播与全球权力转移的历史研究和理论探讨；全球传播结构的持续性与新变化，尤其是发展中国家之间的传播与文化流动；现有国际组织、"金砖国家"、其他新兴区域性组织及大大小小的单一国家在重新阐述全球传播权力平衡问题上的角色；在全球经济危机和由此引发的社会阶级关系重构中，媒体、信息和文化产业所扮演的角色；有关"数字劳工权力"(Digital Labor Power)的论争，以及劳工抗争和阶级意识形成的新特点；对新自由主义时代通过传播科技促进发展的理论和实践的批判性评估，以及有关"发展"路径的理论和实践创新；社会运动、大众传播实践与文化赋权；在生态和社会可持续发展方面传播研究存在的局限、挑战和机遇等。

---

[1] TUZOV V. War or peace journalism? study of media coverage by Russian media outlets of the trade war between China and the USA [J]. Central European journal of communication. 2021 (14): 217-236.
[2] 赵月枝，姬德强. 传播与全球话语权力转移 [M]. 北京：世界知识出版社，2019：52-54.

（二）网络空间与全球新边疆

当前，以大数据、算法和人工智能为核心的第四次工业革命叠加大国竞争导致的不进则退的紧迫感，助推各主要大国纷纷加速探索包括网络空间、人工智能、极地、近地轨道、月球和火星等在内的新边疆。其中，网络空间最为热门。网络攻防日渐成为和平年代最重要的高科技战场。

作为全球域的信息环境，网络空间由相互依赖的信息系统基础设施网络组成，包括互联网、电信网络、计算机系统及嵌入式处理器和控制器等。2009 年伊朗大选期间，西方在网上散播谣言导致其国内冲突，但这也只是利用网络进行舆论战、心理战的沧海一粟；2010 年被揭露出的"震网"病毒袭击伊朗核设施，则标志着军事、通信及民用网络系统相关的安全革命。有人说："这由不停运动着的 0 和 1 组成的庞大数字河流，已经成了军队纵横驰骋的又一块新大陆。"

1. 信息战：从宣传到虚假信息

近年来，媒体领域和全世界的媒体消费者都对包括"假新闻""错误信息""虚假信息""媒体操纵""协调的不真实行为"等在内的一系列媒体类型感到厌恶。事实上，鉴于大量的媒体关注、大量的学术研究和前所未有的资金支持，这个领域已成为当前的热门。

从定义来看，虚假信息包括所有形式的虚假、不准确或误导性的信息，这些信息的设计、呈现和推广是为了故意造成公众伤害或获取利益。[①] 这个定义结合了三个关键标准：欺骗、潜在的伤害及伤害的意图。因此，它排除了可能在传播者不知情的情况下造成伤害的欺骗性信息（错误信息）和旨在伤害他人的非欺骗性信息（基于种族认同的诽谤）。根据这一定义，虚假信息是信息战运动中的弹药，是旨在制服对手而不是与他们讲道理的非致命武器。鉴于虚假信息对健康的社会实践构成的威胁，对于学界人士而言，采取反对虚假信息的规范性立场是必要的。

2017 年之前，虚假信息似乎并不是社会科学研究的重点。相比之下，对宣传的研究在传播研究中有着悠久的历史，它的起源可以追溯到宣传分析研究所（IPA）。该组织在 1937—1942 年运作，帮助公众了解并批判性地分析其成员所谓的"公众

---

① High Level Expert Group on Fake News and Disinformation. A multi-dimensional approach to disinformation: report of the independent high level group on fake news and online disinformation. European Commission. Retrieved [EB/OL].［2023-11-27］. https://ec.europa.eu/digital-single-market/en/news/final-report-high-level-expert-group-fake-news-and-online-disinformation.

舆论的扭曲"。2016 年，大众和学术界对错误信息（Misinformation）的兴趣浓厚。这个概念比虚假信息更容易研究，因为不需要发现恶意，只要是错误的和有潜在危害的信息，就可以称为错误信息。这个概念最早是由对记忆形成的影响感兴趣的认知心理学家提出的。①

2. 深度伪造

人工智能现在能够大规模创建所谓的深度伪造（Deepfakes，也译作深度造假），如与真实视频非常相似的合成视频。2022 年 7 月 6 日，美国兰德公司发布《人工智能、深度造假与虚假信息》②的报告，提出人工智能等驱动技术可以生产深度伪造视频、语音克隆、深度伪造图像和生成文本等虚假信息。深度伪造视频的图像多数通过生成对抗网络（GAN）生成，GAN 由一个从随机噪声生成图像的生成器和一个判断输入图像是真实的还是由生成器生成的鉴别器组成。语音克隆涵盖各种在线和电话应用程序。深度伪造图像最常见的形式是伪造头像照片，这些图像可以通过某些网站轻松访问，如生成照片，允许用户快速轻松地构建假头像。而通过使用自然语言计算机模型，人工智能可以轻松生成文本。像这样的文本生成程序可能会被对手用来大规模制作基于文本的宣传，还可以采用类似于弹幕干扰的策略大量制作关于特定主题的假新闻，也适用于在电子战中用噪声使雷达系统失明。

深度伪造不仅会影响社会，还会影响国家安全，如操纵选举、加剧社会分裂、降低群众对机构和当局的信任、破坏新闻业和可信赖的信息来源。深度伪造没有被大规模使用的原因如下：深度伪造的潜在威胁未知；高质量视频的制作需要专业的技术；制作时间长，深度伪造视频需要大量的训练数据；定制的生成模型可以阻止深度伪造内容；深度伪造视频能够被成功检测。

《深度伪造和虚假信息：探索合成政治视频对新闻中的欺骗、不确定性和信任的影响》（*Deepfakes and Disinformation: Exploring the Impact of Synthetic Political Video on Deception, Uncertainty, and Trust in News*）③一文结合关于视觉传达力量的理论及不确定性在破坏公共话语信任方面所起的作用，解释了深度伪造对在线虚假信息的可能贡献。该研究发现，人们更有可能感到不确定，而不是被深度伪造所误导，但

---

① FREELON D, WELLS C. Disinformation as political communication [J]. Political communication, 2020 (2): 145-156.
② HELMUS T C. Artificial intelligence, deepfakes, and disinformation: a primer [EB/OL]. [2023-10-20]. https://www.rand.org/pubs/perspectives/PEA1043-1.html.
③ VACCARI C, CHADWICK A. Deepfakes and disinformation: exploring the impact of synthetic political video on deception, uncertainty, and trust in news [J]. Social Media + Society, 2020 (1): 1-13.

由此产生的不确定性反过来又降低了人们对社交媒体新闻的信任。该研究的结论是，深度伪造可能会导致普遍的不确定性和愤世嫉俗，进一步加剧在线公民文化的最新挑战。

3. 网络成瘾与数字排毒

网络成瘾症（Internet Addiction Disorder, IAD），亦作不当网络使用（Problematic Internet Use）或病态网络使用（Pathological Internet Use），简称"网瘾"，泛指对于互联网的过度使用，以致影响日常生活。网络成瘾问题随着网络的普及日益严重。研究表明，青少年（12—17岁）和成年初期（18—29岁）群体相比于其他年龄群体，上网更加普遍，与此同时成瘾的风险也更大。

《马来西亚不同层面的网络成瘾对主观幸福感的影响：不同种族群体的比较》(*Influence of Different Facets of Internet Addiction on Subjective Well-being in Malaysia: A Comparison Across Ethnic Groups*)[1]一文指出，尽管人们越来越意识到网络成瘾正在成为一个重要的公共卫生问题，但关于网络成瘾的多个方面与幸福感的人文概念的关系——特别是迪纳的三个主观幸福感维度（生活满意度、积极情感和消极情感）在各民族群体中的关系——的研究有限。为此，该研究旨在调查马来西亚人的网络成瘾的不同方面与三个主观幸福感维度之间的关系。该研究还试图调查这种关系是否在不同的种族群体中具有同等的作用。马来西亚人（n=400，66.5%为女性；年龄为M=24.52，SD=5.7）完成了生活满意度量表和PANAS。结构方程模型被用来研究这些关联。结果显示，网络成瘾的六个方面——情绪改变、控制力受损、冲突、先入为主、容忍和退缩，几乎是所有量表中主观幸福感降低的重要预测因素。不等式分析也表明，在这些主观幸福感的预测因素中，存在着一些明显的种族差异。这些发现强调了努力减少网络成瘾的各种症状以减轻其对马来西亚各民族主观幸福感的负面影响的重要性。

网络成瘾的一个应对之策就是数字排毒。数字排毒（Digital Detox）是指一个人不使用智能手机、电视、电脑等数字设备的一段时间。对数字设备的"排毒"通常被视为一种不受干扰地专注于现实社会互动的方式。通过放弃数字设备（至少暂时放弃），人们可以释放来自持续不断连接的压力。

智能手机的使用，如在社交网站或即时通信中的使用，会损害人们的幸福感，

---

[1] OMAR S, ZAREMOHZZABIEH Z, SAMAH A, et al. Influence of different facets of Internet addiction on subjective well-being in Malaysia: a comparison across ethnic groups [J]. Jurnal komunikasi: Malaysian journal of communication, 2020 (36): 196-211.

并与一些临床表现（如抑郁症）有关。数字排毒干预已被建议作为一种解决方案，以减少使用智能手机对幸福感或社会关系等结果的负面影响。然而，目前仍不清楚数字排毒干预措施是否能有效促进数字时代的健康生活方式。《数字排毒：智能手机时代的有效解决方案？系统性文献综述》(Digital Detox: An Effective Solution in the Smartphone Era? A Systematic Literature Review)[1]一文进行了系统性的文献综述，以回答数字排毒干预措施是否能有效改善健康和福祉、社会关系、自我控制或表现等结果。作者根据 PRISMA 指南对 7 个数据库进行了系统性检索，并提取了智能手机使用研究和与智能手机相关的社交网站、即时通信的暂停的干预研究。该综述产生了 k=21 项提取的研究（总人数 =3,625 人），这些研究包括现场的干预措施，其中 12 项被确定为随机对照试验。结果显示，数字排毒干预措施对健康和福祉、社会关系、自我控制或表现的影响在不同研究中有所不同。例如，一些研究发现了积极的干预效果，而另一些研究则发现没有效果，甚至对健康有消极影响。

《数字排毒：媒体抵制与真实性承诺》(Digital Detox: Media Resistance and the Promise of Authenticity)[2]一文讨论了推荐数字排毒的研究。数字排毒代表了媒体抵制和抵制新通信技术以及不使用媒体的悠久传统，但其倡导平衡和意识而不是永久断开连接。该文通过对 20 篇促进数字排毒的文章的分析，讨论了如何定义数字媒体的问题及处理这些问题的建议策略。该分析围绕材料中出现的三个主题构建：对时间过载和 24/7 连接性的描述、空间入侵和与"现实生活"失去联系的体验及对身心损害的描述。该文认为数字排毒研究阐明了一个自我调节社会的兴起，在这个社会中，个人要承担平衡风险和压力的责任，以及代表一种真实性和怀旧的商品化形式。

4. 虚假信息及核查

当今时代，信息环境最根本的变化之一是传播越来越缺乏真实性。比如，有关食品安全的错误信息已成为目前一个严重的问题。《假新闻还是坏消息？建立错误信息传播的情绪驱动认知失调模型》(Fake News or Bad News? Toward an Emotion-driven Cognitive Dissonance Model of Misinformation Diffusion)[3]一文，探讨了影响食

---

[1] RADTKE T, APEL T, SCHENKEL K, et al. Digital detox: an effective solution in the smartphone era? a systematic literature review [J]. Mobile media & communication, 2020 (2): 190-215.
[2] SYVERTSEN T, ENLI G. Digital detox: media resistance and the promise of authenticity [J]. Convergence: the international journal of research into new media technologies, 2019 (5): 1269-1283.
[3] WANG R, HE Y, XU J. Fake news or bad news? toward an emotion-driven cognitive dissonance model of misinformation diffusion [J]. Asian journal of communication, 2020 (5): 317-342.

品安全错误信息获取和传播的认知、情感和环境因素。基于中国互联网用户的全国样本，研究发现：（1）社交媒体是食品安全错误信息的主要来源，而接触网络新闻会降低错误信息的水平；（2）互联网自我效能降低了错误信息的水平，但也促进了信息的传播；（3）掌握较多错误信息的个人在网上较频繁地传播食品安全错误信息；（4）负面情绪介导了错误信息，加深了信息扩散的程度；（5）不信任程度缓和了负面情绪的中介作用，其中错误信息只会在高度信任食品安全的人群中引发负面情绪。据此，该文提出了一种错误信息传播的情绪驱动认知失调模型。

为了探讨虚假信息愈演愈烈这一令人担忧的现象，《高选择率媒体环境中的错误信息和极化：政治事实核查者的效果如何？》（*Misinformation and Polarization in a High-Choice Media Environment: How Effective Are Political Fact-Checkers?*）[1] 通过整合三种理论方法来研究政治错误信息的影响：（1）错误信息；（2）极化；（3）选择性曝光。这篇文章研究了事实核查者在碎片化的媒体环境中诋毁极化错误信息的作用。研究依靠两个实验（N=1,117），改变了对态度一致或不一致的政治新闻的接触，以及后续的事实核查文章对该信息的驳斥。参与者要么被迫看，要么自由选择一个事实核查者。结果显示，事实核查者是成功的，因为他们降低了对态度一致的政治错误信息的认同，可以根据问题克服政治极化。结果也支持现有的关于确认偏见的研究，当事实核查者确认先前的态度时，他们最有可能被选中，而当他们不一致时，则会被避免。选择或避免事实核查者的自由对政治信仰没有影响。

《不对称调整：党派之争与纠正Facebook上的错误信息》（*Asymmetric Adjustment: Partisanship and Correcting Misinformation on Facebook*）[2] 一文在两项研究中，测试了Facebook打击错误信息的两项尝试：将错误信息标记为有争议或虚假，并将事实核查作为相关文章。论文称："我们基于动机推理的两步模型提出假设，该模型提供了有关如何纠正错误信息的见解。对于研究1（n=1,262）和研究2（n=1,586），我们创建了一个由五篇不同文章组成的模拟Facebook新闻提要：四篇是真实的新闻报道，第五篇是错误信息。这两项研究对以下内容进行了测试：（1）错误信息未经纠正的影响；（2）Facebook对其平台的改变；（3）我们理论上的替代

---

[1] HAMELEERS M, VAN DER MEER T G L A. Misinformation and polarization in a high-choice media environment: how effective are political fact-checkers？[J]. Communication research, 2020（2）：227-250.
[2] JENNINGS J, STROUD N J. Asymmetric adjustment: partisanship and correcting misinformation on Facebook[J]. New media & society, 2023（7）：1501-1521.

方案可能更有效。这些发现与动机推理的两步模型一致,为错误信息的信念提供了对称方效应的证据。在这两项研究中,我们都发现了对事实核查的反应存在党派差异。相关证据表明,我们对 Facebook 纠正错误信息的尝试的改进减少了党派之间的分歧。

5. 群体极化

互联网导致群体极化的研究显示,有共同诉求的人在互联网上很容易为某项核心关注发声,甚至在线下采取行动。这种新型的"政治觉醒"展示的力量聚合,但因为黏合性较低,其对社会的影响力有多大尚需要观察。《"我看见你,我相信你,我和你站在一起":#MeToo 和网络女权能见度的表现》(*"I SEE YOU, I BELIEVE YOU, I STAND WITH YOU":#MeToo and the Performance of Networked Feminist Visibility*)[①]一文认为,利用社交媒体的话题标签来组织帖子的网络行动主义,可以吸引公众对某项事业的参与性,进而通过同理心创造"赋权"。不过,能否通过标签来引起"真正的"的社会变革仍是有争议的。

(三)气候变化与全球问题

气候变化是全人类的共同挑战。透过科学家、公益组织、政治家的呼吁和新闻媒体的广泛报道,人们逐渐形成如下共识:人类自工业革命以来在地球上越来越广泛地活动,使大气中的温室气体浓度大幅提升,是全球气温持续上升的主因;如果全球变暖趋势无法得到有效缓解,那么很有可能导致全球降雨量重新分配、冰川和冻土消融、海平面上升等现象,最终的结果是既破坏了现有自然生态系统的平衡,也会威胁到人类的食物供应和居住环境。

不过,不同的人对于全球气候变暖原因、程度和应对策略的认知是不同的,甚至有不少人根本不认同气候变化的说法,斥之为阴谋。很多阴谋论者认为,"全球变暖"是一个骗局,关于气候变化的主流说法是夸大的、不真实的;或者认为,至少"全球变暖"不是人为引起的,自然因素才是主要的,"碳减排"有不可告人的阴谋——联合国和科学家们在欺骗大众。这令国外不少民众根本不相信人类导致气候变化,更不理解减排的急迫性。

对此,首先需要进行科学的宣传。比如,2021 年诺贝尔物理学奖一半授予了真锅淑郎和克劳斯·哈塞尔曼,以表彰其对地球气候的物理建模、量化可变性和可靠

---

① CLARK-PARSONS R. "I SEE YOU, I BELIEVE YOU, I STAND WITH YOU": #MeToo and the performance of networked feminist visibility [J]. Feminist media studies, 2021 (3): 362-380.

地预测全球变暖的重要贡献。

其次需要进一步传播气候变化的相关知识、理念和事实。要联合全球各类型主体以共建公平合理、合作共赢的全球气候治理体系，助力《巴黎协定》行稳致远，离不开传播及传播学贡献智慧和力量。气候传播的根本目的在于，通过对气候变化及其所引发的相关问题的宣传报道，使更多的公众能够了解气候变化的状况及危害，增强其关于气候变化的危机意识，进而吸引他们投身节能减排、低碳生活、减缓气候变化的行动之中。

2010年4月，中国人民大学新闻与社会发展研究中心和国际扶贫与发展机构乐施会共同成立中国气候传播项目中心。同年5月16日，该中心举办"气候·传播·互动·共赢——后哥本哈根时代政府、媒体、NGO的角色及影响力研讨会"，这是中国新闻传播学界首次对外正式公开使用"气候传播"的概念，是我国气候传播学术史的一个标志性事件。

对此，《阅读气候变化基本事实的心理抗拒：先验观点和政治认同的作用》(*Psychological Reactance From Reading Basic Facts on Climate Change: The Role of Prior Views and Political Identification*)[①]一文试图针对受众在气候变化问题上拒绝改变认知一事寻找解决方案，以改变气候变化怀疑论者对气候科学和政策的看法。该研究显示：强调在气候变化上的科学共识，会导致在根本上怀疑气候变化的受众的对抗反应；强调论说者的政治身份也会增加其对抗心理；对气候变化信息的反抗则会导致其他相关问题。

全球化带来了人员的全球流动，这些人员以权贵精英和乱世难民为主。全世界约有2.44亿移民，4,000万移民居住在美国。移徙是精神疾病的有效预测因素之一，在离开原籍国的过程中，这些移民面临着无数需要克服的压力源。为此，《了解在移民美国的背景下构成弹性的触发因素和沟通过程》(*Understanding the Triggers and Communicative Processes that Constitute Resilience in the Context of Migration to the United States*)[②]一文以弹性沟通理论为框架，探讨了移民经历中的弹性触发因素和过程。该文通过43位受访者揭示了三个弹性触发因素、四个弹性过程及弹性触发因素和过程之间的两个关系，与移民弹性触发方式可分为较少、更多或矛盾等类

---

① MA Y, DIXON G, HMIELOWSKI J D. Psychological reactance from reading basic facts on climate change: the role of prior views and political identification [J]. Environmental communication, 2019(1): 71-86.
② SCHARP K M, GEARY D E, WOLFE B H, et al. Understanding the triggers and communicative processes that constitute resilience in the context of migration to the United States [J]. Communication monographs, 2021(4): 395-417.

似，弹性触发过程也是紧张而复杂的；描述了组织、移民、教师和研究人员的实际应用；讨论了与移民现有特权和触发因素相关的理论含义，作为紧张关系的弹性过程及触发因素和过程之间的共生关系。

四、事件：国际政经动态塑造的经验起点

在基于历史制度主义的社会变迁与制度建构的研究中，路径依赖与作为制度平衡起点的关键节点（Critical Junctures）同样重要。关键节点是历史制度主义的重要概念，它强调在制度变迁中存在着某一关键时刻，而这一关键时刻对制度的形成和发展具有重要的甚至决定性的影响。关键节点可以定义为时间轴中相对较短的时期，在该时期内行为者的选择影响最终结果的可能性大幅提高。这一定义涉及四方面问题：一是分析单位，即对关键节点的分析应限定在某一分析单位内；二是时间跨度，即相对于其触发的路径依赖过程而言，关键节点持续的时间较短；三是微小偏差，即关键节点并不等于变化，其也可能使得制度再平衡；四是权力不对称，即关键节点处的制度选择往往是由拥有权力优势的关键行为者所作出的。

由于关键节点持续期间存在结构的流动性和高度的偶然性，反事实（Counterfactual）分析的方法对于关键节点的研究是重要而恰当的。"反事实分析"并不是一个特别老的概念，它的提出是为了解决因果问题，其基本原理在于提出一个"反事实条件"：如果没有A，那么C就不会出现。在关键节点的比较研究上，从横向方面可以分析不同的空间单元；从纵向方面可以分析同一单元中的多个关键节点，并从中确定一个具有较强解释力的关键节点。

进入21世纪第三个十年，全球秩序仍在剧烈的变革过程之中。在此过程中，关键节点所驱动产生的结果是至关重要的。2020—2022年影响至深的重大关键节点有大国关系演化和激烈的区域地缘战争等。

（一）中美贸易摩擦

近年来，中国和美国之间的贸易摩擦不仅成为全球经济关系中最重要的危机之一，也是国际政治议程中最重要的危机。作为核心国家之一的俄罗斯也受到这场贸易摩擦的影响，并试图对双方发展自己的政策和经济关系。

《战争新闻还是和平新闻？俄罗斯媒体对中美贸易战的报道研究》（*War or Peace Journalism? Study of Media Coverage by Russian Media Outlets of the Trade War*

Between China and the USA）① 一文在内容分析的基础上分析了俄罗斯媒体对中美贸易战的报道，并将目前俄罗斯媒体体系中存在的结构性差异暗示为战争与和平新闻范式。关于"战争与和平新闻范式"，《战争与和平新闻范式评述》（A Review on War and Peace Journalism Paradigm）② 一文认为这是一个研究媒体在冲突报道中的行为的有效模型。这个由一系列维度组成的用来分析新闻报道的范式表明，媒体更多地使用战争新闻会使冲突升级，而媒体更多地使用和平新闻会减少冲突。约翰·加尔通的文章《论媒体在世界安全与和平中的作用》《高路，低路：描绘和平新闻的方向》认为，战争新闻与和平新闻在报道战争和冲突的新闻时是两个相互竞争的框架：战争记者对冲突的报道是反应性的，宣传暴力、胜利和精英主义取向；相反，和平记者主动报道冲突的原因和解决方案，通过负责任的、有同情心的新闻报道，让各方都有发言权。

战略框架的研究通常以西方国内政治的新闻报道为背景。《国际舞台上的战略框架：中美贸易摩擦报道的跨国比较内容分析》（Strategy Framing in the International Arena: A Cross-national Comparative Content Analysis on the China-US Trade Conflict Coverage）③ 将其应用范围扩大到关于中美贸易摩擦的新闻报道，从而为战略框架的研究增加了一个国际层面。通过对中国、美国、新加坡和爱尔兰的新闻报道进行人工内容分析（2013年1月—2020年1月；n=1,872），有关学者研究了媒体的独立性、冲突参与度及危机阶段是否会影响问题框架和战略框架的运用。对于多党执政的国家而言，它们在冲突中的参与度越高，战略框架在其贸易冲突的报道中就越突出；对于一党执政的体制而言，情况则正好相反。将国家视为竞争者的战略框架比关注个别政治家的子框架更普遍。国家与个人层面的战略框架的存在对于直接卷入的国家比间接卷入的国家更加平衡，因为来自直接卷入的国家的新闻对政治家的个人战略给予的空间相对更大。

《新闻中法律的非政治化：英国广播公司关于美国对中国使用治外法权或"长臂"法的报道》（The Depoliticization of Law in the News: BBC Reporting on US Use of

---

① TUZOV V. War or peace journalism? study of media coverage by Russian media outlets of the trade war between China and the USA［J］. Central European journal of communication, 2021（14）: 217-236.
② WANG Y. A review on war and peace journalism paradigm［C］//Proceedings of the 2021 International Conference on Social Development and Media Communication, 2021.
③ LIU S, BOUKES M, SWERT K. Strategy framing in the international arena: a cross-national comparative content analysis on the China-US trade conflict coverage［J］. Journalism, 2023（5）: 1-23.

Extraterritorial or "Long-arm" Law Against China)①一文，探讨了公共国家媒体英国广播公司（BBC）如何报道具有高度政治性质的国际法律案件。案件是美国诉华为/孟晚舟，美国指控中国科技公司华为存在欺诈行为，导致全球汇丰银行违反美国对伊朗的制裁。这些指控是由美国使用所谓的"域外法律"提出的，虽然世界各国政府拒绝将其作为法律，但其实质上由美国等经济大国控制。该文表明，虽然BBC提供了许多法律程序的细节，但美国用来对国际公司和银行提出刑事指控的法律的实际性质既没有被考虑也没有受到质疑。

（二）数字媒体的政治动员

在过去30年中，代议制国家的政治环境发生了一些越来越明显的变化，并且逐步改变传统选举和非常规政治参与的条件。在这些变化中，最突出的是媒体在政治中的作用越来越大及政党对选民的控制在下降。②面对这些变化，通过理论上的推进和实证上的检验，探究社交媒体对政治观点和政治态度变化的影响的研究越来越多：数字社交媒体和假新闻暴露与社交媒体中的政治讨论和政治说服有密切联系。③数字社交媒体是指通过计算机网络交流数据的媒体，允许以各种形式进行一对一、一对多和多对多的交流，包括人们用于分享、交流信息的网站，如Facebook、Twitter、YouTube和Instagram。④

伴随从传统新闻媒体向社交媒体的迁移，了解公民从哪些来源关注政治和时事变得越来越重要。《从社交媒体学习政治新闻：网络媒体逻辑与高选择性媒体环境中的时事新闻学习》（*Learning Political News From Social Media: Network Media Logic and Current Affairs News Learning in a High-Choice Media Environment*）⑤一文研究了选举环境和非选举环境下的媒体逻辑，显示在政治和时事学习方面，人们使用传统新闻媒体和在线新闻网站较社交媒体可获得更积极的学习效果；使用

---

① CHENG L, ZHU X, MACHIN D. The depoliticization of law in the news: BBC reporting on US use of extraterritorial or "long-arm" law against China [J]. Critical discourse studies, 2023（3）: 306-319.
② KRIESI H. Political mobilisation, political participation and the power of the vote [J]. West European politics, 2008（1-2）: 147-168.
③ GIL DE ZÚÑIGA H, GONZÁLEZ-GONZÁLEZ P, GOYANES M. Pathways to political persuasion: linking online, social media, and fake news with political attitude change through political discussion [J]. American behavioral scientist, 2022（3）: 1.
④ GORDO A. Digital media [M] //COOK D T. The SAGE encyclopedia of children and childhood studies. London: Sage UK, 2020.
⑤ SHEHATA A, STRÖMBÄCK J. Learning political news from social media: network media logic and current affairs news learning in a high-choice media environment [J]. Communication research, 2021（1）: 125-147.

社交媒体关注有关政治和时事的新闻并不能弥补不使用传统新闻媒体而缺少的多样化和广泛的一般政治新闻。当然，政治动员既包括鼓励也包括制止，制止即劝阻人们参加某项政治活动。《社交媒体上的动员与复员论述》(Mobilization vs. Demobilization Discourses on Social Media)[①]一文认为，学术界虽然一直关注社交媒体的潜在动员功能，但社交媒体所具有的倾向于抵制参与、削弱积极性的话语也不能忽视。对 Twitter 上不同语言结构的内容进行的混合分析显示：动员和抵制话语在同一选举活动中同时发生；不同社会和政治身份的不同语言用户，以相反的方式解释选举并对政治参与产生切实影响。

然而，在社交媒体与政治动员的互动关系领域，研究远不止于此。

1. 利用账号操纵数据

社交媒体促进了全球互联互通，但也产生了数据操纵。2020 年 1 月，此前已经因为数据操纵丑闻关门的英国数据公司剑桥分析（Cambridge Analytica）超过 10 万份与 68 个国家和地区业务相关的文件被陆续公布，揭露了该公司的内部运作情况，揭露了一个以"工业规模"操纵选民行为的数据操纵模式。

主要在美国运作的剑桥分析公司成立于 2013 年。该公司对外宣称其主要业务是向政治和企业客户提供消费者研究、分众广告投放和其他数据类服务。该公司的运营模式主要是把微定向和心理学结合起来，精心分析选民的数据，预测选民动向，为"金主"赢得选举。虽然该公司于 2018 年在被披露盗用 8,700 万 Facebook 用户个人资料后宣布倒闭，但正如英国军情六处俄罗斯部门前负责人、《斯蒂尔档案》背后的情报专家克里斯托弗·斯蒂尔（Christopher Steele）所说："西方国家政府未能惩罚那些操纵社交和其他媒体的人，结果将是，尽管剑桥分析公司可能被曝光并最终关闭，但其他更老练的类似行为者将有勇气继续干预我们的选举，并播下社会分裂的种子。"

与有关社交媒体与政治学习关系的研究仍在不断产生。《Facebook 好友网络的异质性有助于政治学习：来自 2016 年美国总统竞选期间小组调查的证据》(Heterogeneity of Facebook Friend Network Facilitates Political Learning: Evidence from a Panel Survey During the 2016 US Presidential Campaign)[②]一文利用 2016 年美国总

[①] KLIGLER-VILENCHIK N, DE VRIES KEDEM M, MAIER D, et al. Mobilization vs. demobilization discourses on social media [J]. Political communication, 2021（5）: 561-580.

[②] KIM M, LU Y, LEE J K. Heterogeneity of Facebook friend network facilitates political learning: evidence from a panel survey during the 2016 US presidential campaign [J]. Communication monographs, 2021（4）: 463-482.

统大选期间收集的原始小组调查数据（两波），采用了政治学习的能力—机会—动机模型来测试 Facebook 平台如何维护公民的知情权。这项研究的结果有助于更好地了解 Facebook 的民主功能，以及它如何在选举季促使公民进行政治学习。

近年来，美国日益增长的政治极化与民众日常生活的关系受到关注。《有什么不喜欢的？ Facebook 页面赞显示生活方式偏好的极化有限》（*What's Not to Like? Facebook Page Likes Reveal Limited Polarization in Lifestyle Preferences*）[①] 一文，将针对 1,200 多名受访者的调查和 Facebook 的"点赞"数据相结合，分析日常生活领域的极化程度。该文发现，极化存在于与政治有一定关系的页面类别中，如意见领袖、党派新闻来源及与身份和宗教有关的话题，在包括体育、食品和音乐等其他领域，则大多不明显；而在个人层面，对政治新闻兴趣较大且有较强意识形态倾向的人，更倾向于"点赞"不同类别的意识形态同质化网页。

数字信息通信技术的兴起，对于国家如何通过数据流动的域外地理环境在其领土边界之外行使强制力有重大影响。《地缘政治：管辖权和监视》（*Geopolitics, Jurisdiction and Surveillance*）[②] 系列文章通过研究数据的地缘政治、跨国监视和管辖权，对全球互联网治理提供了理论依据。它展示了互联网如何成为地缘政治斗争的论坛：民族国家直接在其边界之外，通过跨国技术公司拥有和运营的基础设施及数据，将管辖权变成武器并施加权力。这些动态挑战了国际关系、犯罪学和数字媒体领域的法律概念、理论和范畴。

2. 在线政治传播

在西方，随着时间的推移，人们参与政治的方式发生了巨大的变化，越来越多的人选择了更具表现力、个性化和个人化的参与形式。数字媒体使得这些新的参与形式得以实现，它同时也是动员人们参与的工具。

数字媒体可以通过传播政治信息、促成团体的形成和促进政治交谈，将跨越地理边界的公民连接到协调行动中。这些活动可能导致政治消费主义，即出于政治、道德或环境等原因而故意购买或抵制某种产品。例如，政治消费主义可能涉及避免购买童工生产的巧克力，而购买公平贸易的巧克力。这是一种重要而流行的政治参与形式，可以跨越地理边界。

《美国、英国和法国的数字媒体与政治消费主义》（*Digital Media and Political*

[①] PRAET S, GUESS A M, TUCKER J A, et al. What's not to like? Facebook page likes reveal limited polarization in lifestyle preferences [J]. Political communication, 2022 (3): 311-338.
[②] MANN M, DALY A. Geopolitics, jurisdiction and surveillance [J]. Internet policy review, 2020 (3): 1-10.

Consumerism in the United States, United Kingdom, and France)① 一文使用原始调查数据（n=9,284）来研究美国、英国、法国的数字媒体使用和政治消费主义之间的关系。在网上谈论政治，加入社交媒体上的社会团体及在网上搜索政治信息，都增加了公众对政治消费主义的参与。然而，这些正相关关系的强度因年龄、国家和政治消费主义模式的不同而有所区别。与抵制（Boycotting）相比，加入社交媒体的社会团体对"鼓励购买"（Buycotting）②的影响要大得多。这些发现意味着，与抵制运动相比，社会团体在"鼓励购买"运动的动员过程中更为突出。

在政治实践中，领导人形象是一种重要的权威和权力来源，是帮助领导人成功执政的重要加分项。《在匈牙利"真实地"维持民粹主义——对欧尔班·维克多总理 Instagram 的视觉分析》（*Authentically Maintaining Populism in Hungary – Visual Analysis of Prime Minister Orbán Viktor's Instagram*）一文对匈牙利总理欧尔班·维克多进行了研究。该文认为，欧尔班是 21 世纪初民粹主义在欧洲崛起的一个例子，在其执政的十年间，匈牙利一直是民主衰退比较严重的国家；并且在他执政的时期，政治传播开始越来越多地转移到网上，政治家们随之越来越积极地利用社交媒体来获取政治资本。在诸多的在线政治传播文献中，视频政治传播仍未得到充分研究。基于视频话语分析，该文分析了 2019 年欧尔班在 Instagram 上的 131 个视频，认为通过使用代表民族主义和阳刚之气的符号，欧尔班试图展现一个"普通人"的特征，同时通过用民族主义术语概述"我们"来传达政治家精神，以加强其政党信息、加强政治地位并实现继续执政的目的。

3. 平台型媒体的地方实践

数字平台正改变着地方社区的政治信息生产和流通的实践。《平台公民：地方信息基础设施中的 Facebook》（*Platform Civics: Facebook in the Local Information Infrastructure*）③ 一文提出了地方政治信息基础设施（local political information infrastructure）的理论概念：除了地方新闻媒体之外，在地方社区生产政治信息的行为者的范围不断扩大；网络媒体在塑造政治信息生产和流通的日常实践中发挥着作用。针对这一概念，该文对美国中西部一个中型城市的新闻和非新闻社区行为者

---

① BOULIANNE S, COPELAND L, KOC-MICHALSKA K. Digital media and political consumerism in the United States, United Kingdom, and France [J]. New media & society, 2022（4）: 1.
② 如今，一种新的政治活动模式已经出现，即抵制的反向模式：鼓励购买，即积极购买尊重某些价值或道德的产品，以便从环境和人类的角度，产生一个更公平的生产过程的运动。
③ THORSON K, MEDEIROS M, COTTER K, et al. Platform civics: Facebook in the local information infrastructure [J]. Digital journalism, 2020（10）: 1231-1257.

的 Facebook 帖子进行了计算分析，并对当地负责非营利组织、图书馆、政府和城市服务组织的传播经理进行了访谈。研究结果证明：当地新闻媒体的政治信息基础设施的中心位置越来越多地被取代，Facebook 逐渐占据了基础设施的中心位置，这些转变对社区内政治和政策信息流通产生了影响。

4. 美国的党派政治

作为美国霸权国内基础的支柱，党派政治是美国文化的特色。近些年来，共和与民主两党之间及美国政党高层和各自中下层选民之间出现了纵、横两条鸿沟，构成了美国政党政治的"十字撕裂"，并导致美国党派"极化"。美国政治中的一些新趋势由此受到学界的充分关注。

党际接触或许是情感极化的一个补救措施。《党际接触能否减少情感极化？对不同形式群体间接触的系统测试》（*Can Interparty Contact Reduce Affective Polarization? A Systematic Test of Different Forms of Intergroup Contact*）[1] 一文通过两项实验测试了党际接触削弱民主党和共和党之间敌意的过程。两项实验测试替代性接触和想象性接触对情感极化的影响。研究结果强调了党派身份和其他社会群体身份之间的差异，对群体间接触文献具有重要的理论意义。

议题竞争（Issue Competition）的理念，即政党通过吸引人们对首选议题的关注来进行竞争，在政治学中已得到充分证实。作为传播学的论文，《负面影响选民的议题考虑。政党攻击性沟通的实验研究》（*Negatively Affecting Voters' Issue Considerations. An Experimental Study of Parties' Attack Communication*）[2] 一文则研究了议题竞争是否能成功诋毁对手的议题荣誉度和正当性。基于新的实验证据，该文研究测试了攻击对手的立场、能力或对议题的承诺三种不同类型的议题攻击，对选民在立场、能力和承诺三个议题维度上对敌对政党的评价影响。研究结果表明，承诺和立场攻击会压低敌对政党在该维度上的议题评价，而能力攻击则不会；立场攻击会降低立场评价和能力评价，但会增加承诺评价；攻击的有效性在不同的议题上是不同的，政党偏好对议题攻击的影响有调节作用。

与政党分裂相应的是美国国内社会和公众之间日益严重的两极分化，造成这种现象的原因之一，是党派媒体的蛊惑与怂恿。不过，学界对于是自由派和

---

[1] WOJCIESZAK M, WARNER B R. Can interparty contact reduce affective polarization? a systematic test of different forms of intergroup contact [J]. Political communication, 2020 (6): 789-811.

[2] LEFEVERE J, SEEBERG H B, WALGRAVE S. Negatively affecting voters' issue considerations. an experimental study of parties' attack communication [J]. Political communication, 2020 (6): 812-831.

保守派媒体的较量促成了两极分化，还是保守派媒体促成了两极分化，有相当大的争议。《党派媒体效应不对称？考察保守派和自由派媒体对政治信仰的强化过程》(Asymmetry of Partisan Media Effects?: Examining the Reinforcing Process of Conservative and Liberal Media with Political Belief)[①]一文，从2016年总统大选期间美国公民对自由派和保守派媒体来源的使用，以及对三个问题（移民、执法和枪支管制）的政治信仰的全国性样本中进行了对强化螺旋模型的测试。结果发现，使用自由派和保守派媒体对政治信仰的影响相似：持有保守的政治信仰有助于形成保守派媒体的回声室，而持有自由派信仰则有助于形成自由派媒体的回声室。

5. 俄罗斯的认知影响行动

近年来，在国际层面，俄罗斯通过社交媒体平台进行的宣传和信息战行为，在对人们的认知引导与控制上有一定成效。

（1）介入美国国内政治

在美俄关系紧张时期，特别是在乌克兰危机和2016年美国总统选举之后，美俄彼此指责对方数字干预，通过发布虚假信息和假新闻进行宣传。《相互竞争的宣传：美国和俄罗斯如何表现彼此的宣传活动》(Competing Propagandas: How the United States and Russia Represent Mutual Propaganda Activities)[②]一文以美俄如何描述自己和对方为题，研究了其政策文件及公共外交媒体在线文章中的相关表述。该文认为，宣传的框架化、（去）合法化和安全化的方式，对公众的危机理解、政策反应和外交走向有重要影响。

在大国之间的信息战中，政治性草根营销（Political Astroturfing）是一种中央协调的虚假宣传运动，可将其理解为"网络水军"。参与者伪装成普通公民，试图影响选举结果和其他形式的政治行为。在没有实地真相（Ground Truth）信息的情况下评估网络水军政治干预的范围和有效性，难度很大。为此，《Twitter上的政治谣传：如何协调造谣活动》(Political Astroturfing on Twitter: How to Coordinate a Disinformation Campaign)[③]一文开发了一种方法，利用独特的经验模式来识别更多可能的营销账户，并通过分析它们的历史信息和当前状态来验证这一检测策略。

---

① HMIELOWSKI J D, HUTCHENS M J, BEAM M A. Asymmetry of partisan media effects?: examining the reinforcing process of conservative and liberal media with political beliefs [J]. Political communication, 2020 (6): 852-868.

② CHERNOBROV D, BRIANT E L. Competing propagandas: how the United States and Russia represent mutual propaganda activities [J]. Politics, 2022 (3): 393-409.

③ KELLER F B, SCHOCH D, STIER S, et al. Political astroturfing on Twitter: how to coordinate a disinformation campaign [J]. Political communication, 2020 (2): 256-280.

（2）针对乌克兰的"叙事转向"

当一国改变既定外交政策与国际战略时，会在话语层面实行"叙事转向"，如二战结束后美国针对苏联的宣传就经历了从"约瑟夫大叔"向"红色恶魔"的转向。《是什么让战略叙事变得高效：俄罗斯电子新闻平台上的乌克兰》（*What Makes Strategic Narrative Efficient: Ukraine on Russian E-news Platforms*）①一文通过俄乌案例，对国际关系中的"叙事转向"进行了研究，并对"是什么让战略叙事变得高效"这一问题作出了回答，对叙事生命周期的形成和投射阶段的方法论进行了补充。叙事中所构建形象的影响可以通过至少三种投射特性的相互作用得到加强：通过反复强调和引出内容；通过与受众的历史和文化记忆共鸣实现内容的语境化；通过叙事策略唤起参与以实现内容的言语化。欧盟在2017年允许乌克兰人在申根地区免签证旅行，这是乌克兰—欧盟关系发展的一个里程碑。该文通过分析俄罗斯发表的电子新闻平台文章，认为俄罗斯的叙事将这一事件定义为对抗性的，并认为它是俄罗斯为证明其之后对乌克兰军事攻击正当性而精心制作/使用的侵略性叙事的前奏。

2022年2月24日俄乌冲突发生后，俄罗斯政治精英和国家控制的媒体一直在宣传的反乌克兰言论进入高潮。除了指责乌克兰是一个新纳粹国家之外，亲克里姆林宫的评论员还信奉一种性别化言论，将乌克兰描述为"一个需要其兄长拯救的放荡女人"。在俄罗斯的外交政策中，性别化话语是一种习惯：自己男性化，对方女性化。《危难中的少女：数字战争中脆弱的男性气质》（*Damsels in Distress: Fragile Masculinity in Digital War*）②一文提供了一个女性化修辞的分类法，表明不同类型的性别化建构如何影响安全化进程。该文分析了2014—2016年乌克兰第一次战争期间俄罗斯社交网络的历史材料，认为性别在影响安全化进程的每个阶段中都发挥着核心作用。此外，作者展示了女性化的言论如何为当前战争的合法化铺平道路。

《通过话语使民主去政治化：用雅克·朗西埃的政治理论解读俄罗斯陷入专制和战争的过程》（*Depoliticising Democracy Through Discourse: Reading Russia's Descent into Autocracy and War with Jacques Rancière's Political Theory*）一文以雅克·朗西埃（Jacques Rancière）的政治理论为工具，以俄罗斯为例研究了话语在深

---

① CHABAN N, ZHABOTYNSKA S, KNODT M. What makes strategic narrative efficient: Ukraine on Russian e-news platforms [J]. Cooperation and conflict, 2023（4）: 419-440.

② GAUFMAN E. Damsels in distress: fragile masculinity in digital war [J]. Media, war & conflict, 2023（4）: 516-533.

化威权主义和推进战争进程中的作用。文章特别关注朗西埃的"差距概念",并提出了话语去政治化的概念。

与"叙事转向"研究相关的是国际新闻机构与政治之间的动态关系的研究。《英国广播公司(BBC)和今日俄罗斯(RT)对 2014—2015 年乌克兰冲突的新闻报道》(*News Framing of the 2014–15 Ukraine Conflict by the BBC and RT*)一文以 2014—2015 年的乌克兰冲突为案例。研究认为,软实力媒体今日俄罗斯(Russia Today,RT)用人道主义来制定新闻议程,公共资助的 BBC 则较少使用人权框架,认为俄罗斯和俄罗斯支持的分离主义分子需要对冲突负责。

《不同的节目,不同的故事:德国电视节目如何挑战政府对乌克兰危机的描述》(*Different Shows, Different Stories: How German TV Formats Challenged the Government's Framing of the Ukraine Crisis*)[①]则通过研究危机报道,调查了德国多元化电视系统是如何被信息娱乐和全球化趋势所塑造的。该文研究了不同的电视台如何构建乌克兰危机的报道框架并反对或赞同政府危机政策;通过比较 2014 年 3 月—2015 年 12 月德国政府通讯、公共服务新闻广播节目 *Tagesschau*、俄罗斯对外广播公司的新闻广播 *Der Fehlende Part*(*RT Deutsch*)和 7 个信息娱乐节目(谈话节目和讽刺节目)对乌克兰危机的报道框架,显示所有的电视节目都根据各自的格式惯例,对危机进行了大不相同的描述。在这其中,公共服务新闻广播主要反映了政府的框架,而外国节目和信息娱乐节目则对德国危机政策的合法性提出质疑。

(3)俄乌冲突中的信息武器

俄乌冲突爆发后,随着社交媒体中的讨论量激增,形成了平行于"物理战场"之外的"网络战场"。一方面,冲突双方均试图通过社交媒体来推动于己有利的叙事;另一方面,普通民众也广泛参与到战争的讨论中,分享"战况"、"围观"战争、发表自己的观点和看法等。随着以社交机器人为代表的人工智能技术的深度应用,社交媒体中的舆论操纵更加难以识别。社交机器人指在社交网络中扮演人的身份、拥有不同程度人格属性且能与人进行互动的虚拟 AI 形象。社交机器人作为网络舆论战的有力武器,在平衡战争与民意之间发挥着重要作用。

那么,在此次俄乌冲突的舆论战中,社交机器人的参与程度有多高?随着人工智能技术的发展与现代战争的升级,社交机器人应用策略是否发生新的变化?具体表现在哪些方面?在此基础上思考社交机器人干预下网络舆论与真实舆论之间的关

---

① LICHTENSTEIN D, KOERTH K. Different shows, different stories: how German TV formats challenged the government's framing of the Ukraine crisis [J]. Media, war & conflict, 2022(2): 125–145.

系，普通民众又该如何从社交媒体中获取真实信息？《标签、账号与叙事：社交机器人在俄乌冲突中的舆论干预研究》[①]一文在三方面得出结论。

第一，社交机器人舆论干预。论文通过对俄乌冲突 Twitter 讨论的相关数据集进行分析，发现社交机器人舆论干预出现了一些新的特征。首先，标签成为社交机器人行动中的重要工具。社交机器人一方面通过推动标签活动来制造舆论影响力，另一方面通过标签劫持来扭转舆论局势。其次，发挥意见领袖在社交网络中的影响力。在俄乌冲突中，意见领袖型社交机器人是社交网络中新的中心节点，其依托自身影响力，可以将信息快速扩散出去，并与网络中其他节点产生更多连接。最后，社交机器人的叙事策略存在差异。通过对两个阵营的社交机器人叙事策略进行分析发现，俄方阵营社交机器人关注和发布的内容相对单一，而乌方阵营社交机器人关注和发布的内容更加多元，但两者都试图在社交媒体中增加对自己有利且对敌方不利的叙事。

第二，网络舆论与真实舆论。俄乌冲突爆发后，普通民众在社交媒体上实时围观战争的各种细节，大量新闻故事、视频和照片涌入用户的"信息流"，用户很难分辨这些信息是来自社交机器人还是人类；加之社交机器人的干预，民众很难从社交媒体获取完全真实的信息。在一定意义上可以说，网络舆论场是一个被制造出来的空间。社交机器人等技术应用会形成支持某一观点或某一方的强势声音，民众会产生与多数意见不一样的错觉，进而保持沉默，人工智能技术制造的沉默螺旋现象会越发显现；而民众从网络舆论空间获得真实信息的难度会加大，发声的意愿也会降低。

第三，民众应如何应对社交机器人的舆论干预。随着社交机器人舆论干预的程度越来越深、策略越来越多样化，一些假新闻在网络中迅速传开，虚假标签活动被推至热搜，用户所信任的意见领袖成为被操纵的工具，普通民众该如何通过社交媒体获取真实信息？首先，加强社交机器人识别能力。在评估一个账号是否为社交机器人时，可以通过其账号基本特征、发文频率、文本特征等来判断。其次，检查信息的真实性。当普通民众通过社交媒体获取信息时，一是要扩大信息获取范围，特别是要通过受信任的新闻媒体及政府账号来检测信息的准确性；二是明确信息发布的背景；三是思考信息背后的动机。最后，除了个人的努力外，政府、平台等都需要发挥作用。政府需要针对社交机器人制定完善的应用规范，出台相应政策或法律

[①] 赵蓓，张洪忠，任吴炯，等.标签、账号与叙事：社交机器人在俄乌冲突中的舆论干预研究[J].新闻与写作，2022（9）：89-88.

确保其使用目的、程序开发、应用场景的正当性，从源头上防止社交机器人被恶意使用。社交媒体平台是社交机器人得以存在和发挥作用的基础，同时也是掌握算法和用户数据最为全面的责任主体，因此要发挥企业的社会责任，加强对异常行为账号的管理和处罚力度。

对于这些趋势、局势及事件性的报道，从理想的学术模型角度考虑，有助于公民信息通达和理性判断的形成。然而，一项对英国中下阶层的归纳定性研究表明：预期的焦虑导致了人们对新闻的回避，进而形成政治参与的障碍。这项研究认为，英国中下阶层经常获取的是很少或根本没有经过专业制作的新闻。研究结果还表明，人们对新闻引发焦虑及无法对他们有任何实际价值的刻板印象和预先认知，影响他们对新闻的态度和随后的行为。这些观点突出了新闻使用的情感层面的重要性，超出了其作为信息来源的假定价值：虽然西方的政治传播学术研究经常将新闻消费视为良好公民的基本行为，但该研究发现回避者对保持知情的感知义务持有不平衡的、弱内化的规范，对新闻会让他们产生焦虑而与他们生活无关的预期，导致对新闻的参与受限进而影响涉及公民和政治的事务。若要更加了解的社会，需要努力应对这些根深蒂固的先入为主的观念。不过，因为包括政治利益、社会化和不断变化的媒体格局等多种不容易改变的已知因素会影响新闻的使用，这使得缩小差距和更加了解社会成为一个具有挑战性的命题。①

与了解社会相关的是重大议题与错误信息的纠正问题。近年来，对错误信息及其纠正的研究激增。相关研究显示，纠正信息的后果包括起作用和无效两种情况。人们是否会纠正错误观念，与人们对一个问题的重视程度有关。这种问题重要性的主观状态具有复杂的影响，它既可以增加个人参与信息处理的动力，也可以引导他们捍卫现有的信念和观点，问题的重要性与是否纠正错误观念有关。②

针对俄乌冲突的研究发展较为迅速。《排斥的逻辑：乌克兰观众如何在冲突时期重新谈判宣传叙事》(*Logics of Exclusion: How Ukrainian Audiences Renegotiate Propagandistic Narratives in Times of Conflict*③) 一文以俄乌冲突为例，对充斥着有争议信息的当代媒体环境进行了探讨。当前，媒体充斥着相互矛盾或故意歪曲的报

---

① TOFF B, NIELSEN R K. How news feels: anticipated anxiety as a factor in news avoidance and a barrier to political engagement [J]. Political communication, 2022 (6): 697-714.
② VIDIGAL R, JERIT J. Issue importance and the correction of misinformation [J]. Political communication, 2022 (6): 715-736.
③ PASITSELSKA O. Logics of exclusion: how Ukrainian audiences renegotiate propagandistic narratives in times of conflict [J]. Political communication, 2022 (4): 475-499.

道，对其感到无法依赖的社交互动受众，开始转向值得信赖的他者来理解外部政治世界。该文以充斥着不和谐的媒体议程和意识形态叙事为特征的俄乌冲突为背景，探索公民如何对相互冲突的政治问题产生共同的理解。基于对讨论内容、群体动态、非语言线索的话语和对话分析，该文区分了询问、叙述和回避这三种互动模式，定义了受众意见形成的条件。研究结果表明，询问模式下的合作有利于深思熟虑，采用严格共识边界的叙事模式会增加极化现象[1]，而回避模式下愤世嫉俗的超然则保持混乱。

五、记者与受众：技术创新下的动态变迁

目前，新闻学研究（Journalism Studies）已成为一门典型的社会科学，其不仅包括大学院系、学术团体、学术期刊、学术会议等外部形态，还形成了一个特有的、共享的学术话语体系。新闻学研究"不再是对特定的新闻机构、人物、报道和事件的经验总结，而是在明确的问题意识指引下，运用社会科学的方法和理论对新闻业的现实进行观照"[2]。

在过去的一个世纪里，广播、电视和互联网的出现先后变革了既有媒体市场的运作模式，塑造了新的媒介环境。近年来，在从工业时代向网络时代进化的过程中，传统新闻业光环不再，行业整体呈现触底反弹的趋势，并由此引发持续的深度动荡、变革和转型。目前来看，互联网给新闻业务带来的变化体现在新闻供给端的多主体性、新闻文本样态的多样貌性、新闻传播分发路径的多业态性。与此相适应，近年来对新闻学的研究也呈现繁荣态势，并取得长足进展：对新闻业的变化、专业规范和惯例及新闻职业在社会中的作用进行了大量的理论分析，新闻业的经典传统议题研究在问题意识、理论框架上也呈现新的姿态。

2021年是数字领域发生深刻而快速变化的一年，新闻业和新闻学研究不仅要关注行业内部发展，也要关注行业以外的发展趋势，以便更好地为不断变化的时代作准备。

---

[1] 群体极化（Group Polarization）最早由社会心理学家詹姆斯·斯通纳于1961年提出。群体极化是指在群体中进行决策时，人们往往会比个人决策时更倾向于冒险或保守，向某一个极端倾斜，从而背离最佳决策。在阐述论点、进行逻辑论战时，一些成员会变得具有防御性。当他们面对挑衅时，态度会变得更为固执甚至走向极端。简言之，群体极化意味着群体成员的观点会可预见性地朝着成员们的先前倾向所指示的更极端的方向前进。
[2] 白红义. 新闻研究的"想象力"：基于中层理论建构策略的讨论 [J]. 南京社会科学，2021（1）：99-108.

（一）技能培训与规范

21 世纪初以来，伴随社会、经济和技术的全球化发展及随之而来的诸多问题，媒体的新闻编辑部门更加强调专业性。

同时，新闻编辑部面临着更深刻、更多样化的主题。这种多样化也反映在对新闻学的细分上。对此，《"X 新闻"：通过我们赋予新闻的名称探索新闻的不同含义》（'X Journalism'. Exploring Journalism's Diverse Meanings Through the Names We Give It）[①] 一文提出将"X 新闻"作为一种观察工具和概念。该观点出自一个现象：新闻业在发展过程中不断出现新术语，其中"新闻"一词与一个特定的修饰性术语组合，表明某种特殊性和新颖性。例如，"机器人新闻""跨境新闻""解决方案新闻"等。该文收集了 166 种"X 新闻"，并根据它们所指的不同方面将它们从"合众分类"（crowd-categorized）到集群进行划分，包括：一种特定的动机或报道风格（如"解决方案""绿色""党派"新闻，及经典的调查性新闻，62 例）；在新闻生产过程的不同阶段如收集或呈现使用的（新）技术或数据主导的方法（如"传感器""无人机""增强型"新闻，27 例）；专题焦点（如"政治""体育""技术"新闻，23 例）；开放参与、公众接触等方面的特殊受众关系（如"参与""千禧""公民"新闻，21 例）；基于特定类型的（传播）媒介或渠道（"印刷""电视""Facebook""Snapchat"新闻，21 例）；基于一种独特的组织形式或经济模式，即特定的资金或商业安排、新闻工作的结构或流程等（如"众筹""后工业""流程"新闻，20 例）；提及新闻业的某一特定地点、场所或强调在使用新闻时地点的重要性下降等（如"超本地""全球""移动""定位"新闻，13 例）；与时间相关的维度（如"慢新闻""实时新闻"，代指新闻生产和出版周期的速度，3 例）。

在这诸多"X 新闻"中，自动化新闻通过计算机算法自主生产新闻内容，在新闻编辑工作中日益突出，这使得许多新闻稿的生产迅速且成本低。然而，新闻读者如何看待新闻自动化对这个行业来说至关重要。由于受众无法自己核实所有事件，他们需要相信记者的叙述，这使得可信度成为新闻业的重要质量归属。反过来，可信度的判断可能会影响受众选择自动化的内容。

目前这一领域的研究很少，而且有关"联合"新闻（即自动产生的内容由记者进行补充和编撰）的研究更少，现有研究主要集中在国家样本上。《新闻编辑

[①] LOOSEN W, AHVA L, REIMER J, et al. 'X journalism'. exploring journalism's diverse meanings through the names we give it [J]. Journalism, 2022（1）: 39-58.

室中的算法？新闻读者对自动化新闻报道的可信度感知和选择》（*Algorithms in the Newsroom? News Readers' Perceived Credibility and Selection of Automated Journalism*）一文基于实验来研究欧洲新闻读者（N=300）如何看待不同形式的自动化新闻信息和来源的可信度，以及这些看法如何影响他们的选择行为。研究结果表明，受众对不同内容及来源可信度的看法在很大程度上是相等的；受众认为体育文章的自动化新闻信息比人类加工的新闻信息明显更可信；可信度问题并不会影响受众的消费选择。

计算新闻学目前在高校新闻人才培养中有着重要的地位。以雪城大学（Syracuse University）为例，其计算新闻学课程包括：视觉传播理论与实践、新闻写作和报告、高级报道和写作、新闻原则、媒体法、编程和计算基础、网络新闻与创新、计算和编程中的探索、内容管理的应用研究、运用编程的统计和概率。

数字化通过利用互联网平台及其创造新培训形式的能力，为新闻教育创新提供了新的可能性。《新闻学院之外的新闻培训》（*Journalism Training Beyond Journalism Schools*）[1] 一文介绍了如何通过实施新的新闻教育模式更好地培养学生。关于数据新闻的学习，《数据新闻》（*Data Journalism*）[2] 一文提出 4 项建议，帮助教育者调整课程，以适应数据在新闻业中的快速整合。第一，必须将计算能力和基本描述性统计的教学作为现有课程的模块或单独的课程；第二，在报道和视觉课程中，应教导学生避免在解释和撰写数据时犯错；第三，伦理学课程应该讨论数据作为一种透明的工具所带来的独特困境；第四，像计算机那样剖析和解决问题的计算思维可以被纳入现有的逻辑课程中。

不过，就新媒体和数字环境下新闻教育的新模式而言，韩国大学的路径与欧美大学的完全不同。《韩国高校新闻教育的诊断、问题和替代方案》（*Diagnosis, Problems, and Alternatives for College Journalism Education in South Korea*）一文对韩国十所大学的新闻教育项目的研究表明，韩国的新闻教育模式既不同于强调现场实践的美国模式，也不同于强调新闻业背景知识的欧洲模式。韩国"百货公司式"的新闻教育模式，注重各种媒体和传播理论，只开设了少量的新闻学课程，没有针对学生涉足该领域所需的实际技能提供系统的课程。数字媒体环境下的新闻

---

[1] MANIOU T A, STARK A, TOUWEN C J. Journalism training beyond journalism schools [J]. Journalism & mass communication educator, 2020 (1): 33–39.
[2] LEWIS N P, MCADAMS M, STALPH F. Data journalism [J]. Journalism & mass communication educator, 2020 (1): 16–21.

学相关课程和指导人员很少,新闻教育的目标在实践技能与理论上是相当抽象和模糊的。

随着数据新闻等新兴专业带来新的技能组合和工作角色,不少专业人员和新闻教育工作者发现其很难适应快速变化的行业需求。不过,在一些国家和媒体行业,这样的挑战也给新闻教育者提供了一个积极塑造行业实践轮廓的机会。《数据新闻教学:对印度新闻教育的启示》(Teaching Data Journalism: Insights for Indian Journalism Education)[1]一文通过对数据新闻教育文献的探究和对印度现有数据新闻实践的考察,呼吁采用教学策略进行干预,将数据新闻培训纳入印度新闻教育课程中,提升学生数据采购实践、编码技能和关键数据素养,以避免对普遍存在的 DIY 文化和数据聚合过度依赖。该教学策略强调数据新闻实践中以受众为中心和道德的重要性。该文认为这种方法实际上可以改变行业惯例以及印度的新闻教育质量。

新闻专业人员如何在平台媒体上协商其身份并使用媒体呢?《平台、记者及其数字自我》(Platforms, Journalists and Their Digital Selves)[2]一文对智利 31 名来自国家电视台、广播电台和网络媒体的记者进行面对面的深度访谈。结果表明,被访者普遍使用平台媒体来获取信息、报道新闻、参与品牌活动并与其受众互动,从而扩大工作范围,包括建构新的专业角色并允许出现不同但不相互排斥的数字自我。这些记者的做法主要有三种:一是"适应"的方法,通过将一些传统功能现代化来重新解释新闻实践;二是"重新定义"的方法,通过破坏传统规范在不同平台上展现自我,以锁定特定受众;三是一种接近个人主义的方法,抵制将专业工作与社交媒体实践相混合,对变化保持"怀疑"态度。

(二)职业身份与治理

随着互联网和社交媒体的成熟,新闻媒体行业也发生了变化。《所有适合点击的新闻:点击诱饵媒体的经济学》(All the News That's Fit to Click: The Economics of Clickbait Media)[3]一文通过对行业经济结构的理论分析来描述这些变化,并探讨其

---

[1] KASHYAP G, BHASKARAN H. Teaching data journalism: insights for Indian journalism education [J]. Asia pacific media educator, 2020 (1): 44–58.
[2] MELLADO C, ALFARO A. Platforms, journalists and their digital selves [J]. Digital journalism, 2020 (10): 1258-1279.
[3] MUNGER K. All the news that's fit to click: the economics of clickbait media [J]. Political communication, 2020 (3): 376-397.

对网络媒体和政治学者的影响。该论文的核心观点是：社交媒体同时也是传播平台和声誉建设者，因为社交推荐取代了对高质量新闻的昂贵投资。公司声誉重要性的下降使得以前的新闻市场模型中的关键部分变得不准确了。该文认为，这种机制与数字知识的巨大异质性及保守派对新闻媒体日益增长的敌意相互作用，产生了"信誉级联效应"①（Credibility Cascades Effect），这是假新闻兴起的一个必要条件。

《关于21世纪韩国记者身份转变的研究：基于韩国新闻基金会2003—2017年进行的记者调查》（*A Study on the Identity Change of Korean Journalist in the 21st Century: Based on the Journalist Survey in 2003—2017 Conducted by Korea Press Foundation*）以市场细分概念为基础，利用2003—2017年进行的"记者调查"，研究各时期记者群体的特点和构成比例的变化，以及由此带来的新闻倾向和报道原则的变化。具体而言，四个记者群体及比例分别是："客观型记者"，占总数25.3%；"解释型记者"，占34.9%；"时间意识型记者"，占18.5%；"批评型记者"，占21.3%。就变化而言，自2003年以来，"批评性部分"逐渐增加，而"解释性部分"则相应减少，这意味着韩国记者正在改变自己，并在媒体环境中更明确地强化自己的身份。

过去20年来，研究者对后工业化国家新闻工作的数字破坏规模的理解，一直依赖于报纸关闭、新闻编辑失业和新全职工作等的相关数据。然而，数字经济促进了新的就业和工作安排，新闻业就业保障在减少，使得现在更难界定谁是新闻工作者。《现在谁是记者？认识数字媒体经济中的非典型新闻工作》（*Who Is a Journalist Now? Recognising Atypical Journalism Work in the Digital Media Economy*）②一文通过对澳大利亚新闻记者在失业后再就业的案例研究，探讨了非典型新闻工作的一些模式：衡量当前新闻工作，需要明确考虑混合职业的特点，即在传统新闻编辑室工作的边缘或之外的专业活动——在数字经济时代，记者可以同时或相继从事一系列新闻和非新闻工作。

记者是个危险的职业，在不少国家会遇到肉体或语言上的攻击。目前，针对记者的在线攻击数量在不断增加。《暴民审查：数字仇恨和民粹主义时代对美国

---

① 级联效应是由一个动作影响系统而导致一系列意外事件发生的效应。例如，级联效应对系统产生负面影响，就要分析这效应所造成的结果。级联效应容易在有关联的事件中出现。比如，在空间旅行中，理论上可能出现太空垃圾或流星摧毁人造卫星而造成"瓦砾"，这些东西又摧毁其他通信卫星。
② ZION L, MARJORIBANKS T, O'DONNELL P. Who is a journalist now? recognising atypical journalism work in the digital media economy [J]. Media international Australia, 2022 (1): 98-114.

记者的网络骚扰》(*Mob Censorship: Online Harassment of US Journalists in Times of Digital Hate and Populism*) 一文认为，报道涉及右翼身份问题的记者一直是攻击的主要目标，这一趋势与越来越多的暴民审查形式及民粹主义领导人对记者和媒体的妖魔化有关。根据在美国发生的案例，暴民审查制度可以定义为自下而上的、旨在规范新闻业的公民警戒主义。

（三）受众生态与趋势

作为第四次工业革命基础的人工智能、增强现实、5G 连接和智能设备的发展，将深刻地重构新闻的生产甚至是定义。媒体公司作为重要的新闻生产者，将掌握越来越多的人工智能技术，如机器学习、自然语言生成和语音识别，以帮助其寻找新的故事和客户，加快生产速度并改善分销。

在技术创新、社会变迁和新型全球化的时代背景下，受众对高质量、原创性独立新闻的需求是前所未有的，数字订阅和其他形式的阅读支付将继续增加。近年来，知名传统媒体的网络用户显著增加。在读者付费方面，"赢家得最多"的情况使排名靠前的品牌获得了最大份额的利益。这样的经济状况导致新闻从业者的两极分化，如《华盛顿邮报》在 2021 年增加了 150 个新工作岗位，创建了一个超过 1,000 人的新闻编辑室，而一些中型和地方媒体的员工往往被裁减到只剩骨干。

数字新闻的生产不再是西方一家独大。比如，来自拉丁美洲的数字原生新闻网站，在全国范围内被访问的同时也跨越国界并改变该地区的业态。《寻找来自拉丁美洲的跨国数字原生新闻：社会资本视角下的受众分析》(*Seeking Transnational, Digital-native News from Latin America: An Audience Analysis Through the Lens of Social Capital*)① 通过社会资本的理论视角，研究了为这些新闻组织创造跨国受众的因素。其对萨尔瓦多、危地马拉、墨西哥、尼加拉瓜、秘鲁和委内瑞拉等国独立新闻网站受众的调查表明，阅读成本低和网络社区黏性预示着跨国数字本土新闻的更广泛使用；与国内的受众相比，跨国受众更可能是年轻人、女性、收入较高的人。

---

① HIGGINS JOYCE V D M, HARLOW S. Seeking transnational, digital-native news from Latin America: an audience analysis through the lens of social capital [J]. Journalism studies, 2020 (9): 1200-1219.

第三章 案例性研究：可视化的研究前沿（2020—2022年）

一、科学知识图谱介绍

（一）CiteSpace 定义

CiteSpace 是 Citation Space 的简称，可译为"引文空间"。它是着眼于分析科学文献中蕴含的潜在知识，并在科学计量学（Scientometrics）、数据和信息可视化（Data and Information Visualization）背景下逐渐发展起来的一个多元、分时、动态的引文可视化分析软件。CiteSpace 通过数据可视化来呈现科学知识的结构、规律和分布情况。通过此类方法分析得到的可视化图形称为"科学知识图谱"或"科学地图"。[①]将"科学知识图谱"研究引入我国的是大连理工大学的刘则渊教授，他认为："科学知识图谱是以知识域（Knowledge Domain）为对象，显示科学知识的发展进程与结构关系的一种图像。"

CiteSpace 是目前运用比较广泛且具有一定影响力的科学知识图谱可视化软件之一，可以帮助研究者探索学科或知识领域的发展趋势；能够清晰地输出丰富的图谱，能够识别在特定时间内，特定学科或知识领域的发展动向和趋势，帮助研究者快速发现该研究领域的热点；在梳理过去的研究轨迹的同时，还能对未来的研究前景进行预测。

[①] 李杰，陈超美. CiteSpace：科技文本挖掘及可视化[M]. 3版. 北京：首都经济贸易大学出版社，2022：3.

（二）CiteSpace 软件功能

1. 科学合作网络分析

CiteSpace 提供了 3 个层次的科学合作网络分析，分别是微观的作者合作网络分析（Co-author Analysis）、中观的机构合作网络分析（Co-institutions Analysis）和宏观的国家/地区合作网络分析（Co-country/Territory Analysis）。①

2. 共现网络分析

CiteSpace 共现网络分析主要是立足于词频统计。词频是指所分析的文档中词语出现的次数。词频分析方法就是在文档中提取能够表达文献核心内容的关键词，并通过关键词频次分析研究该领域发展动向和研究热点。CiteSpace 提供了主题、术语、关键词和类别 4 种不同类型词的共现（或者供词）分析。当 A 和 B 同时在一篇文章中出现时，A、B 为共现关系。共现的频次越多，表明二者的联系越紧密。

3. 共被引分析

CiteSpace 提供了参考文献、作者和期刊共被引分析。1973 年，美国情报学家斯莫（Small）首次提出了"文献共被引"（Co-citation）的概念，并将其作为测量文献间关系程度的一种研究方法；与斯莫在同一时间提出该理念的还有苏联情报学家马莎科娃（Marshakova）。她指出若两篇（或多篇论文）同时被一篇或多篇论文引证，则这两篇论文构成"共被引关系"。论文引用其他参考文献的行为可以看作知识在不同主题或者领域间的流动。随着科学研究的不断推进，引文网络也就自然形成了。科学文献的相互引证反映了科学发展的客观规律，体现了科学知识的累积性、连续性、继承性及学科之间的交叉、渗透；通过引文网络向前可以追根溯源，向后可以追踪发展；科学文献的引用频次是不平衡的，引文网络的疏密反映了引文分布的规律。

4. 突发性探测

CiteSpace 提供突发性探测（Burst Detection）功能，用于探测主题、文献、作者及期刊引证信息的突发性变化。突发性文献出现的原因可能是某篇论文的引文频次突然呈现急速增长的趋势，也可能是某篇论文切中了学术领域的要害问题。总之，其有助于发现某一主题衰落或者兴起的情况。

---

① 李杰，陈超美. CiteSpace：科技文本挖掘及可视化［M］. 3 版. 北京：首都经济贸易大学出版社，2022：197.

5. 聚类分析

聚类分析是以分析对象的相似性为基础，将物理或抽象对象的集合分组为由类似的对象组成的多个类的过程。CiteSpace 提供标题、关键词、摘要的分别聚类，或者三者合一的聚类。通过聚类能够看出学科的知识结构及各主题发展的演变趋势、时间跨度等。通过选择不同的分析对象，可获得聚类视图、时间线视图、时区视图等可视化图谱。

（三）CiteSpace 作用

CiteSpace 能够帮助我们在海量的文献数据中挖掘所需要的特定主题的知识基础、相应的学科结构和最新的研究前沿三方面内容。

1. 知识基础的获取

任何一个研究主题，都有一个较为完整的知识体系作为支撑。研究主题越成熟，其对应的知识体系越完整、越丰富。例如，引文网络是由参考文献组成的，能够很好地揭示某一个研究主题的"先验知识"，即研究人员可以通过获取参考文献的共被引网络的方式，获得某一研究主题的知识基础。

2. 学科结构的获取

关键词代表着一篇论文的论述重点，其在一定程度上反映了这篇论文的学科结构。使用关键词共现网络，能够将数据集中的学科结构清晰地展示出来。每一个节点代表一篇文献，节点越大，说明该关键词词频越高，与主题的相关性也越大。而节点的颜色代表时间：颜色越暖，时间越近；颜色越冷，时间越远。

3. 研究前沿的获取

一个研究前沿的兴起，必然会导致其关键词在短时间里爆发，结果是该研究前沿要么演变为下一个热点，要么被证明方向错误而被学者抛弃。但是无论结果如何，其突现强度必然是远大于普通关键词的。关键词突现是指在某一时期某一研究领域内有显著变化的主题，对关键词突现的分析能够显示该领域研究热点的迁移轨迹、研究趋势，有助于分析该研究领域的前沿问题。

（四）CiteSpace 中的重要术语

节点（Node）：在可视化图谱中，每一个作者、机构、国家、关键词都用一个节点来表示。在 CiteSpace 中节点的形状分别为十字（Cross）、圆圈（Circle）、三角形（Triangle）、四边形（Square）。每个节点的大小、颜色、形状都可以按照需要进行选择和调整。

时间切片（Time Slicing）：按照下载数据的时间范围，对数据进行切分。

阈值（Threshold）：对节点出现次数和关系强度进行的筛选。设置阈值的意义在于探索数据分布的幂律分布，使其尽可能地分析重要的信息。

聚类模块值（Modularity，Q）：Q＞0.3一般意味着聚类结构显著。

聚类轮廓值（Silhouette，S）：一般认为，S＞0.5，聚类是合理的；S＞0.7，聚类是令人信服的。

中介中心性（Betweenness Centrality）：测度节点在网络中重要性的一个指标，表示在网络中，一个节点在多大程度上是其他节点的"中介"。此类节点在网络中是"沟通桥梁"。在社会网络中，使用中介中心性可以识别"跨界者"（Boundary Spanners）。CiteSpace使用此指标来发现和衡量文献的重要性，并用紫色圈对该类文献（或作者、期刊、机构等）进行重点标注（出现紫色圈的节点的中介中心性≥0.1）。中介中心性高的节点往往连接在不同聚类路径的节点上，是一个网络中经过该节点的最短路径的数量。在网络中，节点的中介中心性越大，则它在通信中起到的作用越大。

突发性探测（Burst Detection）：用于探测主题、文献、作者及期刊引证信息的突发性变化。CiteSpace使用乔恩·克莱因伯格（Jon Kleinberg）在2002年提出的算法进行探测。探测突发性文献的意义在于，如果一篇论文的引文频次突然呈现急速增长趋势，则这篇论文可能切中了学术领域的要害问题。

引文年轮（Citation Tree-rings）：代表某篇文章的引文历史。引文年轮的颜色代表相应的引文时间。年轮厚度与相应时间分区内引文数量成正比。

二、研究设计

（一）研究方法

本研究主要借助CiteSpace（版本：6.1.R3），梳理2020年1月—2022年6月我国学界关于新闻传播学研究的相关文献，并分析其特征。本研究利用CiteSpace对转换后的中国知网（CNKI）论文数据和WoS数据，从年度论文数量、作者及机构合作网络、关键词共现、聚类、突现等方面进行可视化分析，从而更好地呈现国内外新闻传播学研究的发展脉络。

（二）数据来源

中文数据主要检索路径为：在中国知网高级检索页面中，从 2020 至 2022 年的 CSSCI 来源刊中，选定信息科技专辑下的"新闻与传媒"学科领域，并按发表时间进行排序，将 2020 年（共 4,916 条）、2021 年（共 5,679 条）、2022 年 6 月前（共 2,811 条）文献数据以"refworks"的形式导出。通过 CiteSpace 进行格式转化后，共获取 13,406 条中文数据，运行后生成的有效数据为 13,105 条。

数据检索过程如图 3-1 所示。

图 3-1　中国知网检索过程

外文数据来自 WoS 核心合集中 Communication 学科类中的论文、在线发表文章、会议论文、综述论文等，入库时间为 2020 年 1 月 1 日—2022 年 6 月 30 日。

数据检索过程如图 3-2 所示。

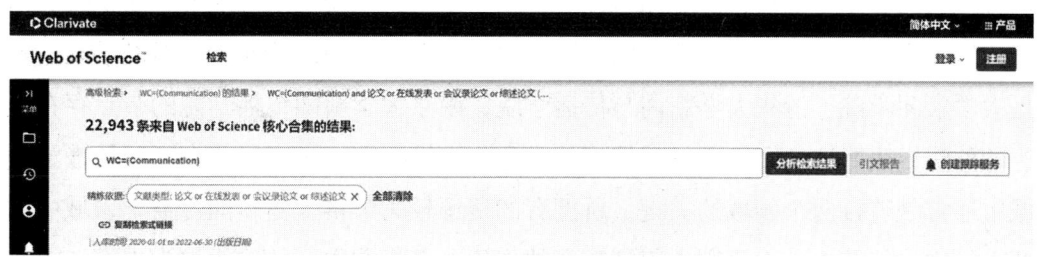

图 3-2　WoS 检索过程

三、国内新闻传播学研究前沿与热点数据化分析

（一）国内新闻传播学研究现状

新闻传播学领域的研究现状可利用作者、所属机构和国家、主题领域等方面的合作网络或空间分布图谱进行分析，并通过信息可视化软件 CiteSpace 进行文献计量和可视化分析。

1. 作者合作网络分析

从论文发表数量来看，国内新闻传播学领域发文量前 20 的学者可以分为三个梯队：第一梯队为喻国明，2020—2022 年发文量为 102 篇，在数量上有绝对优势，与其他学者也有较多合作；第二梯队为黄楚新、陈昌凤、常江、杨保军、陈力丹，发文量为 50—31 篇，与其他学者也有一定的合作关系；第三梯队为发文量为 20—30 篇的作者，与其他学者的合作不够显著。同时，在发文量前 20 的学者中，中介中心性这一指示节点中介作用的指标均为 0，这证明这些学者在学术研究上较为独立，与其他节点的联系与合作较少。

2. 机构合作网络分析

在 CiteSpace 中，参数 Node types 设定为 Institution，时间跨度为 2020—2022 年，时间切片为 1 年，得到国内新闻传播学领域机构合作网络分析图谱（图 3-3）。该图谱共有机构合作网络节点 472 个，连线 820 条，整体密度 0.0074，聚类模块值为 0.9646，聚类轮廓值为 1。

在合作网络的分析结果中，节点及标签的大小代表发表论文的数量，节点越大则发表论文数量越多。节点以年轮形式显示时，某一年的年轮宽度代表作者在这一年论文发表的多少；发表论文数量越多，则年轮在该年越宽。从图 3-3 看，中国人民大学新闻学院、清华大学新闻与传播学院、复旦大学新闻学院的节点面积排名前三，发表论文数量较多；代表中国人民大学新闻学院、中国传媒大学新闻学院、复旦大学新闻学院、清华大学新闻与传播学院、南京大学新闻传播学院的节点存在紫色的外圈，表明这 5 家机构具有较高的中介中心性，即这 5 家机构在新闻传播学领域中通常是连接两个领域的关键，所拥有的资源较为丰富，是新闻传播学领域中的核心机构，能够在学术研究中起到重要的作用。各机构之间的连线较为丰富，大节点的连线明显多于中小节点，表明发文数量多的机构与其他机构的合作更多；各机

构之间的连线中没有明显较粗的连线，表明各机构之间的合作强度较弱，需进一步加强合作。国内新闻传播学领域机构名词云图如图3-4所示。

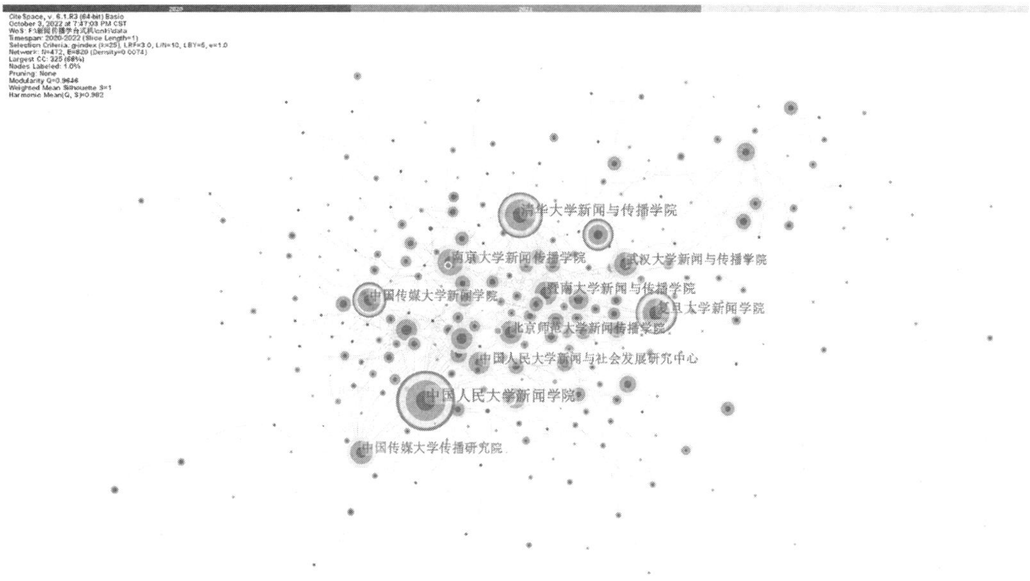

图3-3 国内新闻传播学领域机构合作网络分析图谱

图3-4 国内新闻传播学领域机构名词云图

国内新闻传播学领域发文量前 20 机构如表 3-1 所示。

表 3-1　国内新闻传播学领域发文量前 20 机构

排序	发文量	机构名称	中介中心性
1	451	中国人民大学新闻学院	0.2
2	274	清华大学新闻与传播学院	0.11
3	233	复旦大学新闻学院	0.15
4	202	南京大学新闻传播学院	0.06
5	181	暨南大学新闻与传播学院	0.06
6	174	北京师范大学新闻传播学院	0.04
7	167	中国人民大学新闻与社会发展研究中心	0.03
8	166	中国传媒大学新闻学院	0.19
9	149	中国传媒大学传播研究院	0.08
10	147	武汉大学新闻与传播学院	0.09
11	136	华中科技大学新闻与信息传播学院	0.04
12	130	中国传媒大学	0.05
13	128	中国传媒大学电视学院	0.02
14	125	南京师范大学新闻与传播学院	0.1
15	117	上海大学新闻传播学院	0.06
16	106	武汉大学信息管理学院	0.07
17	103	中国社会科学院新闻与传播研究所	0.03
18	98	郑州大学新闻与传播学院	0
19	97	浙江大学传媒与国际文化学院	0.03
20	92	上海交通大学媒体与传播学院	0.03

（二）国内新闻传播学研究的内容特征

本部分运用 CiteSpace 软件对 2020 年 1 月 1 日—2022 年 6 月 30 日发表的新闻传播学领域文章进行关键词共现、聚类、时间线图分析，探讨国内新闻传播学研究的主题内容和发展趋势。

1. 关键词共现图谱分析

关键词是对文献内容的高度概括，很大程度上能代表文献的核心观点，分析文献中的关键词出现的频次可以从一定程度了解该领域的研究热点及变化趋势。

我们运用 Citespace 软件对下载文献的关键词进行词频统计，并对其由高到低进行排序，选取出现 3 次以上（含 3 次）的关键词绘制词云图（微词云制作），如

图 3-5 所示。

图 3-5 国内新闻传播学研究关键词词云图

通过 CiteSpace 软件（参数 Node types 设定为关键词 Keywords，时间跨度为 2020—2022 年，时间切片为 1 年），得出国内新闻传播学研究的关键词共现图谱（图 3-6）。该图谱共有关键词共现节点 550 个，连线 990 条，整体密度 0.0066，聚类模块值为 0.6098，聚类轮廓值为 0.8642。

当有两篇及以上的文献中出现同一个关键词时，可视化图就会生成一个节点，节点的连线代表有两个关键词共同出现在一篇文献之中，连线的颜色与粗细代表年份和出现次数。此图网络节点显示模式（Node Display Patterns）是按出现频次显示，关键词出现的频次越高，关键词的年轮就越大，其所对应的节点标签也越大（图 3-6）。

从图 3-6 和表 3-2 可以看出，国内新闻传播学领域研究的热门关键词主要包括媒体融合、短视频、社交媒体、国际传播、新媒体等，在一定程度上说明 2020—2022 年上半年，这些是学者关注和研究较多的问题。

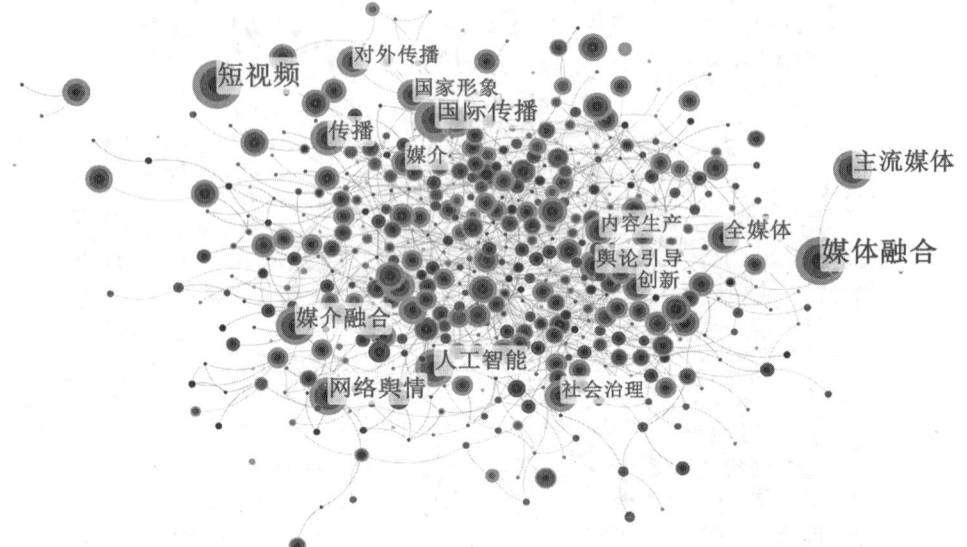

图 3-6 国内新闻传播学研究关键词共现图谱

表 3-2 国内新闻传播学领域研究的前 20 个高频关键词

排序	关键词	频次
1	媒体融合	632
2	短视频	483
3	社交媒体	347
4	国际传播	271
5	新媒体	261
6	主流媒体	253
7	网络舆情	189
8	媒介融合	170
9	融媒体	158
10	人工智能	157
11	传播	138
12	全媒体	128
13	舆论引导	113

续表

排序	关键词	频次
14	创新	98
15	媒介	95
16	国家形象	95
17	对外传播	91
18	社会治理	90
19	内容生产	89
20	传播策略	84

关键词的重要程度除了用频次表示外，还可用中介中心性表示。CiteSpace 使用此指标来发现和衡量关键词的重要性，并用紫色圈对该关键词进行重点标注。一般而言，如果关键词对应节点的中介中心性值越高，那么与其相连和传递信息的关键词就越多，其在整个网络知识图谱中的媒介作用也越强。不同主题之间往往通过中介中心性高的关键词实现关联。

关键词的中介中心性越高，与其相连的关键词就越多。

出现频次高且中介中心性高的关键词是那些被关注多且连接更多其他关键词的重要节点。由表 3-3 可知，出现频次较高且中介中心性较高的关键词为：算法、区块链、智能传播、网络直播、大数据等。

表 3-3 中介中心性前 20 的关键词

排序	关键词	中介中心性	频次
1	算法	0.07	76
2	区块链	0.06	53
3	智能传播	0.05	71
4	网络直播	0.05	63
5	大数据	0.04	72
6	意识形态	0.04	56
7	网络空间	0.04	52
8	路径	0.04	42
9	舆论	0.04	38
10	媒体融合	0.03	632
11	短视频	0.03	483

续表

排序	关键词	中介中心性	频次
12	主流媒体	0.03	253
13	人工智能	0.03	157
14	舆论引导	0.03	113
15	媒介	0.03	95
16	对外传播	0.03	91
17	社会治理	0.03	90
18	传播策略	0.03	84
19	媒介化	0.03	83
20	互联网	0.03	80

2. 关键词聚类图谱分析

通过对13,105篇文献进行关键词聚类分析，并且在图3-6的基础上对关键词进行聚类，得出图3-7所示的结果。在图3-7中，聚类模块值为0.3866，聚类轮廓值为0.6743。说明聚类结果合理、效果较好。

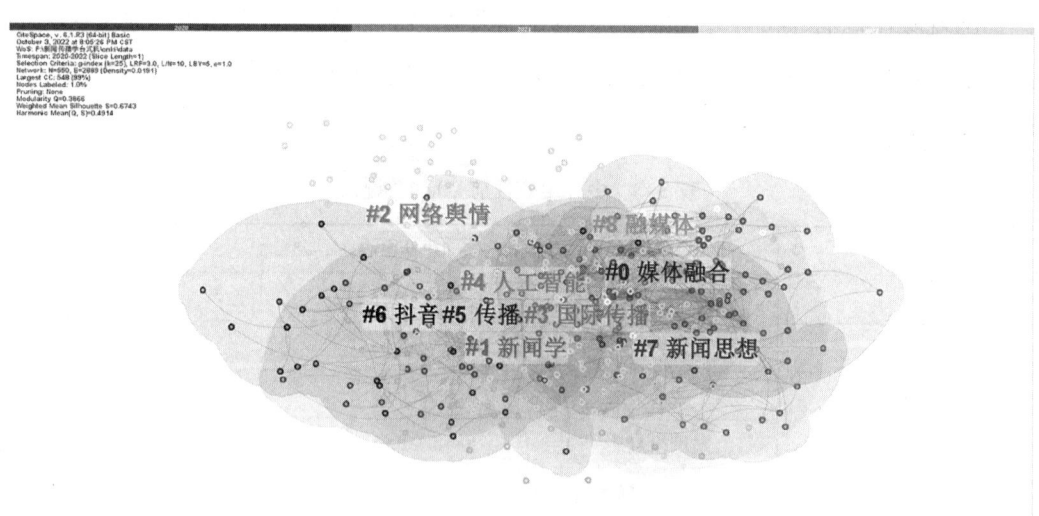

图3-7 国内新闻传播学关键词聚类图谱

根据图3-7，可以看出共有9个关键词聚类，聚类序号为0—8，序号越小的聚类中包含的关键词越多（表3-4）。

表 3-4 关键词共现网络聚类信息

聚类序号 ID	节点数 Size	轮廓值 Silhouette	平均年份（年）Mean（year）	关键术语（基于LSI算法）TOP Terms LSI	关键术语（基于LLR算法）TOP Terms LLR	关键术语（基于MI算法）TOP Terms MI
0	95	0.646	2020	媒体融合；主流媒体；新型主流媒体；信息空间；"四力"提升|舆论引导；人工智能；核心价值观；电视节目；话语权力	媒体融合（352.44, 1.0E-4）；主流媒体（246.21, 1.0E-4）；全媒体（109.53, 1.0E-4）；两会报道（90.67, 1.0E-4）；舆论引导（89.07, 1.0E-4）	《2019对话1949：时代变了初心未变》（1.39）；2022虎年春晚（1.39）；《农民日报》（1.39）
1	90	0.63	2020	新闻生产；数字新闻；协同网络；cssci；形象构建|媒介技术；女性主义；双重中介；网络内容	新闻学（115.07, 1.0E-4）；数字新闻（106.51, 1.0E-4）；媒介化（104.31, 1.0E-4）；新闻生产（80.73, 1.0E-4）；传播学（72.06, 1.0E-4）	传播观（0.72）；《新闻春秋》（0.72）；互嵌（0.72）；人工意识（0.72）；书写实践（0.72）
2	85	0.661	2020	网络舆情；突发事件；敏感信息；情景分析；社交媒体；传播机制；内容特征；环保传播；互动过程分析	网络舆情（287.35, 1.0E-4）；社交媒体（191.52, 1.0E-4）；短视频（148.77, 1.0E-4）；突发事件（137.7, 1.0E-4）；影响因素（137.7, 1.0E-4）	mendeley data（1.22）；qq空间（1.22）；七一客户端（1.22）；mcn机构（1.22）；shisior模型（1.22）
3	79	0.655	2020	国际传播；中华文化；"感—情—埋"结构；新闻网站；社交功能|国家形象；国家修辞；实践路径；时代背景；海南自由贸易港	国际传播（273.5, 1.0E-4）；国家形象（151.34, 1.0E-4）；对外传播（148.86, 1.0E-4）；新媒体（115.06, 1.0E-4）；中国故事（97.82, 1.0E-4）	中古士人（0.94）；中国叙事体系（0.94）；《融合时代的传媒艺术》（0.94）；ip改编（0.94）；主权（0.94）
4	79	0.668	2020	人工智能；传媒教育；跨界融合；《百年正青春》；媒体融合；智能媒体；传媒生态；数字生态；组织盈利	人工智能（139.86, 1.0E-4）；算法（109.64, 1.0E-4）；人才培养（93.33, 1.0E-4）；智能媒体（78.29, 1.0E-4）；元宇宙（64.32, 1.0E-4）	传感器新闻（0.83）；中国新闻传播学新鲜话题（0.83）；一流专业（0.83）；价值观认同（0.83）；交互技术（0.83）

续表

聚类序号 ID	节点数 Size	轮廓值 Silhouette	平均年份（年）Mean (year)	关键术语（基于LSI算法）TOP Terms LSI	关键术语（基于LLR算法）TOP Terms LLR	关键术语（基于MI算法）TOP Terms MI
5	53	0.672	2020	社会治理；建设性新闻；社会转型；社会互动；融合发展；县级融媒体；信息茧房；数字技术；智能算法	传播（175.3, 1.0E-4）；媒介（116.67, 1.0E-4）；社会治理（64.71, 1.0E-4）；路径（62.52, 1.0E-4）；媒体（54.82, 1.0E-4）	"治理媒介化"（0.46）；奇点（0.46）；云综艺（0.46）；国家战略（0.46）；2019年国庆阅兵（0.46）
6	36	0.794	2020	数字劳动；网络媒体；传播效果；具身体验；电子竞技；文化认同；中国故事；《考古公开课》；融合传播	抖音（55.2, 1.0E-4）；微信（54.35, 1.0E-4）；文化认同（52.75, 1.0E-4）；数字劳动（48.74, 1.0E-4）；大学生（47.44, 1.0E-4）	影像化传播（0.27）；新媒体内容（0.27）；热点议题（0.27）；政治沟通（0.27）；社会加速（0.27）
7	26	0.834	2020	新闻思想；中国共产党；新闻实践；经验研究；网络空间；后真相时代；党管媒体；晋冀鲁豫《人民日报》；历史经验	新闻思想（68.05, 1.0E-4）；国家治理（42.97, 1.0E-4）；网络舆论（40.25, 1.0E-4）；党报党刊（39.58, 1.0E-4）；红色基因（39.58, 1.0E-4）	网络祈愿（0.18）；拓展空间（0.18）；方式研究（0.18）；毛泽东（0.18）
8	5	0.986	2020	媒体融合；麻辣财经；财经新闻；人民日报社；主流媒体；黄河水文化；对外话语；新闻时效性	融媒体（185.57, 1.0E-4）；央视频（91.5, 1.0E-4）；慢直播（68.48, 1.0E-4）；冬奥会（18.28, 1.0E-4）；《冬日暖央young》（15.15, 1.0E-4）	教育平台（0.1）；《华西都市报》（0.1）；规范（0.1）；跨屏互动（0.1）

表3-4后三列为CiteSpace基于三种不同算法（即LSI、LLR和MI）对关键词进行聚类后得出的词组。其中，LLR产生的聚类标签更加符合研究实际情况，LSI和MI产生的个别聚类标签代表性较好。本部分内容对采用LLR算法所提取的聚类标签进行分析（图3-8至图3-16）。

图 3-8　聚类序号 0 "媒体融合" 下关键词词云图

图 3-9　聚类序号 1 "新闻学" 下关键词词云图

图 3-10　聚类序号 2 "网络舆情" 下关键词词云图

图 3-11　聚类序号 3 "国际传播"下关键词词云图

图 3-12　聚类序号 4 "人工智能"下关键词词云图

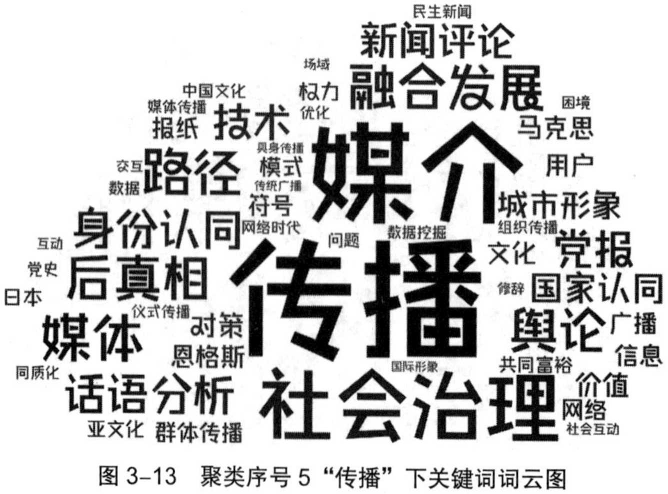

图 3-13　聚类序号 5 "传播"下关键词词云图

图 3-14　聚类序号 6 "抖音"下关键词词云图

图 3-15　聚类序号 7 "新闻思想"下关键词词云图

图 3-16　聚类序号 8 "融媒体"下关键词词云图

3. 关键词突现分析

一个学科发展的前沿往往是最近 3—5 年出现的研究主题。一个学科前沿能不能成为热点，取决于它后续得到关注和研究的程度，如果有更多的学者关注和研究，那么这个前沿将成为一段时间内的热点；反之，它将被新出现的前沿所替代。

本次研究选取的数据是近3年来国内新闻传播学领域发表的文章，时间跨度较短，因此没有发现关键词突现。

（三）国内新闻传播学领域研究总结

1. 国内新闻传播学研究热点

通过前文运用 CiteSpace 软件进行的关键词共现分析与关键词聚类分析可知，"媒体融合""国际传播""数字新闻生产""网络舆情""人工智能与智能媒体""新兴媒体及融媒体""新闻思想与实践"等是目前国内新闻传播学领域研究的热点，但是每个热点的活跃度和持续性不同。如果一个研究主题下不断涌现出新的关键词，可以认为该主题能不断注入新的血液，它的活跃性和多样性将会持续，反之亦然。

通过关键词时间线图谱可以获知某一热点主题的活跃性和持续性。图3-17显示，"媒体融合""新闻学""网络舆情""国际传播""人工智能"等聚类一直有新的关键词出现，使这一聚类主题研究具有多样性，能够保持一定的研究热度；"传播""抖音""新闻思想""融媒体"等聚类在2021年后新的关键词出现较少，说明学者们的研究仍集中在之前的关键词，仅有少量新的研究加入，这些主题的热度可能会慢慢减退，逐渐被新的研究主题替代。

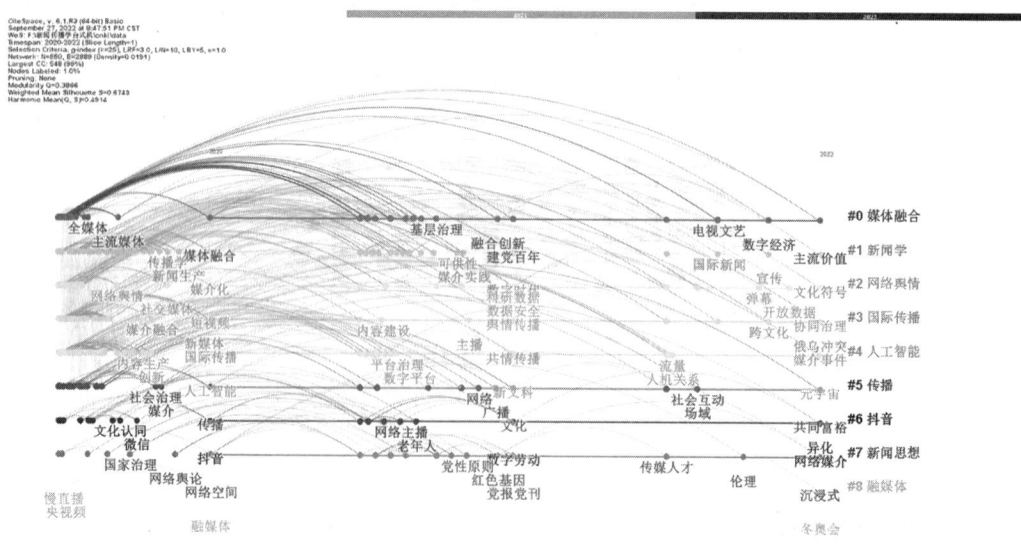

图3-17　国内新闻传播学关键词时间线图谱

2. 国内新闻传播学研究前沿

CiteSpace 软件是通过关键词突现来发现一个学科的研究前沿。而通过关键词出现时间，我们能够看出新近出现的研究主题。出现比较晚的关键词往往是新近研究的标志，通过对其词频统计，我们在一定程度上能够预测该关键词今后被学者关注和研究的可能性。如果该关键词得到持续的关注，那么就很可能成为学科发展的热点，因此学科热点的发现需要一定时间的检验。

通过关键词时区统计，我们发现 2022 年国内新闻传播学领域一共出现了 18 个关键词（图 3-18），其中不乏"元宇宙"这样的热门词语。这 18 个关键词可以看作近期学者研究关注的主题，也就是近期新闻传播学研究的前沿问题。通过表 3-5 可以看出，"元宇宙"一词得到的关注非常多。如果在随后的几年里，这些关键词仍能得到学者关注，没有被替代，那么它们有可能成为新闻传播学在一段时间里的研究前沿。

表 3-5　2022 年国内新闻传播学领域出现的关键词

序号	出现年份	关键词	频次
1	2022	元宇宙	58
2	2022	协同治理	9
3	2022	共同富裕	9
4	2022	开放数据	8
5	2022	俄乌冲突	7
6	2022	主流价值	7
7	2022	弹幕	7
8	2022	文化符号	7
9	2022	媒介事件	7
10	2022	数字经济	6
11	2022	视觉修辞	6
12	2022	跨文化	6
13	2022	流量	6
14	2022	人机关系	6
15	2022	冬奥会	6
16	2022	沉浸式	6
17	2022	宣传	6
18	2022	社交平台	5

图 3-18　国内新闻传播学领域 2022 年突现关键词词云图

结合上述分析，我们认为未来国内新闻传播学的研究前沿主要体现在以下几个方面。

第一，构建国际传播的中国理论体系与中国话语叙事体系。

随着我国国际传播能力的提升，国际传播学术层面在持续重视国际传播理论"去西方化"的同时，要探讨国家话语叙事体系的"主体性"以及如何构建既符合传播规律又适应我国现实情况的国际传播体系等问题。

一方面，当前的国际传播理论是基于西方实践提炼出来的"舶来品"，不能完全匹配和引导我国的国际传播实践；另一方面，国际传播体系包含中国话语体系和中国叙事体系。为实现"形成同我国综合国力和国际地位相匹配的国际话语权"这一国际传播能力建设的重要目标，需要树立国际传播体系建设的主体意识，"用中国理论阐释中国实践，用中国实践升华中国理论"，并"广泛宣介中国主张、中国智慧、中国方案"。2020—2022 年包含"国际传播"关键词的 CSSCI 来源期刊被引次数排名前 10 文章如表 3-6 所示。

表 3-6　2020—2022 年包含"国际传播"关键词的 CSSCI 来源期刊被引次数排名前 10 文章

题名	作者	单位	文献来源	关键词	年
共情传播视角下可爱中国形象塑造的路径探析	赵新利	中国传媒大学海南国际学院；媒体融合与传播国家重点实验室（中国传媒大学）	现代传播（中国传媒大学学报）	共情传播；国家叙事；可爱中国；中国形象；国际传播	2021
当前我国国际传播面临的挑战、问题与对策	段鹏	媒体融合与传播国家重点实验室（中国传媒大学）	现代传播（中国传媒大学学报）	国际传播；智媒时代；国际舆论场；信息疫情	2021

续表

题名	作者	单位	文献来源	关键词	年
新时代中国国际传播：新基点、新逻辑与新路径	张毓强；庞敏	中国传媒大学传播研究院	现代传播（中国传媒大学学报）	国际传播；全球中国；战略传播；主体性	2021
探究新时代国际传播的方法论创新：基于"全球中国"的概念透视	史安斌；盛阳	清华大学新闻与传播学院；国际关系学院文化与传播系	新闻与传播评论	全球中国；国家形象；国际传播；话语体系；文化软实力	2021
大变局背景下国际传播的整体性与差异化	唐润华；刘昌华	大连外国语大学中华文化海外传播研究中心；浙江传媒学院新闻传播研究院	现代传播（中国传媒大学学报）	大变局；全球化；国际传播；整体性；差异化	2021
后疫情时代我国国际传播话语体系建设的价值维度与路径重构	段鹏；张倩	中国传媒大学；媒体融合与传播国家重点实验室（中国传媒大学）；中国传媒大学传播研究院	新闻界	后疫情；国际传播；话语体系；价值；路径	2021
媒介与社会同构时代国际传播人才培养必须着力解决的三大问题	廖祥忠	中国传媒大学党委；媒体融合与传播国家重点实验室（中国传媒大学）	现代传播（中国传媒大学学报）	新文科；国际传播；人才培养；跨文化传播；社会责任	2021
中国纪录片国际传播能力建设：历史路径与当下迷思	韩飞；何苏六	中国传媒大学电视学院；中国传媒大学新闻传播学部；中国传媒大学中国纪录片研究中心	现代传播（中国传媒大学学报）	纪录片；国际传播；逆向流动；产业化	2020
短视频叙事与中华文化国际传播——以YouTube平台李子柒短视频为例	潘皓；王悦来	中国传媒大学脑科学与智能媒体研究院；南京传媒学院文化管理学院	中国电视	李子柒短视频；影像叙事；中华文化；国际传播	2020
突发公共卫生事件中主流传播的职责与使命	高晓虹；赵希婧	中国传媒大学新闻传播学部	中国编辑	突发公共卫生事件；新冠肺炎；舆论引导；国际传播；媒体融合	2020

第二，智慧全媒体：媒体融合的前景与进路。

移动互联网等信息技术颠覆了传统的社会运转模式，网络化、信息化和数据化更是成为整体社会存续的底层逻辑。鉴于主流媒体在舆论引导和维护社会稳定方面的战略地位和价值，国家适时为处于行业发展拐点的主流媒体指明了方向，即通过融合发展来重塑其传播力、引导力、影响力、公信力。

媒体融合作为一项承载国家意志并蕴含着丰富内涵的改革开始在全国范围内推进。毫无疑问，对于主流媒体融合发展意义的认识不能再局限于过去的行业发展本位，经由媒体融合发展而来的新型主流媒体及在此基础上迭代塑造而成的全媒体传播体系，与国家现代化治理产生了实质上的紧密联系。

十余年来，各级主流媒体贯彻落实国家关于媒体融合的重大战略决策，取得了斐然的成绩。与此同时，也存在明显问题。未来，主流媒体应当继续加速推进纵深融合，并在此基础上构建起作为数字社会信息系统的全媒体传播体系，即一个具有信息传递、关系链接和行动协同功能的信息网络系统，以期在更大范围内释放传播的价值，为国家治理体系现代化转向提供稳定的探索环境和充沛的发展动力。2020—2022年包含"媒体融合"关键词的CSSCI来源期刊被引次数排名前10文章如表3-7所示。

表3-7 2020—2022年包含"媒体融合"关键词的CSSCI来源期刊被引次数排名前10文章

题名	作者	单位	文献来源	关键词	年
破壁：媒体融合下视频节目的"文化出圈"——以河南卫视《唐宫夜宴》系列节目为例	曾一果；李蓓蕾	暨南大学新闻与传播学院	新闻与写作	《唐宫夜宴》；媒体融合；文化出圈；现代性转换	2021
新型主流媒体：不做平台型媒体做什么？——关于媒体融合实践中一个顶级问题的探讨	喻国明	北京师范大学新闻传播学院	编辑之友	传播生态；主流媒体；互联网平台；媒体转型；关系资源；场景服务	2021
2020年县级融媒体中心建设现状、问题及趋势	黄楚新；刘美忆	中国社会科学院新媒体研究中心；中国社会科学院新闻与传播研究所数字媒体研究室；中国社会科学院大学新闻传播学院	新闻与写作	县级融媒体中心；媒体融合；体制机制；基层治理	2021
直播带货带来了什么 网络直播带货的机遇与思考	邓燕玲；高贵武	中国老年报；中国人民大学新闻学院视听传播系	新闻与写作	直播带货；新媒体；购物节目；媒体融合	2020
"5G+"：中国新媒体发展的新起点——2019—2020年中国新媒体发展现状及展望	唐绪军；黄楚新；王丹	中国社会科学院新闻与传播研究所；中国社会科学院新闻与传播研究所新闻学研究室；中国外文局当代中国与世界研究院	新闻与写作	5G；电商直播；数字治理；媒体融合；建设性新闻	2020
从大喇叭、四级办台到县级融媒体中心——中国基层媒体制度建构的历史分析	周逵；黄典林	中国传媒大学电视学院；中国传媒大学传播研究院	新闻记者	媒介制度；县级融媒体；四级办台；媒体融合	2020

续表

题名	作者	单位	文献来源	关键词	年
从"集成媒体的新机构"到"治国理政的新平台"——县级融媒体中心的方位坐标及其功能逻辑再思考	张诚；朱天	复旦大学新闻学院；四川大学文学与新闻学院	四川大学学报（哲学社会科学版）	县级融媒体中心；媒体融合；县域治理	2020
突发公共卫生事件中主流传播的职责与使命	高晓虹；赵希婧	中国传媒大学新闻传播学部	中国编辑	突发公共卫生事件；新冠肺炎；舆论引导；国际传播；媒体融合	2020
新闻短视频内容生产的融合困境与突围之路	刘秀梅；朱清	华东师范大学传播学院	现代传播（中国传媒大学学报）	媒体融合；新闻短视频；内容生产；服务公众；吸引用户	2020
从媒体融合到融合媒体：电视人的抉择与进路	廖祥忠	中国传媒大学；媒体融合与传播国家重点实验室（中国传媒大学）	现代传播（中国传媒大学学报）	媒体融合；融合媒体；智能媒体；电视人；媒介与社会一体化	2020

第三，数字新闻语境下的变革及其未来。

媒介技术的革新是在媒介融合的技术支撑与受众信息依赖的牵引之下，表征媒介对社会环境建构影响力的一种信息社会形态。互联网已成为改变世界的结构性力量，元宇宙、区块链、算法等媒介技术的发展使得当今世界进入深度媒介化阶段。智能化的信息传播技术推动了全球数字新闻业的兴起。在《奇云》中，彼得斯认为媒介是有机物或无机物层面的环境、代理、秩序、基础设施、后勤技术手段乃至元素。后人类主义媒介网络已然成为新闻业的深层生态，中国的原生媒体、平台媒体等达到了较高的数字化水平，新闻行动者网络的边界得到极大拓展。数字技术驱动着新闻业的创新，其深度嵌入推动了研究者对新闻实践中技术与文化等复杂关系的重新审视。因而，理解当下的数字新闻业，需重视技术等物质性要素对新闻生产的影响，并援引新理论来调整新闻学的研究范式。2020—2022年包含"数字新闻"关键词的CSSCI来源期刊被引次数排名前10文章如表3-8所示。

表3-8 2020—2022年包含"数字新闻"关键词的CSSCI来源期刊被引次数排名前10文章

题名	作者	单位	文献来源	关键词	年
数字时代的媒介仪式：解读建党一百周年全媒体传播实践	常江；何仁亿	深圳大学传播学院；深圳大学媒体融合与国际传播研究中心；香港中文大学新闻与传播学院	新闻界	媒介仪式；建党一百周年；数字媒体生态；数字新闻	2022

续表

题名	作者	单位	文献来源	关键词	年
数据主义之于新闻传播：影响、解构与利用	陈昌凤	清华大学新闻与传播学院	新闻界	数据主义；数字新闻；新闻规范；人文主义	2021
数字性与新闻学的未来	常江	深圳大学传播学院；深圳大学媒体融合与国际传播研究中心	新闻记者	新闻学；新的历史条件；数字新闻；媒介逻辑；媒介生态学；新闻从业者；数字时代；共生论	2021
"新闻真实"为什么重要？——重思数字新闻学研究中"古老的新问题"	王辰瑶	南京大学新闻传播学院；南京大学新闻创新实验室	新闻界	新闻真实；新闻专业化；再专业化；规范研究	2021
数字时代"新闻真实"的理念流变、阐释语簇与实践进路	杨奇光；周楚珺	中国人民大学新闻与社会发展研究中心；中国人民大学新闻学院	新闻界	新闻真实；数字新闻；阐释话语	2021
数字新闻学的情感转向：迈向新的研究议程	凯伦·沃尔－乔根森；田浩	英国卡迪夫大学新闻、媒体与文化学院；清华大学新闻与传播学院	新闻界	情感；新闻学；新闻受众；客观性；社交媒体	2021
生态革命：可供性与"数字新闻"的再定义	常江；田浩	深圳大学传播学院；深圳大学媒体融合与国际传播研究中心；清华大学新闻与传播学院	南京社会科学	可供性；数字新闻；新闻学；数字新闻学	2021
从数字性到介入性：建设性新闻的媒介逻辑分析	常江；田浩	深圳大学传播学院；清华大学新闻与传播学院	中国编辑	建设性新闻；数字新闻；介入性；可供性；数字性	2020
数字新闻创新的变与不变——基于十家媒体客户端新闻与纸媒报道的对比分析	王海燕	暨南大学新闻与传播学院	新闻记者	新闻客户端；新闻创新；数字新闻；融合新闻；内容分析	2020
数字新闻学：一种理论体系的想象与建构	常江	深圳大学传播学院	新闻记者	新闻学；数字新闻；新闻理论；新闻研究	2020

第四，突发事件网络舆情的演化及治理研究。

对突发事件网络舆情传播方面的研究主要包括传播规律、传播的网络节点识别及传播的过程、阶段、路径和机制方面的研究，而大数据获取平台的广泛性、传播中的情绪识别及多话题的拓展分析则是目前研究的主要趋势。对突发事件网络舆情监测和预警方面的研究多以网络舆情的演变阶段为基础。学者们基于不同视角和方法，分别对潜伏期的风险预警问题、扩散期的负面信息监测问题及消退期的衍生舆情监测问题等开展相关研究，但大部分都仅停留在分段式的静态监测研究中，缺少过程动态监测方面的研究，尤其是特殊波动阶段的监测和预警问题，仍处于研究空白。聚焦公共卫生事件网络舆情监测的研究应成为未来探讨的热门方向。突发事件网络舆情策略与治理的研究主要基于传播学、心理学、社会学及政府管理学等学科，并在不同阶段展开了人类行动者和非人类行动者的策略研究。目前，该领域的研究仍缺乏融合跨学科知识、前沿技术方法的交叉研究。只有突破传统的分析框架、融合新兴技术方法，才能够促进突发事件网络舆情策略与治理研究向深层次发展。2020—2022年包含"网络舆情"关键词的CSSCI来源期刊被引次数排名前10文章如表3-9所示。

表3-9　2020—2022年包含"网络舆情"关键词的CSSCI来源期刊被引次数排名前10文章

题名	作者	单位	文献来源	关键词	年
基于系统动力学模型的政务短视频网络舆情动力演化分析	祁凯；韦晓玉；郑瑞	哈尔滨师范大学管理学院	情报理论与实践	政务短视频；网络舆情；系统动力学；传播机制；演化分析	2021
面向突发公共卫生事件的网络舆情风险演化机理研究	叶琼元；夏一雪；窦云莲；王娟；兰月新	浙江出入境边防检查总站；中国人民警察大学	情报杂志	突发公共卫生事件；网络舆情；演化机理；模拟仿真；系统动力学	2020
新媒体背景下高校突发事件网络舆情传播模式及应对	毛宇锋	绍兴文理学院对外联络处	江苏高教	新媒体；高校突发事件；网络舆情；国家突发公共事件	2020
重大疫情网络舆情演变机理及跨界治理研究——基于"四点四阶段"演化模型	胡峰	江苏省科学技术情报研究所；江苏省科学技术发展战略研究院	情报理论与实践	"四点四阶段"演化模型；重大疫情网络舆情；界面管理；新型冠状病毒肺炎；演化机理；治理策略	2020
基于Word2Vec和SVM的微博舆情情感演化分析	邓君；孙绍丹；王阮；宋先智；李贺	吉林大学管理学院	情报理论与实践	微博；情感分析；网络舆情；Word2Vec；支持向量机	2020
重大疫情网络舆情的特征及其治理	刘余勤；李振	同济大学马克思主义学院	思想理论教育	重大疫情；网络舆情；舆情治理	2020
基于时空大数据的重大疫情类突发事件网络舆情研判体系研究	徐迪	华中科技大学新闻与信息传播学院	现代情报	时空大数据；重大疫情类；突发事件；网络舆情；研判体系	2020
基于系统动力学的突发事件网络舆情传播研究：以"江苏响水爆炸事故"为例	邓建高；张璇；傅柱；韦庆明	河海大学企业管理学院；江苏科技大学经济管理学院	数据分析与知识发现	突发事件；网络舆情；危化品水污染；系统动力学	2020
全媒体时代重大疫情网络舆情的特征、影响及引导策略	王贤卿；吴倩倩	复旦大学马克思主义学院	思想理论教育	全媒体；重大疫情；网络舆情；精准引导	2020

续表

题名	作者	单位	文献来源	关键词	年
微博舆情多维度社会属性分析与可视化研究——以某疫苗事件为例	牟冬梅；邵琦；韩楠楠；王萍；金姗；靳春妍	吉林大学第一医院；吉林大学公共卫生学院；武汉大学信息管理学院	图书情报工作	网络舆情；可视化分析；知识图谱	2020

四、国外新闻传播学研究前沿与热点数据化分析

（一）国外新闻传播学研究现状

研究现状由作者、机构、国家、主题领域等方面的合作网络或空间分布情况的图谱来呈现。本部分采用信息可视化软件 CiteSpace（Version：6.1.R3）进行文献计量和可视化分析。

WoS 数据基本情况为：基本数据 22,943 条，经软件去重最终得到有效数据 19,411 条。

1. 作者合作网络分析

在国外新闻传播学领域 2020—2022 年发文量最高的 20 位学者中，发文量最高为 28 篇，相对国内学者而言数量较少；且 20 位学者发文量的极差相较国内学者很小，发文数量相对平均，没有形成绝对的优势。发文量最高的约尔格·马瑟斯（Joerg Matthes）中介中心性为 0.01，为国内外学者中最高，表明其在新闻传播学领域具有较高的中介性，是连接不同学者、领域的纽带。

鉴于作者存在重名现象，需要对作者合作网络视图中出现的高发文量作者进行更详细的鉴别和考证，避免在文献检索、合作交流、引进人才、通过作者寻找合作机构等方面出现误差和误判。

2. 机构合作网络分析

通过 CiteSpace 软件分析可得国外新闻传播学研究的机构合作图谱（图 3-19）。从图 3-19 中节点面积大小可以看出，代表 Univ Amsterdam、Univ Complutense Madrid、Univ Texas Austin、Penn State Univ 的节点面积较大，说明这些机构 2020—2022 年在新闻传播学领域发文量较多（表 3-10）。相较国内的学术机构，国外新闻传播学领域的研究机构数量更多，之间的连接也更为紧密，合作更为丰富。

第三章 案例性研究：可视化的研究前沿（2020—2022年）

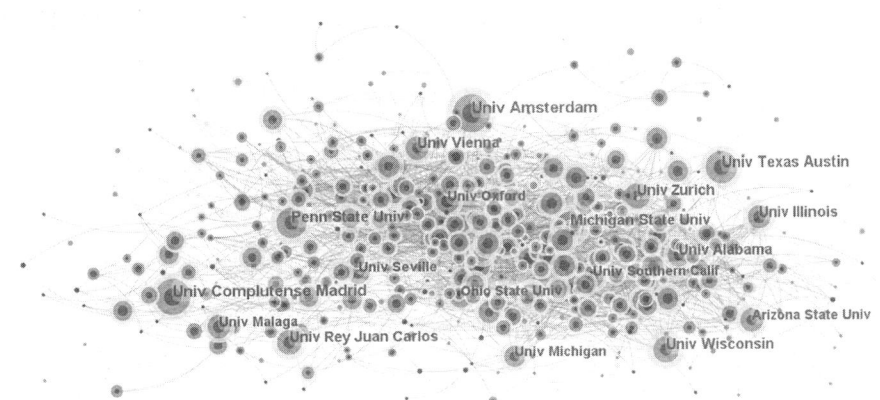

图 3-19 国外新闻传播学研究机构合作图谱

表 3-10 国外新闻传播学领域发文量前 20 机构

序号	学校英文名称	发文量	学校中文名称	所属国家
1	Univ Amsterdam	298	阿姆斯特丹大学	荷兰
2	Univ Complutense Madrid	261	马德里康普顿斯大学	西班牙
3	Univ Texas Austin	230	得克萨斯大学奥斯汀分校	美国
4	Penn State Univ	210	宾夕法尼亚州立大学	美国
5	Michigan State Univ	184	密歇根州立大学	美国
6	Univ Wisconsin	180	威斯康星大学	美国
7	Univ Rey Juan Carlos	140	胡安卡洛斯国王大学	西班牙
8	Univ Illinois	136	伊利诺伊大学	美国
9	Univ Zurich	135	苏黎世大学	瑞士
10	Univ Vienna	130	维也纳大学	奥地利
11	Univ Alabama	129	阿拉巴马大学	美国
12	Univ Malaga	123	马拉加大学	西班牙
13	Univ Seville	121	塞维利亚大学	西班牙
14	Univ Southern Calif	120	南加利福尼亚大学	美国
15	Arizona State Univ	120	亚利桑那州立大学	美国
16	Ohio State Univ	118	俄亥俄州立大学	美国
17	Univ Michigan	118	密歇根大学	美国
18	Univ Oxford	118	牛津大学	英国
19	Univ Georgia	117	佐治亚大学	美国
20	Nanyang Technol Univ	117	南洋理工大学	新加坡

在 CiteSpace 中，中介中心性超过 0.1 的节点被称为关键节点，具有较强的中介性，是连通各领域、各节点的关键。从各机构的中介中心性来看，新闻传播学领域 2020—2022 年发文量前 20 的机构中中介中心性最高为 0.05，最低为 0.03，没有关键节点，中介中心性较为平均，发展较为均衡，没有形成明显优势（表 3-11）。

表 3-11 中介中心性前 20 机构

序号	学校英文名称	学校中文名称	所属国家	中介中心性	发文量
1	Univ Minnesota	明尼苏达大学	美国	0.05	111
2	Univ Maryland	马里兰大学	美国	0.04	117
3	Univ Calif Santa Barbara	加州大学圣巴巴拉分校	美国	0.04	107
4	Natl Univ Singapore	新加坡国立大学	新加坡	0.04	105
5	Massey Univ	梅西大学	新西兰	0.04	80
6	Univ Queensland	昆士兰大学	澳大利亚	0.04	62
7	Univ Leeds	利兹大学	英国	0.04	58
8	Univ Illinois	伊利诺伊大学	美国	0.03	136
9	Univ Vienna	维也纳大学	奥地利	0.03	130
10	Univ Michigan	密歇根大学	美国	0.03	118
11	Univ Oxford	牛津大学	英国	0.03	118
12	Univ Georgia	佐治亚大学	美国	0.03	117
13	Northwestern Univ	西北大学	美国	0.03	104
14	Ludwig Maximilians Univ Munchen	慕尼黑大学	德国	0.03	86
15	Hong Kong Baptist Univ	香港浸会大学	中国	0.03	83
16	Cornell Univ	康奈尔大学	美国	0.03	74
17	Cardiff Univ	卡迪夫大学	英国	0.03	62
18	Univ Gothenburg	哥德堡大学	瑞典	0.03	59
19	Univ Oberta Catalunya	加泰罗尼亚理工大学	西班牙	0.03	41
20	Univ Malaya	马来亚大学	马来西亚	0.03	38

3. 国家合作网络分析

通过 CiteSpace 软件分析可得近三年新闻传播学研究国家共现图谱（图 3-20）。从节点大小可以看出，美国在发文量上与其他国家形成了巨大差距，发文量排名第一，其次为西班牙、英国，中国排在第 4 位；而美国与其他节点的合作主要集中在 2020 年。

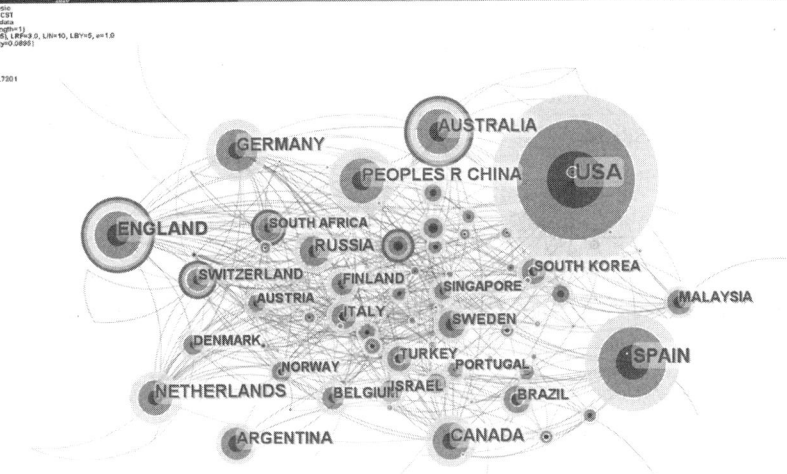

图 3-20　新闻传播学研究国家共现图谱

在新闻传播学领域发文量前 20 的国家（表 3-12）中，代表瑞士、英国、澳大利亚的节点存在紫色的外圈，表明这三个节点具有较高的中介中心性，与外部的连接更为紧密，在学科中起到了桥梁的中介作用。

表 3-12　新闻传播学领域发文量前 20 国家

序号	国家英文名称	国家中文名称	发文量（份）	中介中心性
1	USA	美国	6601	0.04
2	SPAIN	西班牙	2275	0.04
3	ENGLAND	英国	1238	0.13
4	PEOPLES R CHINA	中国	1029	0.02
5	AUSTRALIA	澳大利亚	983	0.12
6	GERMANY	德国	979	0.05
7	NETHERLANDS	荷兰	697	0.04
8	CANADA	加拿大	667	0.03
9	RUSSIA	俄罗斯	469	0.01
10	ARGENTINA	阿根廷	411	0
11	SWEDEN	瑞典	350	0.07
12	SOUTH KOREA	韩国	343	0.01
13	BELGIUM	比利时	332	0.04
14	BRAZIL	巴西	311	0.04
15	TURKEY	土耳其	311	0.02
16	ITALY	意大利	304	0.05

续表

序号	国家英文名称	国家中文名称	发文量（份）	中介中心性
17	SWITZERLAND	瑞士	290	0.16
18	ISRAEL	以色列	260	0.01
19	FINLAND	芬兰	260	0.01
20	MALAYSIA	马来西亚	258	0.05

（二）国外新闻传播学研究的热点——基于关键词的文献计量分析

本研究中的研究热点是指在某一时期内有内在联系的、数量较多的一组论文所探讨的专题或所研究的问题。研究热点能够反映某一研究领域的研究重点和方向，掌握本领域的研究热点对于分析和深入了解新闻传播学领域的研究内容具有重要的意义。

1. 关键词共现图谱分析

为了更好地分析新闻传播学的研究热点、前沿进展及主题演进，通过 CiteSpace，本研究对 2020 年 1 月 1 日—2022 年 6 月 30 日 WoS 发表的新闻传播领域文献的关键词进行共现分析，得出 2020 年 1 月—2022 年 6 月新闻传播学领域关键词共现图谱（图 3-21），共生成 956 个关键词节点和 2020 条连线，网络密度为 0.0044。节点和字体大小代表关键词出现的频次高低，中介中心性大小代表关键词的重要性，频次高且中心性大的关键词通常代表领域内的热点主题。

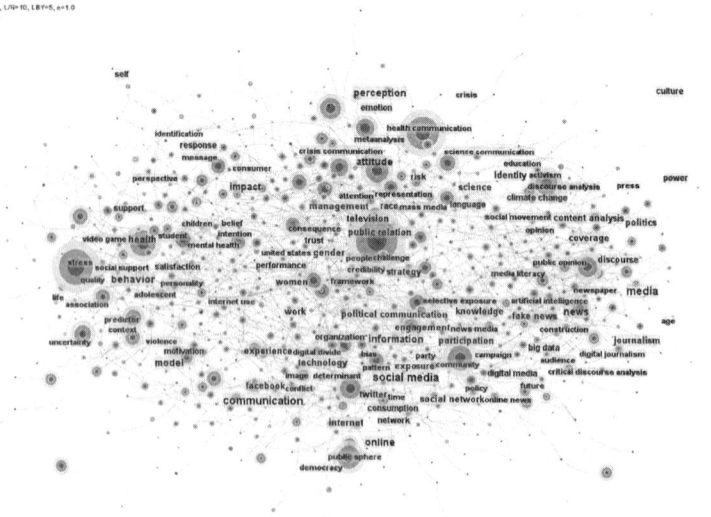

图 3-21 关键词共现图谱

选取频次排名前20的关键词，分析其频次与中介中心性（表3-13、表3-14）。"social media"是频次最高的节点，频次高达2,127次，远超其他关键词；其次是"media""communication"；此外"news""impact""information""model"等关键词的频次也位居前列。与此同时，中介中心性最高的是"social media"，位居其后的关键词是"communication""news""attitude"等。排除"media""communication""news"等新闻传播学通用主题词，兼具高频次和高中心性的关键词是"social media""attitude""twitter""facebook"，说明在国际新闻传播学界，社交媒体是近三年的研究热点。

表3-13 频次排名前20关键词

序号	出现次数（次）	中介中心性	关键词
1	2127	0.03	social media
2	1571	0.01	media
3	1369	0.02	communication
4	878	0.02	news
5	822	0.01	impact
6	732	0.01	information
7	690	0.01	perception
8	653	0.01	model
9	527	0.01	online
10	523	0.02	attitude
11	506	0.01	behavior
12	469	0	politics
13	467	0.01	internet
14	422	0.02	twitter
15	400	0.02	facebook
16	385	0	gender
17	372	0.01	coverage
18	367	0.01	journalism
19	367	0	discourse
20	340	0.01	engagement

表 3-14 中介中心性排名前 20 关键词

序号	出现次数（次）	中介中心性	关键词
1	2127	0.03	social media
2	1369	0.02	communication
3	878	0.02	news
4	523	0.02	attitude
5	422	0.02	twitter
6	400	0.02	facebook
7	311	0.02	public relation
8	212	0.02	consumption
9	146	0.02	representation
10	81	0.02	frame
11	61	0.02	reputation
12	49	0.02	source credibility
13	47	0.02	depressive symptom
14	43	0.02	conversation
15	43	0.02	personalization
16	37	0.02	discrimination
17	35	0.02	symptom
18	34	0.02	environment
19	32	0.02	immigrant
20	32	0.02	electoral campaign

2. 关键词聚类图谱分析

本研究通过关键词聚类对国际新闻传播学界进行分析，以探求该领域的热点研究主题。

运行 CiteSpace 软件，设置节点类型为关键词，其他参数设置与机构参数相同，在关键词知识网络图谱的基础上，选取"LLR 对数似然算法"，得到关键词共现聚类图谱（图 3-22）。从图 3-22 的各项参数来看，聚类模块值为 0.6397，聚类轮廓值为 0.8182，两者数值符合网络结构和聚类显著性、高效率的要求，说明本研究聚类效果具有较高的可信度。图 3-22 共呈现了"social support""social media""media literacy""content analysis""gender""impact""political communication""public relations""digital divide""global south""digital platforms""fake news""science communication""preference""fear appeal"15 个聚类标签，反映了国际新闻传播学领域的热点问题现状。

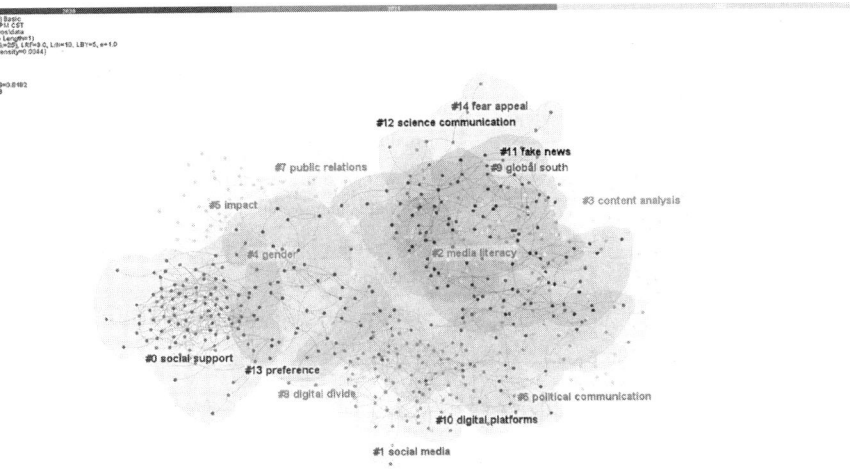

图 3-22 关键词共现聚类图谱

在关键词共现聚类图谱基础上,在"Cluster"菜单栏中选择"Cluster Explorer",得到关键词共现网络聚类表(表 3-15),从中可以找到每个类群对应的前 5 个重要关键词及其平均年等信息。

表 3-15 关键词共现网络聚类表

聚类号	聚类大小	轮廓值	平均年份(年)	标签词(选取前五个)
0	104	0.856	2020	social support;loneliness;romantic relationships;relationship satisfaction;couples
1	92	0.813	2020	social media;political participation;news consumption;conversation analysis;user comments
2	79	0.713	2020	media literacy;media education;discourse analysis;media policy;digital literacy
3	77	0.843	2020	content analysis;framing;social movements;media framing;agenda setting
4	77	0.821	2020	gender;attitude;race;women;prejudice
5	76	0.852	2020	impact;transportation;persuasion knowledge;model;narrative persuasion
6	71	0.858	2020	political communication;digital journalism;artificial intelligence;twitter;data journalism
7	62	0.804	2020	public relations;crisis communication;corporate social responsibility;internal communication;organizational communication
8	55	0.791	2020	digital divide;ict;technology acceptance model;digital inequality;tam
9	53	0.826	2020	global south;qualitative research;new zealand;south africa;latin america
10	50	0.782	2020	digital platforms;political economy;content moderation;platform governance;cultural industries

续表

聚类号	聚类大小	轮廓值	平均年份（年）	标签词（选取前五个）
11	50	0.816	2020	fake news; fact-checking; misinformation; disinformation; mainstream media
12	46	0.813	2020	science communication; environmental communication; climate change; science and media; health communication
13	42	0.801	2020	preference; young people; marketing communication; decision; strategy
14	16	0.952	2020	fear appeal; emotion; metaanalysis; fear appeals; covid-19 pandemic

通过对各聚类中的关键词进行分析，发现各聚类研究内容存在上、下位类及同义词相互交叉现象。经过人工干预深入阅读高被引和高下载文献，可将国际新闻传播学领域研究主题归纳为"社交媒体""媒介素养""话语分析""性别传播""政治传播""危机传播""数字鸿沟""假新闻""科学传播"9类。

（三）基于共被引文献（Reference）的计量分析

在某一时期内有内在联系的、数量较多的一组论文所探讨的专题或所研究的问题可以看成是本时间段内的研究热点，被引频次较高的一组论文聚集在一起提取的标签常常用来代表某一研究领域的热点主题。CiteSpace 的 Reference 分析可以帮助我们找到高被引文献及其重要研究方向等信息（图3-23）。

图3-23 高被引文献图谱（Reference 分析）

高被引文献排名前 20 具体信息见表 3-16。

表 3-16　高被引文献排名前 20 信息

排序	被引次数（次）	高被引文献信息	文献题名
1	198	Hayes AF, 2017, INTRO MEDIATION MODE, V0, P0	Introduction to Mediation, Moderation, and Conditional Process Analysis: a Regression-Based Approach
2	191	Allcott H, 2017, J ECON PERSPECT, V31, P211, DOI 10.1257/jep.31.2.211	Social Media and Fake News in the 2016 Election
3	172	Vosoughi S, 2018, SCIENCE, V359, P1146, DOI 10.1126/science.aap9559	The Spread of True and False News Online
4	171	Tandoc EC, 2018, DIGIT JOURNAL, V6, P137, DOI 10.1080/21670811.2017.1360143	Defining "Fake News": a Typology of Scholarly Definitions
5	158	Noble SU, 2018, ALGORITHMS OPPRESSIO, V0, P0	Algorithms of Oppression: How Search Engines Reinforce Racism
6	149	Gillespie TARLETON, 2018, CUSTODIANS INTERNET, V0, P0	Custodians of the Internet: Platforms, Content Moderation, and the Hidden Decisions that Shape Social Media
7	147	Giles P, 2019, J CULT ECON-UK, V12, P612, DOI 10.1080/17530350.2019.1639068	The Age of Surveillance Capitalism: the Fight for a Human Future at the New Frontier of Power
8	133	Van DIJCKJOSE, 2018, PLATFORM SOC VALORI, V0, P0, DOI 10.23860/MGDR-2018-03-03-08	The Platform Society: Public Values in a Connective World
9	130	Lazer DMJ, 2018, SCIENCE, V359, P1094, DOI 10.1126/science.aao2998	The Science of Fake News
10	125	Newman N, 2020, REUTERS I DIGITAL NE, V0, P0	Reuters Institute Digital News Report
11	122	Harcup T, 2017, JOURNALISM STUD, V18, P1470, DOI 10.1080/1461670X.2016.1150193	What Is News?: News Values Revisited (Again)
12	122	Bennett WL, 2018, EUR J COMMUN, V33, P122, DOI 10.1177/0267323118760317	The Disinformation Order: Disruptive Communication and the Decline of Democratic Institutions
13	113	Benkler YOCHAI, 2018, NETWORK PROPAGANDA M, V0, P0	Network Propaganda: Manipulation, Disinformation, and Radicalization in American Politics
14	105	Tracy SJ, 2020, QUALITATIVE RES METH, V2nd ed, P0	Qualitative Research Methods: Collecting Evidence, Crafting Analysis, Communicating Impact

续表

排序	被引次数（次）	高被引文献信息	文献题名
15	104	Casero-ripolles A, 2020, PROF INFORM, V29, P0, DOI 10.3145/epi.2020.mar.23	Impact of Covid-19 on the Media System. Communicative and Democratic Consequences of News Consumption During the Outbreak
16	95	Nieborg DB, 2018, NEW MEDIA SOC, V20, P4275, DOI 10.1177/1461444818769694	The Platformization of Cultural Production: Theorizing the Contingent Cultural Commodity
17	93	Deuze M, 2018, JOURNALISM, V19, P165, DOI 10.1177/1464884916688550	Beyond Journalism: Theorizing the Transformation of Journalism
18	91	Chadwick A, 2017, HYBRID MEDIA SYSTEM, V2, P0	The Hybrid Media System: Politics and Power
19	90	Fletcher R, 2018, NEW MEDIA SOC, V20, P2450, DOI 10.1177/1461444817724170	Are People Incidentally Exposed to News on Social Media? A Comparative Analysis
20	89	Engesser S, 2017, INFORM COMMUN SOC, V20, P1109, DOI 10.1080/1369118X.2016.1207697	Populism and Social Media: How Politicians Spread a Fragmented Ideology

中介中心性排名前 20 被引文献信息见表 3-17。

表 3-17 中介中心性排名前 20 被引文献信息

排序	被引次数（次）	中介中心性	被引文献信息	文献题名
1	77	0.25	Bucher T, 2017, INFORM COMMUN SOC, V20, P30, DOI 10.1080/1369118X.2016.1154086	The Algorithmic Imaginary: Exploring the Ordinary Affects of Facebook Algorithms
2	37	0.25	Bishop S, 2019, NEW MEDIA SOC, V21, P2589, DOI 10.1177/1461444819854731	Managing Visibility on YouTube Through Algorithmic Gossip
3	28	0.15	Nelson JL, 2018, NEW MEDIA SOC, V20, P3720, DOI 10.1177/1461444818758715	The Small, Disloyal Fake News Audience: the Role of Audience Availability in Fake News Consumption
4	171	0.13	Tandoc EC, 2018, DIGIT JOURNAL, V6, P137, DOI 10.1080/21670811.2017.1360143	Defining "Fake News": a Typology of Scholarly Definitions
5	10	0.13	Carlson M, 2018, DIGIT JOURNAL, V6, P4, DOI 10.1080/21670811.2017.1298044	Facebook in the News: Social Media, Journalism, and Public Responsibility Following the 2016 Trending Topics Controversy
6	90	0.12	Fletcher R, 2018, NEW MEDIA SOC, V20, P2450, DOI 10.1177/1461444817724170	Are People Incidentally Exposed to News on Social Media? A Comparative Analysis

续表

排序	被引次数（次）	中介中心性	被引文献信息	文献题名
7	42	0.12	Moller J, 2018, INFORM COMMUN SOC, V21, P959, DOI 10.1080/1369118X.2018.1444076	Do Not Blame It on the Algorithm: an Empirical Assessment of Multiple Recommender Systems and Their Impact on Content Diversity
8	191	0.1	Allcott H, 2017, J ECON PERSPECT, V31, P211, DOI 10.1257/jep.31.2.211	Social Media and Fake News in the 2016 Election
9	133	0.1	Van DIJCKJOSE, 2018, PLATFORM SOC VALORI, V0, P0, DOI 10.23860/MGDR-2018-03-03-08	The Platform Society: Public Values in a Connective World
10	42	0.1	Toff B, 2018, J COMMUN, V68, P636, DOI 10.1093/joc/jqy009	"I Just Google It": Folk Theories of Distributed Discovery
11	36	0.1	Ernst N, 2017, INFORM COMMUN SOC, V20, P1347, DOI 10.1080/1369118X.2017.1329333	Extreme Parties and Populism: an Analysis of Facebook and Twitter Across Six Countries
12	32	0.1	Abidin C, 2016, MEDIA INT AUST, V161, P86, DOI 10.1177/1329878X16665177	Visibility Labour: Engaging with Influencers' Fashion Brands and #OOTD Advertorial Campaigns on Instagram
13	21	0.09	Bruns A, 2019, INFORM COMMUN SOC, V22, P1544, DOI 10.1080/1369118X.2019.1637447	After the "APIcalypse": Social Media Platforms and Their Fight Against Critical Scholarly Research
14	149	0.08	Gillespie TARLETON, 2018, CUSTODIANS INTERNET, V0, P0	Custodians of the Internet: Platforms, Content Moderation, and the Hidden Decisions that Shape Social Media
15	122	0.08	Bennett WL, 2018, EUR J COMMUN, V33, P122, DOI 10.1177/0267323118760317	The Disinformation Order: Disruptive Communication and the Decline of Democratic Institutions
16	81	0.08	Plantin JC, 2018, NEW MEDIA SOC, V20, P293, DOI 10.1177/1461444816661553	Infrastructure Studies Meet Platform Studies in the Age of Google and Facebook
17	63	0.08	Nielsen RK, 2018, NEW MEDIA SOC, V20, P1600, DOI 10.1177/1461444817701318	Dealing with Digital Intermediaries: a Case Study of the Relations Between Publishers and Platforms
18	59	0.08	Vargo CJ, 2018, NEW MEDIA SOC, V20, P2028, DOI 10.1177/1461444817712086	The Agenda-setting Power of Fake News: a Big Data Analysis of the Online Media Landscape from 2014 to 2016
19	58	0.08	Dubois E, 2018, INFORM COMMUN SOC, V21, P729, DOI 10.1080/1369118X.2018.1428656	The Echo Chamber Is Overstated: the Moderating Effect of Political Interest and Diverse Media
20	48	0.08	Sunstein SR, 2017, REPUBLIC DIVIDED DEM, V0, P0	Republic: Divided Democracy in the Age of Social Media

对上述 Reference 数据进行聚类，结果如图 3-24 所示。

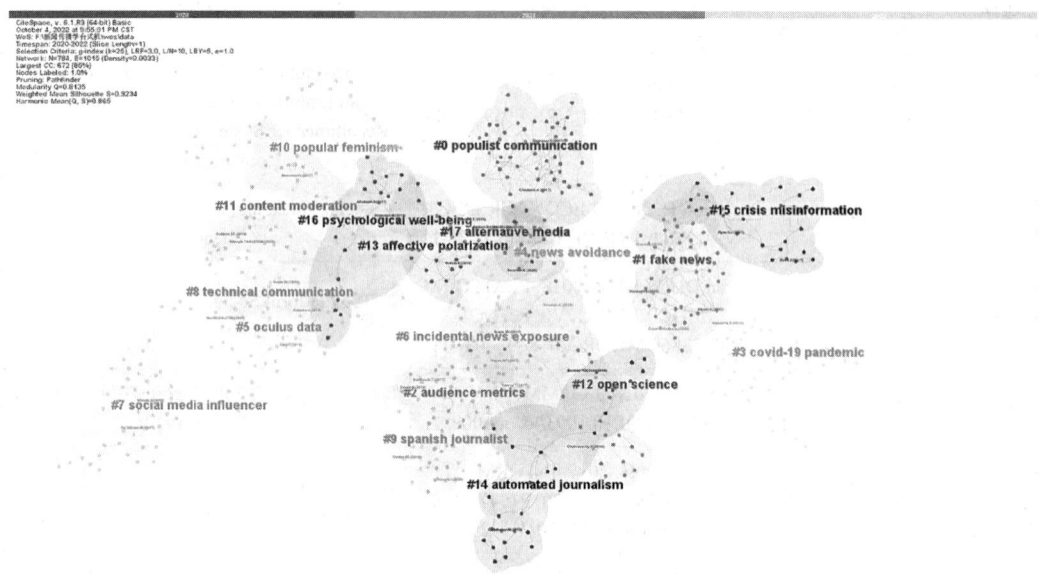

图 3-24　Reference 聚类视图

经过聚类分析，可以发现该领域引文分布有比较明显的几个共被引类群。引文聚类群组概况见表 3-18。

表 3-18　引文聚类表

聚类号 ID	节点数 Size	轮廓值 Silhouette	平均年份（年）Mean（year）	关键术语（基于 LSI 算法）TOP Terms LSI	关键术语（基于 LLR 算法）TOP Terms LLR	关键术语（基于 MI 算法）TOP Terms MI
0	55	0.892	2017	social media; populist communication; political communication; political leader; political parties | electoral campaign; populist attitude; pablo iglesia; western democracies; confirming populist political leader	populist communication（2219.68, 1.0E-4）; european parliament election（1331.35, 1.0E-4）; political leader（1105.67, 1.0E-4）; electoral campaign（1009.57, 1.0E-4）; general election（1002.03, 1.0E-4）	post-publication gatekeeping（0.67）; right-wing populist attack（0.67）; publics platforms paraphernalia（0.67）; regional community facebook group（0.62）; global average temperature（0.62）

续表

聚类号 ID	节点数 Size	轮廓值 Silhouette	平均年份 （年） Mean （year）	关键术语 （基于 LSI 算法） TOP Terms LSI	关键术语 （基于 LLR 算法） TOP Terms LLR	关键术语 （基于 MI 算法） TOP Terms MI
1	54	0.936	2018	fake news; social media; presidential election; brazilian fact-checking movement; cross-national investigation | media manipulation; covid-19 pandemic; social network; public discourse; political rumor	fake news（3378.38, 1.0E-4）; media manipulation（2252.8, 1.0E-4）; brazilian fact-checking movement（1158.61, 1.0E-4）; cross-national investigation（1070.19, 1.0E-4）; agenda-setting analysis（882.95, 1.0E-4）	post-publication gatekeeping（0.69）; right-wing populist attack（0.69）; publics platforms paraphernalia（0.69）; regional community facebook group（0.64）; global average temperature（0.64）
2	50	0.884	2017	data journalism; audience metrics; social media; audience engagement; emotional labor | covid-19 pandemic; fake news; political news; early response; twitter irony	audience metrics（1616.54, 1.0E-4）; data journalism（1498.41, 1.0E-4）; audience engagement（1494.43, 1.0E-4）; emotional labor（1407, 1.0E-4）; conflict journalism（1118.09, 1.0E-4）	post-publication gatekeeping（0.75）; right-wing populist attack（0.75）; publics platforms paraphernalia（0.75）; regional community facebook group（0.69）; global average temperature（0.69）
3	49	0.882	2019	covid-19 pandemic; fake news; social media; covid-19 crisis; comparative analysis | covid-19 media coverage; news media use; european public sphere; systematic literature review; twitter interaction	covid-19 pandemic（1931.63, 1.0E-4）; fact checking（984.15, 1.0E-4）; front page（827.75, 1.0E-4）; fake news（807.36, 1.0E-4）; covid-19 crisis（804.04, 1.0E-4）	post-publication gatekeeping（0.69）; right-wing populist attack（0.69）; publics platforms paraphernalia（0.69）; regional community facebook group（0.64）; global average temperature（0.64）
4	47	0.905	2018	social media; fake news; news avoidance; news consumption; digital age | digital inequalities; american disadvantaged urban communities; coronavirus pandemic; political engagement; facebook post	news avoidance（1574.51, 1.0E-4）; cross-national examination（938.23, 1.0E-4）; civic engagement（937.09, 1.0E-4）; american disadvantaged urban communities（661.68, 1.0E-4）; news use（661.36, 1.0E-4）	post-publication gatekeeping（0.51）; right-wing populist attack（0.51）; publics platforms paraphernalia（0.51）; regional community facebook group（0.47）; global average temperature（0.47）

续表

聚类号 ID	节点数 Size	轮廓值 Silhouette	平均年份（年） Mean (year)	关键术语（基于LSI算法） TOP Terms LSI	关键术语（基于LLR算法） TOP Terms LLR	关键术语（基于MI算法） TOP Terms MI
5	46	0.914	2018	digital platform; streaming platform; platform regulation; health code; video game | social media; competition policy; covid-19 pandemic; south korea; political economy	oculus data（1383.59, 1.0E-4）; streaming platform（1237.49, 1.0E-4）; digital platform（1132.24, 1.0E-4）; health code（1010.81, 1.0E-4）; competition policy（995.73, 1.0E-4）	post-publication gatekeeping（0.76）; right-wing populist attack（0.76）; publics platforms paraphernalia（0.76）; regional community facebook group（0.7）; global average temperature（0.7）
6	42	0.92	2017	social media; incidental news exposure; incidental exposure; news engagement; social media news use | selective exposure; covid-19 pandemic; misleading content; data-based analysis; news credibility	incidental news exposure（2205.4, 1.0E-4）; incidental exposure（2175.18, 1.0E-4）; news engagement（1587.6, 1.0E-4）; social media（1215.97, 1.0E-4）; social media news use（1133.17, 1.0E-4）	post-publication gatekeeping（0.96）; right-wing populist attack（0.96）; publics platforms paraphernalia（0.96）; regional community facebook group（0.89）; global average temperature（0.89）
7	41	0.97	2017	social media influencer; parasocial relationship; comparative study; sponsorship disclosure; public relation | social media; influencer management tool; cultural production; public service; black woman	social media influencer（4059.16, 1.0E-4）; parasocial relationship（1702.73, 1.0E-4）; sponsorship disclosure（1033.89, 1.0E-4）; social media（937.82, 1.0E-4）; influencer marketing（841.27, 1.0E-4）	post-publication gatekeeping（0.44）; right-wing populist attack（0.44）; publics platforms paraphernalia（0.44）; regional community facebook group（0.4）; global average temperature（0.4）
8	41	0.906	2017	technical communication; social justice; data justice; artificial intelligence; algorithmic practice | social media; user perception; small data; virtual reality; enacting social justice	technical communication（1724.26, 1.0E-4）; data justice（1162.46, 1.0E-4）; social justice（1134.23, 1.0E-4）; algorithmic practice（957.57, 1.0E-4）; technology companies（761.85, 1.0E-4）	post-publication gatekeeping（0.55）; right-wing populist attack（0.55）; publics platforms paraphernalia（0.55）; regional community facebook group（0.51）; global average temperature（0.51）

续表

聚类号 ID	节点数 Size	轮廓值 Silhouette	平均年份 （年） Mean （year）	关键术语 （基于LSI算法） TOP Terms LSI	关键术语 （基于LLR算法） TOP Terms LLR	关键术语 （基于MI算法） TOP Terms MI
9	37	0.911	2017	social media; spanish journalist; case study; hate speech; internet meme | covid-19 pandemic; broadcast women; regional newspaper; longitudinal perspective; sourcing strategies	spanish journalist（1335.59, 1.0E-4）; internet meme（1184.06, 1.0E-4）; hate speech（873.98, 1.0E-4）; twitter post（699.19, 1.0E-4）; source diversity（699.19, 1.0E-4）	post-publication gatekeeping（0.45）; right-wing populist attack（0.45）; publics platforms paraphernalia（0.45）; regional community facebook group（0.41）; global average temperature（0.41）
10	33	0.949	2017	popular feminism; social media; metoo movement; hashtag activism; gender identity | exploring online political discussion; authoritarian state; counterpublic sphere; cambodian facebook user; youth perspective	popular feminism（2654.36, 1.0E-4）; metoo movement（1602.69, 1.0E-4）; hashtag activism（1342.26, 1.0E-4）; gender identity（1305.08, 1.0E-4）; hashtag feminism（1162.55, 1.0E-4）	post-publication gatekeeping（0.4）; right-wing populist attack（0.4）; publics platforms paraphernalia（0.4）; regional community facebook group（0.37）; global average temperature（0.37）
11	32	0.983	2017	content moderation; social media; social media content moderation; online comment; platform governance | internet governance; longitudinal analysis; news show; developing machine; identifying russian state-funded news	content moderation（1942.42, 1.0E-4）; social media content moderation（977.79, 1.0E-4）; global platform governance（854.52, 1.0E-4）; communication right（771.78, 1.0E-4）; platform policy（753.08, 1.0E-4）	post-publication gatekeeping（0.35）; right-wing populist attack（0.35）; publics platforms paraphernalia（0.35）; regional community facebook group（0.32）; global average temperature（0.32）
12	30	0.86	2016	social media; media affordance; latin america; elevating entertainment; repeated exposure | open science; critical rhetoric; communication research; platform economy; narrative persuasion	open science（2022.3, 1.0E-4）; critical rhetoric（1128.81, 1.0E-4）; narrative persuasion（1031.02, 1.0E-4）; media affordance（1024.9, 1.0E-4）; communication research（944.51, 1.0E-4）	post-publication gatekeeping（0.42）; right-wing populist attack（0.42）; publics platforms paraphernalia（0.42）; regional community facebook group（0.39）; global average temperature（0.39）

续表

聚类号 ID	节点数 Size	轮廓值 Silhouette	平均年份（年）Mean (year)	关键术语（基于LSI算法）TOP Terms LSI	关键术语（基于LLR算法）TOP Terms LLR	关键术语（基于MI算法）TOP Terms MI
13	29	0.962	2017	social media; affective polarization; selective exposure; news diversity; algorithmic personalisation | political polarization; news consumption; systematic literature review; covid-19 pandemic; cross-cutting exposure	affective polarization（2264.98, 1.0E-4）; news diversity（1531.15, 1.0E-4）; selective exposure（1291.25, 1.0E-4）; political polarization（1138.86, 1.0E-4）; filter bubble（1086.49, 1.0E-4）	post-publication gatekeeping（0.53）; right-wing populist attack（0.53）; publics platforms paraphernalia（0.53）; regional community facebook group（0.49）; global average temperature（0.49）
14	28	0.978	2016	automated journalism; artificial intelligence; systematic review; scientific production; journalistic role conception | data journalism; big data; computational journalism; data journalism scholarship; data-intensive newswork	automated journalism（2541.62, 1.0E-4）; artificial intelligence（1577.6, 1.0E-4）; data journalism（1479.68, 1.0E-4）; social media（647.83, 1.0E-4）; journalistic role conception（610.57, 1.0E-4）	post-publication gatekeeping（0.24）; publics platforms paraphernalia（0.24）; right-wing populist attack（0.24）; global average temperature（0.22）; daily journalist（0.22）
15	25	0.952	2018	fake news; social media; online comment; covid-19 misinformation; crisis misinformation | employee outcome; different type; comment authenticity; news sharing; multicountry comparative study	crisis misinformation（769.37, 1.0E-4）; covid-19 misinformation（641.16, 1.0E-4）; correction experience（613.5, 1.0E-4）; fact-checking label（609.99, 1.0E-4）; inoculation message（606.33, 1.0E-4）	post-publication gatekeeping（0.23）; right-wing populist attack（0.23）; publics platforms paraphernalia（0.23）; exposure effect（0.21）; misinformation misperception（0.21）
16	21	0.956	2018	social media; social media use; psychological well-being; covid-19 pandemic; social network site | systematic review; privacy paradox; moderating effect; privacy management; eating disorder psychopathology	psychological well-being（1099.09, 1.0E-4）; social media use（850.92, 1.0E-4）; mental health（709.75, 1.0E-4）; instagram use（627.48, 1.0E-4）; mediated communication matter（590.06, 1.0E-4）	post-publication gatekeeping（0.19）; right-wing populist attack（0.19）; publics platforms paraphernalia（0.19）; regional community facebook group（0.18）; youth service providers perception（0.18）

续表

聚类号 ID	节点数 Size	轮廓值 Silhouette	平均年份 （年） Mean （year）	关键术语 （基于LSI算法） TOP Terms LSI	关键术语 （基于LLR算法） TOP Terms LLR	关键术语 （基于MI算法） TOP Terms MI
17	12	0.99	2018	alternative media；mainstream media；social media；right-wing populist；right-wing alternative media | news media；alternative news media；emotional connection；far-right online commenter；exploratory study	alternative media（1557.86, 1.0E-4）；mainstream media（1195.72, 1.0E-4）；right-wing populist（653.63, 1.0E-4）；right-wing alternative media（606.22, 1.0E-4）；public knowledge（579.31, 1.0E-4）	right-wing populist attack（0.21）；post-publication gatekeeping（0.21）；publics platforms paraphernalia（0.21）；regional community facebook group（0.2）；global average temperature（0.2）

表3-18中后三列为CiteSpace基于三种不同算法（即LSI、LLR和MI）对参考文献进行聚类后得出的关键词组。其中，LLR产生的聚类标签更加符合研究的实际情况；LSI和MI产生的个别聚类标签代表性较好。本部分内容采用LLR算法所提取的聚类标签进行分析。

（四）国外新闻传播学研究总结

1. 国外新闻传播学研究热点

通过前文运用CiteSpace软件进行的关键词共现分析与聚类关键词，可以看出2022年上半年，新闻传播学领域热点主要体现在"社交媒体""媒介素养""话语分析""性别传播""政治传播""危机传播""数字鸿沟""假新闻""科学传播"这几个方面。

（1）社交媒体（Social Media）。它是指用户通过创建在线社区，共享信息、想法、个人信息和其他内容（如视频）。2022年社交媒体话题比较活跃，仍是新闻传播学的研究热点之一。另外，有学者研究了社交媒体评论渠道的互动特征和视频记录者的自我披露在消费者与视频记录者进行社交互动中的作用[1]。

（2）媒介素养（Media Literacy）。媒介素养是一个人认识、评判、运用传媒的态度与能力，是指人们面对传媒各种信息时的选择能力、理解能力、质疑能力、评估能力、创造能力、制造能力、思辨性反应能力等。通过CiteSpace分析得知，

---

[1] FAZLI-SALEHI R, JAHANGARD M, TORRES I M, et al. Social media reviewing channels: the role of channel interactivity and vloggers' self-disclosure in consumers' parasocial interaction [J]. The journal of consumer marketing, 2022（2）: 242-253.

2022年媒介素养主要体现在"批判性媒介素养""新媒介素养"等方面。

（3）话语分析（Content Analysis）。话语分析是指借助于符号理论和话语理论，致力于对传播活动的各种符号、象征、文本及话语进行解剖，从表象中发现其中隐含的深层寓意与真实用意。2022年研究人员对各种主题的话语进行分析，从形式上包括批评话语分析、积极话语分析和多模态话语分析等话语分析范式。

（4）性别传播（Gender Communication）。性别传播理论与分析调查性别与传播领域紧密相关，特别是关注性别与传播的理论与方法。2022年国外专家特别关注了关于性别和传播的理论是如何演变的，并受到第一、第二和第三波女性主义的影响。同样，女性主义传播学者也受到现有方法的启发，论证了性别和传播理论在实践中的作用①。

（5）政治传播（Political Communication）。政治传播是一个非常广泛、复杂和多变的子领域。这个领域着重于政治的自我呈现，更具体地说，是政治行为者的自我呈现。2022年，一些学者针对政治行为者如何在各种渠道和平台上进行沟通进行了一系列阐述分析，分析政治行为者自我陈述的内容、风格和修辞②。还有一些学者针对过去25年来的数字政治传播，分析了第四波传播的核心特征，并考察了新冠肺炎疫情期间传播所发生的变化③。此外，国外研究者还进行了不同行业领域的研究，如"性别对谈判策略和结果的影响④""记者性别对读者对记者可信度、媒体可信度以及新闻与他们的相关性的影响⑤"等，从而表明了性别差异对于传播结果的不同影响。

（6）数字鸿沟（Digital Divide）。数字鸿沟体现在各个行业领域及各个年龄阶层。例如，有国外学者研究数字鸿沟对于老年人的不平等性，认为老年人的数字鸿沟差距体现在计算机技能、教育程度、认知能力和心理健康等方面⑥。有关社交网站

---

① PRIVIDERA L C. Gender communication theories and analyses: from silence to performance [J]. Women & language, 2006（1）: 56.
② BLASSNIG S. Content analysis in the research field of political communication: the self-presentation of political actors [J]. Standardisierte inhaltsanalyse in der kommunikationswissenschaft（Standardized content analysis in communication research）, 2022（1）: 301-312.
③ GARCÍA-OROSA B. Digital political communication: hybrid intelligence, algorithms, automation and disinformation in the fourth wave [J]. Digital political communication strategies, 2021（1）: 3-23.
④ HUANG J, LOW C. The myth of the male negotiator: gender's effect on negotiation strategies and outcomes [J]. Journal of economic behavior & organization, 2022（Suppl C）: 517-532.
⑤ PAUL N, SUI M, SEARLES K. Look who's writing: how gender affects news credibility and perceptions of news relevance [J]. Journalism and mass communication quarterly, 2021（1）: 183-212.
⑥ AUGNER C. Digital divide in elderly: self-rated computer skills are associated with higher education, better cognitive abilities and increased mental health [J]. The European journal of psychiatry, 2022（3）: 176-181.

（SNS）可能是对比老年社会排斥的重要工具，尤其是所谓的灰色数字鸿沟（GDD）可能会削弱 SNS 的潜力。尽管具有相关性，但很少有研究记录了欧洲老年人口使用 SNS 的数字鸿沟特征[①]。

（7）假新闻（Fake News）。国外专家和研究者一致认为，假新闻的根源是反对客观新闻。社交媒体已成为互联网用户之间的主要交流方式，这导致了假新闻的传播。假新闻是一种普遍现象，对社会来说也是危险的[②]。

2. 国外新闻传播学研究前沿

从关键词时间线图（图 3-25）可知，2020—2022 年的主要热点研究领域集中在社交媒体（Social Media）、媒介素养（Media Literacy）、话语分析（Content Analysis）、性别（Gender）、政治传播（Political Communication）、公共关系（Public Relations）、数字鸿沟（Digital Divide）、假新闻（Fake News）等方面，这些研究主题或研究领域前文已述，在此不再赘述。

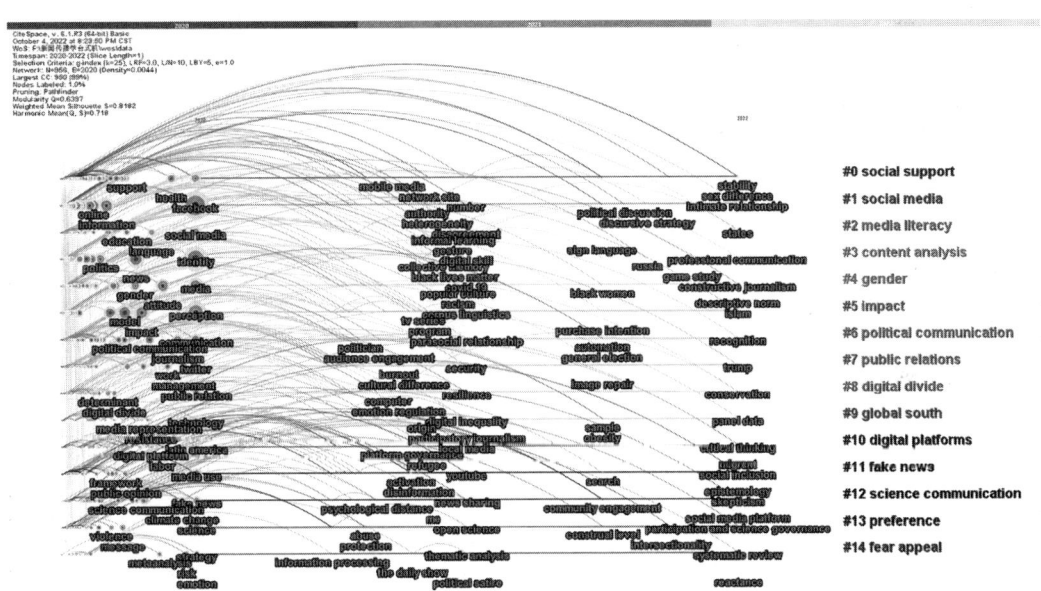

图 3-25　关键词时间线图

2022 年关键词词云图如图 3-26 所示。

---

① SALA E，GAIA A，CERATI G. The gray digital divide in social networking site use in Europe：results from a quantitative study［J］. Social science computer review，2022（2）：328-345.

② MAJERCZAK P，STRZELECKI A. Trust，media credibility，social ties，and the intention to share towards information verification in an age of fake news［J］. Behav sci（Basel），2022（2）：51.

图 3-26 2022 年关键词词云图

2022 年出现的关键词如表 3-19 所示。

表 3-19 2022 年出现的关键词

序号	出现次数（次）	中介中心性	关键词
1	9	0.01	discursive strategy
2	8	0.01	migrant
3	7	0.01	general election
4	13	0	states
5	12	0	recognition
6	11	0	epistemology
7	11	0	skepticism
8	11	0	reactance
9	10	0	constructive journalism
10	10	0	search
11	9	0	stability
12	9	0	descriptive norm
13	9	0	systematic review
14	9	0	game study
15	9	0	sex difference
16	9	0	intimate relationship

续表

序号	出现次数（次）	中介中心性	关键词
17	9	0	conservation
18	9	0	islam
19	9	0	professional communication
20	9	0	purchase intention
21	9	0	critical thinking
22	8	0	political discussion
23	8	0	online dating
24	8	0	social media platform
25	8	0	intersectionality
26	8	0	romantic relationship
27	8	0	russia
28	8	0	social inclusion
29	8	0	trump
30	8	0	participation and science governance
31	7	0	political expression
32	7	0	protection motivation theory
33	7	0	quality of life
34	7	0	generation z
35	7	0	small story
36	7	0	exercise
37	7	0	gender bias
38	7	0	persuasiveness
39	7	0	science journalism
40	7	0	online activism
41	7	0	image repair
42	7	0	marital quality
43	7	0	black women
44	7	0	radio
45	7	0	automation
46	7	0	picture

续表

序号	出现次数（次）	中介中心性	关键词
47	7	0	community engagement
48	7	0	sample
49	7	0	obesity
50	7	0	sign language
51	7	0	construal level
52	7	0	panel data

后　记

这本《技术创新、社会变迁与学科进路——新闻传播学前沿热点研究》终于要付梓面世了。虽然比预期要晚些，但毕竟有个始终。这年头，有始无终之事多，有始有终之事少，善始善终诚为不易。本书的撰写目的和思路，"前言"已备述，此处不再多言。这里简要交代下缘起和分工。

任何一个学科的创新发展，都要立足本来、吸收外来、面向未来，新闻传播学亦不例外。在构建中国新闻传播学自主知识体系的语境下，这种融汇中外、穿透古今的的视野尤为重要。基于此，我在中国传媒大学"双一流"学科建设经费的支持下，以新闻传播学作为试点，选择一定时段，全景式、谱系性分析新闻传播学国内外研究前沿热点，尽量准确勾勒学科发展大图景，供学校新闻传播学的科研创新、学科建设作参考。

秉持这一初衷，我组建了一个有新闻传播学、图情学学科背景的专业研究人员参加的小团队，商定写作框架、主要目次，利用图书馆的文献资源，同时求教于学校相关学院，确定遴选标准、爬梳中外文献、厘析核心主题和概念，最终从谱系性研究、经验性研究和案例性研究三个维度，呈现新闻传播学特定时段国内外研究前沿热点的大图景。

本书第一章和第二章由赵瑞琦教授牵头执笔，第三章由陈伟伟馆员牵头执笔，最后由我统稿并做删节修改。相关章节在出版之前，已作为内部参考资料提交给学校相关部门和学院参阅。

赵瑞琦和陈伟伟两位同事作为团队核心成员，充分发挥各自新闻传播学和图情学专业优势，工作卓有成效；本书责编张笛女士亦用情用力，力求书稿完善，在此一并表示感谢。因涉及中外文献资料，诸多术语需转译并适当本土化，且文献计量统计分析难免挂一漏万，本书如有错讹，责任在我。

编者谨识

2024 年 12 月　定福庄

图书在版编目(CIP)数据

技术创新、社会变迁与学科进路：新闻传播学前沿热点研究/龙小农编著. -- 北京：中国传媒大学出版社, 2025.1

ISBN 978-7-5657-3539-4

Ⅰ.①技… Ⅱ.①龙… Ⅲ.①新闻学—传播学—文集 Ⅳ.①G210-53

中国国家版本馆CIP数据核字(2024)第009262号

技术创新、社会变迁与学科进路——新闻传播学前沿热点研究
JISHU CHUANGXIN SHEHUI BIANQIAN YU XUEKE JIN LU——XINWEN CHUANBOXUE QIANYAN REDIAN YANJIU

编　　著	龙小农
策划编辑	张　笛
责任编辑	张　笛　高卓毓　张　嵘
责任印制	李志鹏
封面设计	风得信设计·阿东
出版发行	中国传媒大学出版社
社　　址	北京市朝阳区定福庄东街1号　　邮　编　100024
电　　话	86-10-65450528　65450532　　传　真　65779405
网　　址	http://cucp.cuc.edu.cn
经　　销	全国新华书店
印　　刷	唐山玺诚印务有限公司
开　　本	787mm×1092mm　1/16
印　　张	14.5
字　　数	290千字
版　　次	2025年1月第1版
印　　次	2025年1月第1次印刷
书　　号	ISBN 978-7-5657-3539-4/G·3539　　定　价　69.00元

本社法律顾问：北京嘉润律师事务所　郭建平